Andrew Murray

Spurwechsel – Orientierung zum Leben

Andrew Murray

Spurwechsel – Orientierung zum Leben

Brunnquell-Verlag
der Bibel- und Missions-Stiftung
7430 Metzingen

Originaltitel: The Believers's New Life
by Andrew Murray

Übersetzung: Rosemarie Uschold

Umschlaggestaltung: Grafisches Atelier Arnold, Dettingen
Titelbild: Bildarchiv Huber, Garmisch-Partenkirchen
Fotosatz: Typographie Helmut Paul, Vaihingen (Enz)
Gesamtherstellung: Heinzelmann Druck-Service, Metzingen

Printed in Germany
ISBN 3-7656-0256-6

Inhaltsverzeichnis

„Sage niemand, er habe den Heiligen Geist, er habe denn einen belehrbaren Geist." – An den belehrbaren, wissensdurstigen Geist des Menschen, der einen Spurwechsel auf Gottes Weg hinüber vorgenommen hat, wendet sich der Verfasser. Andrew Murray nimmt den Neubekehrten liebevoll an der Hand und führt ihn in die wunderbaren Wahrheiten des neuen Lebens in Christus ein. Das Buch ist heuer (1985) gerade hundert Jahre im Gebrauch, doch sind seine Aussagen nicht veraltet, da sie sich an der Bibel orientieren. Auch ein reifer Christ wird das Buch mit großem geistlichen Gewinn lesen oder es als eine wertvolle Hilfe für das weiterführende religiöse Gespräch in Hauskreisen benützen.

R. Uschold

Vorwort

Wenn ich mit Neubekehrten sprach, habe ich mir immer ein passendes Buch gewünscht, das die wichtigsten Wahrheiten über das neue Leben kurz und einfach darstellen sollte. Ich konnte jedoch nichts finden, was diesem Wunsch vollständig entsprach. Seit Pfingsten 1884 habe ich an vielen Gottesdiensten teilgenommen und dort mit vielen Menschen gesprochen, die bekannten, den Herrn gefunden zu haben; trotzdem waren sie noch sehr schwach in ihrer Erkenntnis und ihrem Glauben und dieser Mangel wurde von mir sehr stark empfunden. Während meiner Reise fühlte ich mich gedrängt, mit dem Schreiben zu beginnen. Ich hatte einen deutlichen Eindruck von den Entstellungen und verkehrten Gedanken über das neue Leben, mit denen fast alle neuen Christen zu ringen haben, wie man in Gesprächen mit ihnen immer wieder feststellen kann. Ich wollte ihnen durch einige Worte der Belehrung und Ermutigung erkennen helfen, welch herrliches Leben der Kraft und der Freude ihnen in ihrem Herrn Jesus bereitet ist und wie einfach es ist, in den Genuß all dieser Segnungen zu kommen.

Ich habe mich in dieser Schrift auf die allerwichtigsten Themen über das neue Leben beschränkt. Zunächst ist da das Wort Gottes als herrliche und vertrauenswürdige Führung auch für den einfältigsten Glaubenden, der sich ihm unterstellen will. Zweitens ist da der Sohn, die Gabe des Vaters, das wesentliche Element im Wort Gottes – der alles für uns tut. Drittens belehrt uns die Heilige Schrift über die Sünde, die wir zu Jesus bringen müssen, damit er uns von ihr befreit.

Viertens geht es hier um den Glauben – dies Wort drückt unsere Unfähigkeit aus, unsere Erlösung selbst zu verdienen. Sie muß jeden Tag aufs neue als eine Gabe des Himmels empfangen werden.

Fünftens ist da der Heilige Geist, mit dem sich der junge Christ bekanntmachen muß; er ist die Person, durch die das Wort und Jesus – mit seinem Tun und durch den Glauben an ihn – Kraft und Wahrheit werden.

Sechstens betrachten wir das heilige Leben des Gehorsams und der Fruchtbarkeit, in dem wir wandeln, wie der Geist uns lehrt.

Auf diese sechs grundlegenden Gedanken über das neue Leben habe ich mich beschränkt und ich bete ununterbrochen, daß Gott das, was ich geschrieben habe, benutzen möge, damit die Neubekehrten verstehen können, welch herrliches und machtvolles Leben sie von ihrem Vater empfangen haben.

Sehr zögernd trennte ich mich oft von den neuen Christen, die an einsame Orte zurückkehren mußten, wo sie wenig Anleitung oder Hilfe haben und selten an der wahren Wortverkündigung teilnehmen können.

Ich erwarte zuversichtlich, daß das, was der Herr mich niederschreiben ließ, sich diesen jungen Bekennern als hilfreich erweist.

Beim Schreiben dieses Buches hatte ich noch einen zweiten Wunsch für meine Leser. Ich habe mich gefragt, wie ich sicherstellen könne, daß mein Schreiben nicht die Aufmerksamkeit vom Wort Gottes abzieht, sondern vielmehr das Wort Gottes noch kostbarer macht. Ich entschloß mich, in Fußnoten Hinweise zu geben, so daß bei jedem wichtigen Aspekt, mit dem ich mich befasse, der Leser angeregt wird, sich mit dem Wort Gottes selbst zu befassen und auf Gott zu hören.

Ich hoffe, daß diese Zusammenstellung einen doppelten Nutzen hat. Viele wissen nicht, wie sie die Heilige Schrift richtig studieren können und haben niemanden, der sie anleitet. Wenn der Leser nun über jeden Punkt eingehend nachdenkt und dann die angeführten Texte nachliest, wird er zu verstehen beginnen, wie man in Gottes Wort forscht, um eine Lehre zu erfassen. Das Buch kann auch zum Studium bei den wöchentlichen Gebetsversammlungen oder in Bibelhauskreisen von Nutzen sein. Dabei kann jeder Teilnehmer das angezeigte Kapitel lesen und die Texte nachprüfen, die ihm am wichtigsten erscheinen. Der Leiter der Versammlung kann dann den Abschnitt laut lesen und zur Diskussion stellen.

In unserer Gemeinde haben wir gefunden, daß diese Art von Versammlungen sehr großen Gewinn bringen. Diese Praxis führt zu einem Forschen in Gottes Wort, wie es die Predigt nicht vermag. Sie regt die Gemeindemitglieder, besonders die jungen Leute, zu einer selbständigen Beschäftigung mit dem Wort Gottes an. Sie führt zu einer lebendigen Gemeinschaft unter den Gliedern des Leibes Christi und baut so die Liebe auf. Sie macht bereit, das Wort Gottes als die lebendige Vermittlung der Gedanken Gottes zu erkennen, wodurch sich die göttliche Kraft auswirkt. Das ist Gott wohlgefällig.

Ich bin überzeugt, daß es viele gläubige Männer und Frauen gibt, die danach fragen, was sie für den Herrn tun können. Mit dieser Art des Studiums und der Diskussion können sie das Tor zu großem Segen werden. Sie können sich einmal in der Woche mit Nachbarn oder Freunden treffen und Texte vorlesen, die sie alle vorher studiert haben. Solche Versammlung wird der Herr sicher segnen.

Noch etwas möchte ich vom Leser verlangen: Versuche, jeden Abschnitt wenigstens dreimal zu lesen. Oberflächlichkeit ist das große Hindernis bei all unserm Forschen in göttlichen Dingen. Wenn wir etwas lesen und es einigermaßen verstehen, meinen wir, das reicht. Nein, wir müssen dem Gelesenen Zeit lassen, in uns einzudringen und Einfluß über uns zu gewinnen.

Lies jeden Abschnitt das erstemal mit der Erwägung, das Gute zu erfassen, das er enthält. Dann schau, ob du Gewinn aus den Gedanken schöpfen kannst, die dort ausgedrückt sind. Lies es das zweitemal im Hinblick darauf, ob es in Übereinstimmung mit Gottes Wort ist. Nimm einige, wenn nicht alle, der Bibelverse, die bei jedem Thema vorgestellt werden, und überlege sie dir. So kommst du unter die volle Macht dessen, was Gott zu diesem Punkt gesagt hat. Laß deinen Gott durch sein Wort dich belehren, was du denken und glauben mußt in bezug auf ihn und seinen Willen.

Lies es dann ein drittes Mal, um herauszufinden, wie es sich auf dein eigenes Leben anwenden läßt. So erkennst du, ob dein Leben in Einklang mit dem neuen Leben gewesen ist. So kannst du dein zukünftiges Leben völlig nach Gottes Wort ausrichten. Ich bin fest davon überzeugt, daß die Zeit, die du dem Wort Gottes widmest, sich zehnfach lohnt.

Ich bete, daß der Herr sein Wirken in dir bestätigen wird. Ich werde nicht müde, dir zuzurufen: Der Segen und die Kraft des neuen Lebens in dir sind größer als du ahnst! Lerne nur Jesus zu vertrauen, der Gabe Gottes, und lerne genau und richtig die Heilige Schrift, das Wort Gottes, kennen. Gib Gott Zeit, mit dir ins Gespräch zu kommen und in dir zu wirken, und dein Herz wird überfließen mit der Gnade Gottes. Ihm, der über unser Bitten und Verstehen wirken kann, ihm sei Ehre in der Gemeinde in alle Ewigkeit.

Andrew Murray
Wellington/Südafrika, 12. August 1885

Kapitel 1

Das neue Leben

„Denn also hat Gott die Welt geliebt, daß er seinen eingeborenen Sohn gab, auf daß alle, die an ihn glauben, nicht verloren werden, sondern das ewige Leben haben." (Johannes 3, 16)

„Denn ihr seid gestorben und euer Leben ist verborgen mit Christus in Gott... Christus... ist unser Leben."

(Kolosser 3, 3–4)

„Und das Leben ist erschienen, und wir... bezeugen und verkünden euch das Leben, das ewig ist, welches beim Vater war und ist uns erschienen...

...daß uns Gott das ewige Leben gegeben hat, und solches Leben ist in seinem Sohn. Wer den Sohn hat, der hat das Leben." (1. Johannes 1, 2; 5, 11–12)

Wie herrlich ist der Segen, den jeder erhält, der an den Herrn Jesus glaubt! Nicht nur sein Charakter und sein Lebensstil ändern sich; er bekommt von Gott aus dem Himmel ein völlig neues Leben. Er ist von neuem geboren, aus Gott geboren. Er ist aus dem Tod in das Leben gelangt.[1]

Dieses neue Leben ist nichts geringeres als das ewige Leben.[2] Das bedeutet nicht, wie viele denken, daß unser Leben nicht endet, sondern in Ewigkeit andauert. Nein, ewiges Leben ist nichts anderes als das echte göttliche Leben, jenes Leben, das er von Ewigkeit an in sich selbst hatte und das in Christus offenbar wurde. Dieses Leben ist nun die Gabe für jedes Gotteskind.[3]

Dies ist ein Leben von unfaßbarer Kraft. Wenn Gott einer jungen Pflanze oder einem Tier Leben gibt, so liegt schon die Kraft zum Wachstum in diesem Leben und die Pflanze oder das Tier wird groß.

Leben ist Energie. Im neuen Leben – dort in deinem Herzen – liegt die Kraft der Ewigkeit.[4] Sicherer als das gesunde Wachstum eines Baumes oder Tieres ist das Wachsen und Reifen des Gotteskindes, das sich tatsächlich dem Wirken des neuen Lebens ausliefert.

Zwei Dinge hindern grundsätzlich diese Kraft und die Annahme des neuen geistlichen Lebens. Dies ist einmal Unkenntnis über die Natur dieses Lebens – seine Gesetze und Wirkungen. Aus sich selbst hat der Mensch – sogar der Christ – nicht die blasseste Vorstellung von dem neuen Leben, das von Gott stammt; es übersteigt alle seine Gedanken. Seine eigenen verdrehten Meinungen über die Art, wie man Gott dienen und ihm gefallen kann – nämlich durch das, was man tut und ist – sind in ihm so tief verwurzelt, daß er zwar denken mag, er verstehe und empfange Gottes Wort, daß er aber in Wirklichkeit nur auf einer menschlichen Ebene über geistliche Wahrheiten nachdenkt.[5] Gott muß ihm nicht nur Erlösung und Leben geben; er muß auch seinen Geist geben, der uns seine Gaben verstehen hilft. Er muß nicht nur auf das Land Kanaan hinweisen und den Weg dorthin aufzeigen, sondern wir müssen in diesem Land an jedem einzelnen Tag von ihm geführt werden.

Der Neubekehrte muß dem Heiligen Geist erlauben, ihm seine Unwissenheit über das neue Leben zu zeigen, seine Unfähigkeit, darüber in der rechten Weise nachzudenken. Dies wird ihn zu der Sanftmut und zu dem kindlichen Geist der Belehrbarkeit bringen, wodurch ihm der Herr sein Geheimnis offenbaren kann.[6]

Da gibt es noch ein zweites Hindernis auf dem Weg des Glaubens. Im Leben jeder Pflanze, jeden Tieres und jeden Kindes gibt es genügend Energie für das Wachstum. Im neuen Leben hat Gott die herrlichste Fürsorge getroffen für genügend Kraft, durch die sein Kind wachsen und alles das werden kann, wozu es bestimmt ist. Christus selbst ist sein Leben und seine Lebenskraft.[7] Doch weil dieses neue Leben nicht sichtbar oder fühlbar ist – sondern inmitten der menschlichen Schwäche wirkt –, kommen dem jungen Christen oft Zweifel.

Dies zweite Hindernis ist also, daß es ihm an dem Glauben mangelt, daß er mit göttlicher Kraft und Sicherheit wachsen soll. Er versteht nicht, daß das Glaubensleben abhängig ist von dem Leben, das er in Christus hat, obwohl er davon nichts sieht, fühlt oder erfährt.[8]

Möge jeder, der dieses neue Leben empfangen hat, diese großartige Überzeugung pflegen: Ewiges Leben wirkt in mir; es wirkt mit göttlicher Kraft; ich kann und soll werden, wie Gott mich haben will; Christus selbst ist mein Leben; ich empfange ihn jeden Tag als das Leben Gottes in mir, und er soll mein Leben in der Fülle der Kraft sein.

O mein Vater, du hast mir deinen Sohn gegeben, damit ich in ihm Leben habe. Ich danke dir für das herrliche neue Leben, das nun in mir ist. Lehre mich, dieses neue Leben zu verstehen. Ich gebe meine Unwissenheit zu, gebe zu, daß ich verkehrte Gedanken über deine Wege in mir trage. Ich will an die himmlische Kraft des neuen Lebens in mir glauben; ich will glauben, daß mein Herr Jesus – er, der selbst mein Leben ist – mich durch seinen Geist belehren wird, wie ich in diesem Leben wandeln kann. Amen.

Betrachte folgende Lektionen in deinem Herzen:

1. Es ist ewiges Leben, das wahre Leben Gottes, das du nun im Glauben empfangen hast.
2. Dieses neue Leben in Christus durch den Heiligen Geist teilt dir alles mit, was in Christus ist. Christus lebt in dir durch den Heiligen Geist.

3. Dies ist ein Leben voll wunderbarer Kraft. Wie schwach du dich auch immer fühlen magst – glaube an die göttliche Kraft des Lebens in dir!
4. Dieses Leben braucht Zeit, um in dir zu wachsen und von dir Besitz zu ergreifen. Laß ihm Zeit – es wird sicher größer werden.
5. Vergiß nicht, daß die Gesetze und Wege dieses neuen Lebens in Widerspruch stehen zu allen menschlichen Gedanken über die Art, Gott zu gefallen. Sei vorsichtig und hüte dich vor deiner alten Denkart. Lasse Christus, der dein Leben und auch deine Weisheit ist, dich alles lehren.

Kapitel 2

Die Milch des Wortes

„Seid begierig nach der vernünftigen lauteren Milch wie die neugeborenen Kindlein, auf daß ihr durch dieselbe zunehmet zu eurem Heil." *(1. Petrus 2, 2)*

Hört als neugeborene Glaubende sorgfältig auf das, was euch der Vater in diesem Vers zu sagen hat. Ihr habt euch erst kürzlich dem Herrn ausgeliefert und ihr habt geglaubt, daß er euch angenommen hat. Ihr habt das neue Leben von Gott erhalten. Ihr seid nun wie neugeborene Kindlein. Er möchte euch in diesem Vers lehren, was ihr braucht, um zu wachsen und zu erstarken.
Der erste Punkt ist: Ihr müßt wissen, daß ihr Gottes Kinder seid. Hört, wie ausdrücklich dies Petrus zu den Neubekehrten sagt:[9] „Ihr seid wiedergeboren – ihr seid neugeborene

Kindlein – ihr seid nun bekehrt – ihr seid nun Volk Gottes." Ein Christ, wie jung und schwach er auch immer sein mag, muß wissen, daß er Gottes Kind ist. Nur dann kann er den Mut haben, an seinen Fortschritt zu glauben, nur dann kann er die Kühnheit haben, die Nahrung zu ergreifen, die den Kindern im Wort Gottes bereitet ist. Die ganze Heilige Schrift lehrt uns, daß wir wissen müssen und wissen können, daß wir Gottes Kinder sind.[10]

Die Glaubensgewißheit ist unerläßlich für ein gesundes, kräftiges Wachstum im Herrn.[11]

Der zweite Punkt, den dieses Wort uns zeigt, ist die Tatsache, daß ihr noch sehr schwach seid – schwach wie neugeborene Kinder. Die Freude und die Liebe, die ein neuer Christ manchmal erlebt, läßt ihn vielleicht denken, daß er sehr stark ist. Er läuft Gefahr, sich selbst zu erheben oder auf seine Erlebnisse zu vertrauen.

Trotzdem muß er lernen, wie er in seinem Herrn Jesus stark werden kann. Es ist wichtig, zuzugeben, daß du noch jung und schwach bist.[12] Aus diesem Gefühl der Schwachheit kommt die Demut, die selbst nichts hat[13] und deshalb alles vom Herrn erwartet.[14]

Die dritte Lektion besagt, daß der neue Christ nicht schwach bleiben muß. Er muß wachsen und zunehmen an Gnade; er muß Fortschritte machen und stark werden. Das ist ein Befehl Gottes! Sein Wort gibt uns zu diesem Punkt die herrlichsten Verheißungen. Der Befehl liegt in der Natur der Sache: ein Kind Gottes muß und kann Fortschritte machen. Das neue Leben ist gesund und stark. Wenn ein Jünger sich ihm hingibt, kommt das Wachstum ganz bestimmt.[15]

Die vierte und hauptsächliche Lektion, die der neue Christ am meisten braucht, ist diese: Die Milch des Wortes Gottes ist es, durch die Gottes neugeborenes Kindlein wachsen kann. Nur durch das Wort, das Gott gesprochen hat, kann das neue Leben aus dem Geist Gottes erhalten werden. Dein geistliches Leben hängt wesentlich davon ab, ob du dich mit Gottes Wort richtig beschäftigst und sorgsam damit umgehst – ob du von Anfang an lernst, Gottes Wort als deine Milch zu benützen.[16]

Gott hat uns hier einen lieblichen Vergleich mit der Muttermilch geschenkt. Aus ihrem eigenen Leben gibt die Mutter ihrem Kind Leben und Nahrung. Die Ernährung des Säuglings ist das Werk zärtlichster Liebe, wobei das Kind an die Brust gedrückt wird und mit der Mutter in engster Verbindung ist. Und diese Milch ist gerade, was das schwache Kindlein benötigt – weiche und doch kraftvolle Nahrung. Genau so ist das Wort Gottes das wahre Leben und die Kraft von Gott.[17] Seine zarte Liebe wirkt durch das Wort und bringt uns in die freundlichste und intimste Gemeinschaft mit ihm.[18]

Seine Liebe gibt uns aus seinem Wort genau das, was wie die Muttermilch geeignet ist, unserer Schwachheit zu begegnen. Denke nie, daß das Wort zu schwierig oder zu hart für dich ist. Für den Jünger, der das Wort aufnimmt und sich darauf verläßt, daß Jesus ihn durch den Heiligen Geist belehrt, erweist sich das Wort Gottes praktisch als die beste süße Milch für das neugeborene Kind.[19]

Liebe neue Christen, wollt ihr standhaft bleiben, wollt ihr stark werden, wollt ihr immer für den Herrn leben? Dann hört die Stimme eures Vaters: „Als neugeborene Kindlein verlangt nach der vernünftigen Milch des Wortes." Empfangt dieses Wort in euer Herz und haltet es fest als die Stimme eures Vaters. Euer geistliches Leben hängt davon ab, wie ihr sein Wort und seine Gedanken über euch verwertet. Laßt das Wort Gottes für euch kostbarer sein als alles andere.[20]

Vor allem vergeßt dies nicht: Das Wort ist die Milch. Das Saugen oder Trinken von seiten des Kindes ist der innere, lebendige, gesegnete Kontakt mit der Liebe der Mutter. Durch den Heiligen Geist kann euer Gebrauch der Milch des Wortes zur warmen, lebendigen Gemeinschaft mit der Liebe eures Gottes werden. Oh, verlangt doch sehr begierig nach dieser Milch! Seht das Wort nicht als etwas an, das schwer und mühsam zu verstehen ist; auf diese Weise würdet ihr alle Freude daran verlieren. Empfangt es mit Vertrauen in die Liebe des lebendigen Gottes. Mit einer zarten mütterlichen Liebe wird der Geist Gottes euch belehren und euch in eurer Schwachheit helfen. Glaubt fest daran, daß der Geist Gottes das Wort in euch zu Leben und Freude erwecken wird, zu einer gesegneten Gemeinschaft mit eurem Gott.

Teurer Heiland, du hast mich gelehrt, an dein Wort zu glauben und durch diesen Glauben hast du mich zu deinem Kind gemacht. Ernähre mich durch dieses Wort, wie Neugeborene sich mit Milch ernähren. Herr, ich bin sehr begierig, dein Wort zu empfangen. Jeden Tag verlangt es mich danach. Lehre mich durch den Heiligen Geist und dein Wort, jeden Tag in lebendiger Gemeinschaft mit der Liebe des Vaters zu wandeln. Lehre mich immer zu glauben, daß mir dein Geist zusammen mit deinem Wort gegeben worden ist. Amen.

1. Welche Bibelverse beweisen nach deiner Meinung am deutlichsten, daß wir um unsere Gotteskindschaft wissen müssen?
2. In welchen drei Punkten stellt ein Säugling für uns den Typ des Neubekehrten in seinem Umgang mit dem Wort Gottes dar?
3. Was muß ein neuer Christ tun, wenn er beim Lesen der Heiligen Schrift wenig Segen verspürt?

Er muß festhalten, daß er durch den Glauben in Gemeinschaft mit Jesus Christus ist. Er muß mit der Tatsache rechnen, daß Jesus ihn durch den Heiligen Geist belehren wird und deshalb vertrauensvoll mit dem Lesen fortfahren.

4. Bedenke: Ein Bibelvers, der ein Bedürfnis in deinem Leben betrifft und der zehnmal gelesen und dann im Herzen bewahrt wird, ist besser als zehn Verse, die auf einmal gelesen werden. Nur das Wort, das ich wirklich aufnehme und innerlich für mich anwende, wird Nahrung für meine Seele.

5. Wähle einen Bibelvers aus, den du für eine der herrlichsten Verheißungen hälst, die dir Fortschritte und Stärkung zusagen. Lerne den Vers auswendig und wiederhole ihn ständig als Sprache deiner positiven Erwartung.

6. Hast du völlig verstanden, was das große Mittel für das Wachstum in der Gnade ist?

Kapitel 3

Gottes Wort in unserem Herzen

„So nehmt nun diese Worte zu Herzen und in eure Seelen ...“
(5. Mose 11, 18)

„Du, Menschenkind, alle meine Worte, die ich dir sage, die fasse mit dem Herzen ...“ *(Hesekiel 3, 10)*

„Ich behalte dein Wort in meinem Herzen, damit ich nicht wider dich sündige.“ *(Psalm 119, 11)*

Verlangt begierig nach der Milch des Wortes, „daß ihr dadurch wachset“. Dieses liebenswerte Wort muß jedem neuen Glaubenden gelehrt werden: wenn er wachsen will, muß er das Wort als Milch empfangen, als die lebendige Teilhabe am Leben und an der Liebe Gottes. Deshalb ist es von so großer Bedeutung, zu verstehen, wie wir mit dem Wort Gottes umgehen müssen. Der Herr sagt, daß wir es empfangen und in unserem Herzen bewahren müssen.[21] Das Wort muß unser Herz besitzen und erfüllen. Was bedeutet das?

Das Herz ist der Tempel Gottes. Im Tempel war ein äußerer Hof und das innere Heiligtum. So ist es auch in unserem Herzen. Das Tor in den Hof ist der Verstand, was ich nicht verstehe, kann nicht in das Herz eingehen. Durch das äußere Tor des Verstehens kommt das Wort in den Hof.[22] Dort wird es durch das Gedächtnis und die Betrachtung erfaßt.[23] Aber es ist noch nicht richtig im Herzen drinnen. Vom Hof gibt es einen Eingang ins innerste Heiligtum; dieser Eingang ist der Glaube. Was ich glaube, das nehme ich in mein Herz auf.[24]

Hier wird es dann festgehalten in Liebe und in Hingabe des Willens. Wo dies stattfindet, da wird das Herz zum Heiligtum Gottes. Sein Gesetz ist da wie in der Bundeslade, und die Seele ruft aus: „Dein Gesetz ist in meinem Herzen."[25]

Neuer Christ – Gott hat dich um dein Herz gebeten, um deine Liebe, um deine ganze Persönlichkeit. Du hast dich ihm geschenkt. Er hat dich angenommen und will dich und dein Herz ganz für sich. Er wünscht sich, daß dein Herz ganz von seinem Wort erfüllt wird. Was im Herzen ist, das ist uns teuer, denn man denkt ständig an das, was Freude schafft. Gott möchte das Wort in unserm Herzen haben. Wo sein Wort ist, das ist er selbst mit seiner Macht. Er ist immer treu in der Erfüllung seines Wortes; wenn du das Wort hast, hast du Gott selbst, der in dir wirkt.[26] Er wünscht, daß du sein Wort in dein Herz aufnimmst und es hoch schätzt; dann wird er dich reichlich segnen.[27]

Wie wünsche ich mir, daß ich alle Neubekehrten dazu bringen könnte, einfach das Wort ihres Vaters aufzunehmen: „Bewahre diese meine Worte in deinem Herzen!“ – und ihr ganzes Herz mit Gottes Wort zu füllen.
Entschließe dich, dies zu tun! Bemühe dich zu verstehen, was du liest. Wenn du es verstanden hast, dann nimm das Wort in dein Herz auf und behalte es im Gedächtnis. Lerne Worte Gottes auswendig! Wiederhole sie während des Tages. Das Wort ist ein Same. Wie der Same Zeit haben muß, in der Erde zu ruhen, so muß das Wort im Herzen getragen werden. Verwende die besten Kräfte deines Herzens – deine Liebe, dein Verlangen, die freudige und eifrige Aktivität deines Willens –, auf Gottes Wort.
„Gesegnet ist der Mann, der Freude hat am Gesetz des Herrn und darüber nachsinnt Tag und Nacht.“ Laß dein Herz einen Tempel sein, nicht für die Gedanken der Welt, sondern für die Gedanken Gottes.[28] Wer treu sein Herz öffnet, um Gottes Stimme zu hören, und dieses Wort bewahrt und in sich trägt, der erlebt, wie treu auch Gott sein Herz ihren Stimmen öffnet und auf das hört, was sie im Gebet zu ihm sagen.
Lieber Christ, lies jetzt noch einmal die Bibelverse am Anfang dieses Abschnitts. Nimm sie als Gottes an dich gerichtetes Reden an – als Wort des Vaters, der dich als Kind angenommen hat, das Wort Jesu, der dich zum Gotteskind gemacht hat. Gott bittet dich, als sein Kind, daß du dein Herz erfüllen läßt mit seinem Wort. Willst du dies tun? Der Herr Jesus will auf diese Weise sein heiliges Werk in dir kraftvoll vollenden.[29] Laß deine Antwort deutlich und beständig lauten: „Ich habe dein Wort in meinem Herzen!“ und: „Wie liebe ich dein Gesetz – ich sinne darüber den ganzen Tag nach!“ Wenn es schwierig erscheint, das Wort Gottes zu verstehen, lies es einfach immer wieder. Der

Vater hat versprochen, es zu einem Segen in deinem Herzen zu machen. Aber zuerst mußt du es in dein Herz aufnehmen. Glaube dann, daß Gott es durch den Heiligen Geist in dir lebendig und machtvoll werden läßt.

O mein Vater, du hast gesagt: „Mein Sohn, gib mir dein Herz!" Ich habe dir mein Herz gegeben. Nun sehe ich, daß dein Befehl an mich lautet, dein Wort in meinem Herzen zu behalten und zu bewahren. Ich antwortete: „Von ganzem Herzen folge ich deinen Geboten." Vater, lehre mich täglich dein Wort in mein Herz aufzunehmen, damit es dort seinen segensreichen Einfluß ausüben kann. Stärke mich in der tiefen Überzeugung, daß selbst dann, wenn ich es nicht völlig in seiner Bedeutung und Kraft verstehe, ich mich auf dich verlassen kann, daß du das Wort in mir zu machtvollem Leben erweckst. Amen.

1. Was ist der Unterschied zwischen dem Lesen der Bibel um mein Wissen zu erweitern und dem Aufnehmen des Wortes im Glauben?
2. Das Wort ist ein Samen. Samen brauchen Zeit, um aufzugehen. Während dieser Zeit muß der Samen still und ständig in der Erde bleiben. Ich muß Gottes Wort nicht nur lesen, sondern ich muß es betrachten und darüber nachdenken. Dann wird es in mir wirksam werden. Das Wort muß den ganzen Tag über in mir sein, muß in mir bleiben und wohnen.
3. Aus welchem Grund hat das Wort Gottes manchmal so wenig Kraft in denen, die es lesen und sich wirklich nach dem Segen sehnen? (Einer der Hauptgründe ist, daß sie dem Samen nicht Zeit lassen, zu wachsen, daß sie das Wort nicht bewahren und bedenken in der gläubigen Gewißheit, daß das Wort von selber wirken wird.)
4. Was ist die Charakteristik seiner Jünger, die Jesus im hohepriesterlichen Gebet zuerst erwähnt? (Johannes 17)

5. Was sind die Segnungen, die ein Herz erfährt, das mit Gottes Wort erfüllt ist?

Kapitel 4

Glaube

„Selig bist du, die du geglaubt hast! Denn es wird vollendet werden, was dir gesagt ist von dem Herrn." (Lukas 1, 45)
„... denn ich glaube Gott, es wird also geschehen, wie mir gesagt ist." (Apostelgeschichte 27, 25)
„(Abraham) ... ward stark im Glauben ... und wußte aufs allergewisseste: was Gott verheißt, das kann er auch tun." (Römer 4, 20; 21)

Gott hat dich gebeten, sein Wort in dein Herz aufzunehmen und es dort hochzuhalten. Glauben ist der richtige Weg, durch den das Wort erfaßt und in die innersten Tiefen des Herzens aufgenommen wird. Möge der neue Christ sich bemühen, immer besser zu verstehen, was Glaube ist. Er wird dabei einen Einblick gewinnen in die Gründe, warum große Dinge an den Glauben geknüpft sind. Er wird der Erkenntnis zustimmen, daß die vollständige Erlösung täglich von unserem Glauben abhängt.[30]

Ich bitte den Leser, noch einmal die drei Bibelverse durchzulesen, die über diesem Abschnitt stehen, um herauszufinden, was der Hauptgedanke ist, den sie uns über den Glauben lehren.

Sie helfen uns erkennen, daß Glaube sich immer auf etwas bezieht, was Gott gesagt oder versprochen hat. Wenn ein ehrenhafter Mensch etwas sagt, dann hält er sich auch daran; nach dem Reden folgt das Handeln. So ist es auch mit Gott: wenn er etwas tun will, sagt er es zuvor in seinem Wort.

Wenn der Gläubige von dieser Überzeugung erfüllt ist und darin gefestigt ist, tut Gott für ihn immer, was er gesagt hat. Bei Gott gehen Reden und Handeln immer zusammen; die Tat folgt dem Wort. „Sollte er es sagen und nicht auch tun?“[31] Wenn ich ein Versprechen Gottes habe, kann ich immer sicher sein, daß er es auch halten wird. Ich muß einfach das Wort ergreifen, es festhalten und auf Gott warten. Gott wird sich um die Erfüllung seiner Verheißung kümmern. Ehe ich noch irgend etwas fühle oder erlebe, halte ich die Verheißung fest; und ich weiß im Glauben, daß Gott etwas Gutes für mich bewirkt.[32]

Was ist Glaube? Nichts anderes als die Gewißheit, daß das, was Gott sagt, wahr ist. Wenn Gott sagt, daß etwas existiert, dann jubelt der Glaube, obwohl er noch nichts davon sieht.[33] Wenn Gott sagt, daß er mir etwas gegeben hat, daß etwas im Himmel mir gehört, dann weiß ich im Glauben mit völliger Sicherheit, daß es wirklich mein ist.[34] Wenn Gott sagt, daß etwas geschehen wird oder daß er etwas für mich tun will, dann ist das für den Glauben so, als hätte ich es schon gesehen.[35] Dinge, die existieren, aber die ich nicht gesehen habe, und Dinge, die noch nicht existieren, aber kommen werden, sind für den Glauben ganz sicher. „Es ist aber der Glaube eine gewisse Zuversicht des, das man hofft, und ein Nichtzweifeln an dem, das man nicht sieht.“ (Hebräer 11, 1) Glaube fragt immer nur danach, was Gott gesagt hat und verläßt sich auf seine Treue und die Macht, sein Wort zu erfüllen.

Laßt uns die Schriftstellen nun nochmals betrachten. Von Maria lesen wir: „Selig bist du, die du geglaubt hast! Denn es wird vollendet werden, was dir gesagt ist von dem Herrn.“

Alles, was das Wort Gottes sagt, wird sich für mich erfüllen; so glaube ich also.
Von Abraham wird berichtet, daß er völlig überzeugt war, daß Gott das, was er verheißen hatte, auch erfüllen könne. Das ist Glaubensgewißheit – überzeugt sein, daß Gott tun wird, was er verheißen hat.
Genau das stellt Paulus fest: „Denn ich glaube Gott, es wird also geschehen, wie mir gesagt ist." Es stand für ihn fest, daß Gott seinem Wort gemäß handeln würde.
Neue Glaubende in Christus, das neue, das ewige Leben in euch ist ein Leben im Glauben. Seht ihr nicht, wie einfach und wie gesegnet dieses Leben im Glauben ist? Täglich gehe ich zum Wort Gottes und höre, was Gott gesagt hat, was er getan hat und tun wird.[36] Ich nehme mir Zeit, in meinem Herzen das Wort zu bewahren, das Gott gesprochen hat. Und ich halte es fest, ganz sicher, daß Gott das, was er versprochen hat, auch erfüllen kann. Und dann warte ich in einem kindlichen Geist auf die Erfüllung all der herrlichen Verheißungen seines Wortes. Meine Seele erfährt dieses Wort: Selig ist die, die geglaubt hat; denn es wird vollendet werden, was ihr gesagt ist von dem Herrn. Gott verspricht; ich glaube; Gott erfüllt es: das ist das Geheimnis des neuen Lebens.

O mein Vater, ich danke dir für dieses gesegnete Leben im Glauben, in dem wir wandeln dürfen. Ich vermag nichts, doch du kannst alles tun. Du hast in deinem Wort von all dem gesprochen, was du tun kannst. Und jedes Wort, das ich vertrauensvoll aufgreife und vor dich bringe, das erfüllst du. Vater, in diesem Glaubensleben, das so einfach und so herrlich ist, will ich mit dir wandeln. Amen.

1. Der Christ muß die Heilige Schrift lesen und erforschen, um sein Wissen zu erweitern. Zu diesem Zweck liest er täg-

lich einen oder mehrere Abschnitte der Bibel. Aber er liest die Heilige Schrift auch, um seinen Glauben zu stärken. Zu diesem Zweck muß er ein oder zwei Verse nehmen und sie zum Gegenstand besonderen Nachdenkens machen, um sie so vertrauensvoll auf sich selbst anzuwenden.

2. Laß dich nicht in die Irre führen von denen, die sagen, der Glaube sei etwas Großes und Unverständliches. Glaube ist nichts anderes als die Gewißheit, daß Gott die Wahrheit sagt. Nimm die Verheißungen Gottes und sage zu ihm: „Ich weiß gewiß, daß diese Verheißung wahr ist und daß du sie erfüllen wirst." Das wird er dann auch tun.

3. Klage nie über Unglauben, als ob er nur eine Schwäche wäre, der du nicht abhelfen kannst. Als Gottes Kind hast du die Kraft zu glauben – wie schwach du sonst auch immer sein magst –, denn der Geist Gottes ist in dir. Du mußt nur dies eine festhalten: niemand kann irgend etwas verstehen, wenn er nicht die Macht hat, zu glauben; er muß nur damit anfangen, ständig dem Herrn zu sagen, daß er sicher ist, daß sein Wort die Wahrheit ist. Er muß die Verheißung festhalten und sich wegen ihrer Erfüllung auf Gott verlassen.

Kapitel 5

Die Macht des göttlichen Wortes

„So kommt der Glaube aus der Predigt, das Predigen aber durch das Wort Christi.“ *(Römer 10, 17)*

„... nehmt das Wort an mit Sanftmut, das in euch gepflanzt ist, welches kann eure Seelen selig machen.“ *(Jakobus 1, 21)*

„Darum danken wir Gott ohne Unterlaß, daß ihr das Wort göttlicher Predigt, das ihr von uns empfinget, nicht aufnahmet als Menschenwort, sondern, wie es das in Wahrheit ist, als Gottes Wort, welches auch wirkt in euch, die ihr glaubet.“ *(1. Thessalonicher 2, 13)*

„Denn das Wort Gottes ist lebendig und kräftig...“ *(Hebräer 4, 12)*

Das neue Leben des Gotteskindes hängt so sehr vom richtigen Gebrauch des Wortes Gottes ab, daß ich darüber noch einmal zu den Neubekehrten sprechen muß.

Es ist eine große Entdeckung, wenn der neue Christ versteht, daß er das neue Leben nur durch den Glauben empfangen und vollziehen kann. Er muß nur glauben; Gott wird halten, was er versprochen hat. Jeden Morgen versichert der Christ, daß er Jesus vertraut und sich auf das neue Leben, das in ihm wirkt, verläßt; Jesus sieht dann zu, daß das neue Leben vollbringt, was er verheißen hat.

Doch nun kommt da die Gefahr eines weiteren Irrtums auf. Er denkt, daß der Glaube, der so Großes bewirkt, selbst etwas Großartiges sein müßte und daß er große Kraft aufwenden müsse, um einen so großen Glauben zu üben.[37] Und weil er diese Kraft nicht fühlt, meint er, daß er nicht richtig glauben kann. Dieser Irrtum kann ihm ein Leben lang anhaften.

Komm und höre, wie verkehrt so ein Gedanke ist. Du mußt nicht diesen machtvollen Glauben aufbringen, um die Erfüllung des Wortes zu erleben, sondern das Wort selbst kommt zu dir und stärkt den Glauben, den du haben mußt. „Das Wort ist lebendig und kraftvoll." Das Wort selbst bewirkt Glauben in dir. Die Schrift sagt: „Glauben kommt durch das Wort."[37a]

Denke daran, daß wir gesagt haben, das Herz ist ein Tempel, und erinnere dich an die zweifache Einteilung. Da ist der äußere Hof mit dem Verstand als Eingangstor. Da ist das innerste Heiligtum mit dem Herzensglauben als Eingang. Es gibt einen natürlichen Glauben – den historischen Glauben – den jeder Mensch hat; mit diesem nehme ich zuerst das Wort in meine Bewahrung und Überlegung auf. Ich muß zu mir selber sagen: „Das Wort Gottes ist gewiß wahr. Ich kann mich darauf verlassen." So bringe ich das Wort Gottes in den äußeren Hof und von ganz drinnen streckt sich die Sehnsucht des Herzens danach aus, um es in das Innerste hereinzuholen. Nun übt das Wort seine göttliche Lebensenergie aus: es beginnt zu wachsen und Wurzeln zu fassen. Wie ein in die Erde gesetzter Same Wurzeln ausstreckt und immer tiefer in die Erde eindringt, so dringt das Wort nach innen zum Allerheiligsten. So bewirkt das Wort wahrhaftigen Erlösungsglauben.[38]

Junger Christ, verstehe dies: Das Wort ist lebendig und kraftvoll; durch das Wort sind wir neu geboren. Das Wort bewirkt Glauben in uns. Durch das Wort wird der Glaube erzeugt. Empfange das Wort Gottes einfach mit dem Gedanken, daß es in dir wirken wird. Beschäftige dich fortgesetzt mit dem Wort und gib ihm Zeit. Das Wort hat in sich selbst göttliches Leben; trage es in deinem Innersten und es wird Leben in dir bewirken. Es wird in dir einen Glauben erzeugen, der stark und zu allem fähig ist.

Hüte dich vor der Lüge, wenn sie auftaucht: „Ich kann nicht glauben." Du kannst glauben! Du hast den Geist Gottes in dir! Sogar der natürliche Mensch kann sagen: „Dies Wort Gottes ist sicher wahr." Und wenn er mit Verlangen in der Seele sagt: „Es ist wahr; ich will es glauben", bewirkt der lebendige Geist, durch den das Wort lebendig und machtvoll ist, diesen lebendigen Glauben. Zudem ist der Geist nicht nur in dem Wort, sondern auch in dir. Auch wenn du deinen Glauben nicht spürst, wisse mit Sicherheit, daß du glauben kannst.[39] Beginne tatsächlich das Wort aufzunehmen; es wird einen mächtigen Glauben in dir bewirken. Verlaß dich auf die Tatsache, daß du Gottes Wort bestimmt zutrauen kannst, mit deinem Glauben kraftvoll zu wirken. Und nicht nur die Verheißungen, sondern auch die Gebote haben diese lebendige Macht. Wenn ich ein Gebot von Gott erhalte, dann fühle ich zuerst nicht die Kraft in mir, es zu verwirklichen. Aber wenn ich es einfach annehme als Gottes Wort, das in denen wirkt, welche glauben – wenn ich auf die Wirkung des Wortes vertraue und dem lebendigen Gott vertraue, der es in Gang setzt, dann bewirkt dies Gebot in mir den Wunsch und die Kraft zum Gehorsam. Wenn ich an dem Gebot festhalte, bewirkt es den Wunsch und den Willen zu gehorchen. Es drängt mich stark zu der Überzeugung, daß ich bestimmt tun kann, was mein Vater sagt. Das Wort belebt in mir den Glauben und den Gehorsam. Der Gehorsam des Christen ist ein Gehorsam im Glauben. Ich muß glauben, daß ich durch den Heiligen Geist die Kraft habe, Gottes Willen zu tun, denn im Wort wirkt die Kraft Gottes in mir. Das Wort, als das Gebot des lebendigen Gottes, der mich liebt, ist meine Kraft.[40]

Deshalb, neuer Christ, lerne Gottes Wort vertrauensvoll anzunehmen. Wenn du es auch vielleicht nicht von Anfang an verstehst, fahre fort darüber nachzudenken; es wird sich selbst verherrlichen. Auch wenn du keine Kraft zu glauben oder zu gehorchen verspürst, ist das Wort dennoch lebendig und kraftvoll. Nimm es und halt es fest. Es wird sein Werk mit göttlicher Macht vollbringen. Das Wort erbaut und stärkt Glauben und Gehorsam.

Herr, mein Gott, ich habe begonnen zu verstehen, daß du mit Leben und Kraft in deinem Wort bist, und daß dein Wort selbst den Glauben und den Gehorsam stärkt im Herzen, das es annimmt und festhält. Herr, lehre mich, jedes Wort von dir als lebendigen Samen in mir zu tragen im Bewußtsein, daß es in mir bewirkt, was dir wohlgefällig ist.

1. Denk daran: Es ist ein und dasselbe, dem Wort zu glauben und dem zu glauben, der das Wort spricht, oder an das zu glauben, was in dem Wort verheißen ist. Derselbe Glaube, der die Verheißung annimmt, nimmt zugleich den Vater an, welcher die Verheißung ausspricht, und nimmt den Sohn an, der die Erlösung bringt, die verheißen ist. Du kannst nie das Wort Gottes und den lebendigen Gott von einander trennen.
2. Denke daran: Da ist ein großer Unterschied zwischen der Annahme des Wortes als „Menschenwort“ und als „Wort Gottes, das in denen wirkt, die da glauben.“
3. Ich denke, du weißt jetzt, daß es nötig ist, im Glauben zu erstarken. Übe so viel Glauben aus, wie dir nur möglich ist. Nimm eine Verheißung Gottes. Sag dir selbst, daß sie sicherlich wahr ist. Gehe zu Gott und sage ihm, daß du dich auf die Erfüllung verläßt. Denke über die Verheißung nach und klammere dich an sie in der Gemeinschaft mit Gott. Verlaß dich darauf, daß er tut, was er sagt. Er wird es ganz sicher tun.
4. Erinnere dich: Der Geist und das Wort gehen immer zusammen. Wenn das Wort sagt, ich muß etwas tun, dann

kann ich es sicherlich auch tun durch den Heiligen Geist. Ich muß das Wort und auch das Gebot annehmen in der Zuversicht, daß es das Wort des lebendigen Gottes ist, das in uns wirkt, die wir glauben.

Kapitel 6

Gottes Gabe: sein Sohn

„Denn also hat Gott die Welt geliebt, daß er seinen eingeborenen Sohn gab, auf daß alle, die an ihn glauben, nicht verloren werden, sondern das ewige Leben haben.“ (Johannes 3, 16)
„Gott aber sei Dank für seine unaussprechliche Gabe!“
(2. Korinther 9, 15)

So sehr hat Gott die Welt geliebt! Wie sehr? Daß er seinen eingeborenen Sohn für jedermann in dieser Welt hingab. Und wie gab er hin? Er gab ihn in seine Menschengeburt hinein, daß er für immer mit uns eins sei. Er gab ihn in seinen Tod am Kreuz hin, damit er so unsere Sünde und unsern Fluch auf sich selbst nahm. Er gab ihm den Himmelsthron, um für unser Wohl zu sorgen als unser Vertreter und Fürbitter über alle Mächte des Himmels. Er gab ihn in der Ausgießung des Heiligen Geistes hin, damit er in uns wohnen könne, um ganz und vollständig unser eigen zu sein.[41] Ja, das ist die Liebe Gottes, daß er seinen Sohn an uns, für uns, in uns hingab.
Nichts geringeres als sein Sohn selbst ist die Liebe Gottes. Er gibt uns nicht irgend etwas – er gibt uns jemanden – eine lebende Person; nicht die eine oder andere Segnung gibt er, sondern *ihn,* in dem alles Leben und aller Segen enthalten ist – Jesus selbst, nicht bloß Vergebung oder Erwek-

kung oder Heiligung oder Herrlichkeit –, nein, Jesus selbst, seinen eigenen Sohn.
Der Herr Jesus ist der Geliebte, der Gleichrangige, der intime Freund, der ewige Segen des Vaters. Und es ist der Wille des Vaters, daß wir Jesus zu eigen haben sollen, so wie er ihn zu eigen hat.[42] Zu diesem Zweck hat Gott ihn uns gegeben. Die ganze Erlösung besteht darin, Jesus zu haben, zu besitzen, zu genießen. Gott hat seinen Sohn gegeben, hat ihn völlig hingegeben, damit er einer der unsern wurde.[43] Was müssen wir also tun? Ihn annehmen, ihn empfangen, uns die Gabe aneignen, uns an ihm erfreuen als dem unsern. Das ist ewiges Leben. „Wer den Sohn hat, hat das Leben."[44]
Wie sehr wünsche ich, daß alle neuen Glaubenden dies verstehen würden! Die eine große Liebestat Gottes für uns ist, daß er uns seinen Sohn gibt. In ihm haben wir alles. Folglich muß die eine große Tat unseres Herzens sein, diesen Jesus aufzunehmen, der uns gegeben worden ist, ihn zu betrachten und ihn als uns gehörig zu erkennen.
Ich muß jeden Tag mit diesem Gedanken beginnen: Ich habe Jesus, der alles für mich tut.[45] In jeder Schwachheit oder Dunkelheit oder Gefahr, im Falle einer Sehnsucht oder Not, laß dies unser erster Gedanke sein: Ich habe Jesus, um alles für mich recht zu machen, denn Gott hat ihn mir gegeben. Ob du Vergebung brauchst, Trost oder Stärkung; ob du gefallen bist oder versucht bist, in Gefahr zu geraten; ob du nicht verstehst, was der Wille Gottes ist in irgendeiner Sache, oder ob du nicht weißt, woher du den Mut und die Kraft nehmen sollst, diesen Willen zu tun – laß immer dies dein erster Gedanke sein: Der Vater hat mir Jesus gegeben, daß er sich um mich kümmert.
Deshalb stütze dich auf diese Gabe Gottes und betrachte sie jeden Tag als dein eigen. Die Gabe ist dir im Wort Gottes

geschenkt worden. Eigne dir den Sohn im Glauben an das Wort Gottes an. Bestätige den Glauben an ihn jeden Tag – denn durch den Glauben hast du den Sohn.[46] Die Liebe Gottes hat den Sohn geschenkt. Nimm ihn an und halte ihn fest in der Liebe deines Herzens.[47] Gott hat dir Jesus gegeben, um dir Leben, ewiges Leben zu bringen. Nimm ihn auf in dein Leben; laß dein Herz und deine Zunge und dein ganzes Leben unter der Macht und der Führung Jesu sein.[48] Neuer Christ – höre auf dieses Wort! Gott hat dir Jesus gegeben. Er ist dein. Empfangen ist nichts anderes als die Frucht des Glaubens. Die Gabe gehört dir. Er will alles für dich tun.

O mein Herr Jesus, heute neu, und jeden Tag, nehme ich dich an. In all deiner Fülle, all deinen Beziehungen, ohne Unterlaß nehme ich dich an mich. Du bist meine Weisheit, mein Licht, mein Führer – ich nehme dich als meinen Propheten. Du hast mich vollständig versöhnt und mich Gott nahe gebracht. Du reinigst und heiligst mich und betest für mich – ich nehme dich als meinen Priester an. Du führst und erhältst und segnest mich – ich nehme dich als meinen König an. Du bist mir alles in allem – und du bist völlig mein. Dank sei Gott für seine unaussprechliche Gabe! Amen.

1. Meditiere das Wort „geben". Gott gibt auf eine wunderbare Art – von Herzen, ganz frei, dem Unwürdigen. Er gibt auf wirksame Art. Was er gibt, macht er tatsächlich zu unserm Eigentum und innerlich verfügbar für uns. Glaube dies und du hast die Gewißheit, daß Jesus ganz dein Eigentum ist mit allem, was er mit sich bringt.
2. Meditiere auch dies andere Wort „nehmen". Jesus zu nehmen, ihn festzuhalten, sich ihn anzueignen – das ist unsere große Tat. Und dieses „annehmen" ist nichts anderes als „vertrauen". Er ist mein mit allem, was er hat. Nimm

Jesus – den ganzen Jesus – jeden Tag zu eigen. Das ist das Geheimnis des Lebens im Glauben.
3. Dann betrachte ebenso das Wort „haben". „Der, welcher den Sohn hat, hat Leben." Was ich habe, ist mein, zu meiner Verfügung und zu meinem Dienst. Ich habe den vollen Genuß davon. „Der, welcher den Sohn hat, hat Leben."
4. Merke besonders, daß das, was Gott dir gibt und was du nimmst und was du nun hast – nichts geringeres ist als der lebendige Sohn Gottes.
Nimmst du dies an?

Kapitel 7

Jesu Selbsthingabe

„... gleichwie auch Christus geliebt hat die Gemeinde und hat sich selbst für sie gegeben, auf daß er sie heiligte ... auf daß er sie sich selbst darstellte als eine Gemeinde, die herrlich sei, die nicht habe einen Flecken oder Runzel oder etwas dergleichen, sondern daß sie heilig sei und unsträflich."

(Epheser 5, 25–27)

So groß und wunderbar war die Tat, die Jesus für den Sünder vollbrachte, daß es notwendig war, daß er dazu sich selbst hingab. So groß und wunderbar war die Liebe Jesu zu uns, daß er sich tatsächlich für uns und an uns hingab. So groß und wunderbar ist diese Hingabe Jesu, daß alles, was er selbst gab, um sie zu vollbringen, nun in uns wirklich und vollständig zur Erfüllung gelangt. Denn Jesus, der Heilige, der Allmächtige, hat dies auf sich genommen: er gab sich selbst für uns.[49] Das eine, was nun noch nötig ist, ist unser

Verstehen und unser fester Glaube an seine Hingabe für uns.
Zu welchem Zweck hat er sich selbst für die Gemeinde hingegeben? Hört, was Gott dazu sagt: Um sie zu heiligen; um sie unsträflich zu machen.[50] Das ist Jesu Ziel. Diese Absicht will er in dem Glaubenden verwirklichen, der dies zu seinem höchsten Verlangen macht und der sich dann auf die Selbsthingabe Jesu verläßt, daß dies geschieht.
Hört noch ein Wort Gottes: „Der sich selbst für uns gegeben hat, auf daß er uns erlöste von aller Ungerechtigkeit und reinigte sich selbst ein Volk zum Eigentum, das fleißig wäre zu guten Werken."[51]
Ja, um sich selbst ein reines Volk zu bereiten, ein Volk seines Eigentums, ein eifriges Volk, deshalb gibt Jesus sich selbst. Wenn ich ihn aufnehme, wenn ich glaube, daß er sich selbst hingab, um dies für mich zu tun, dann werde ich dies sicherlich auch erleben. Ich werde gereinigt durch ihn, werde als sein Eigentum gehalten, und werde mit Eifer und Freude erfüllt, für ihn zu arbeiten.
Und merke ferner, wie es das Ziel dieser Hingabe seiner selbst ist, daß er uns dann ganz für sich selber hat: daß er uns als ein Volk seines Eigentums vor sich darstellen kann, das für ihn gereinigt ist. Je mehr ich die Hingabe Jesu um meinetwillen verstehe und bedenke, um so mehr gebe ich mich selbst ihm hin. Das ist eine wechselseitige Hingabe: die Liebe kommt von beiden Seiten. Seine Selbsthingabe macht solch einen Eindruck auf mein Herz, daß es mit der gleichen Liebe und Freude ganz sein wird. Indem er sich mir ganz hingibt, nimmt er Besitz von mir; er wird mein und ich bin sein. Ich weiß, daß ich Jesus völlig besitze und daß er mich völlig in Besitz hat.[52]
Wie komme ich nun in den vollen Genuß dieses gesegneten Lebens? „Ich lebe aus dem Glauben, dem Glauben, der im

Sohn Gottes ist, der mich liebte und sich selbst für mich hingab."[53] Durch den Glauben betrachte und überdenke ich seine Hingabe an mich als etwas Sicheres und Herrliches. Durch den Glauben vertraue ich, daß Jesus seine Hingabe bestätigt, daß er sich mir mitteilt und sich in mir offenbart. Durch den Glauben erwarte ich mit Gewißheit die volle Erfahrung der Erlösung, die daraus resultiert, daß Jesus in mir wohnt und alles für mich tut. Durch den Glauben lebe ich in diesem Jesus, der mich liebte und sich selbst für mich dahingab. Und ich sage: „Ich lebe nun nicht mehr, sondern Christus lebt in mir."
Christ, glaube es mit deinem ganzen Herzen: Jesus gibt sich selbst für dich hin; er ist völlig dein; er will alles für dich tun.[54]

O mein Herr Jesus, welch wundervolle Gnade ist dies, daß du dich selbst für mich hingegeben hast. Du bist das ewige Leben! Du bist das Leben und du gibst dich hin, daß ich mit dir in meinem Leben alles habe, was ich brauche. Du reinigst mich und heiligst mich und machst mich eifrig zu guten Werken. Du ziehst mich ganz zu dir, und gibst dich selbst ganz mir. Ja, mein Herr, in allem bist du mein Leben. O hilf mir das zu begreifen! Amen.

1. In seiner großen Liebe gab der Vater den Sohn hin. Und aus Liebe gab Jesus sich selbst hin. (Römer 3, 16; Epheser 5, 26) Jesus annehmen, Jesus besitzen – das bedeutet das Eingangstor zu einem Leben in der Liebe Gottes; dies ist die höchste Form des Lebens. (Johannes 14, 21, 23; 17, 23, 26; Epheser 3, 17, 18) Durch Glauben dringen wir in die Liebe ein und wohnen da. (1. Johannes 4, 16–18)
2. Hast du die Lektion gelernt, jeden Tag mit kindlichem Vertrauen zu beginnen: Ich nehme Jesus für diesen Tag an, daß er mein Leben sei und alles für mich vollbringe.

3. Verstehe, daß es einen persönlichen Umgang mit Jesus voraussetzt, wenn du ihn annimmst und ihn besitzt. In ihm sich zu freuen, mit ihm Gemeinschaft zu haben, ihn als Freund zu haben, seine Liebe zu besitzen – dahin führt uns der Glaube, der ihn wahrhaftig aufnimmt.

Kapitel 8

Kinder Gottes

„Wieviele ihn aber aufnahmen, denen gab er Macht, Gottes Kinder zu werden, die an seinen Namen glauben.“

(Johannes 1, 12)

Was gegeben wird, muß in Empfang genommen werden, sonst hat es keinen Nutzen. Wenn die erste große Tat der Liebe Gottes die Gabe seines Sohnes ist, dann muß die erste Tat des Menschen sein, diesen Sohn anzunehmen. Und wenn all die Segnungen göttlicher Liebe uns nur durch den ewigen Sohn des Vaters zukommen, so geschieht uns dies nur durch die täglich neue, ständige Annahme des Sohnes. Du weißt, was für diese Annahme nötig ist, denn du hast ja bereits den Herrn Jesus angenommen. Aber alles, was diese Annahme umfaßt, muß deutlicher und kraftvoller werden – eine ununterbrochene lebendige Aktion unseres Glaubens.[55] Wenn wir wachsen wollen, muß unser Glaube sich mehren. Deine erste Annahme Jesu beruhte auf der Gewißheit, die das Wort Gottes dir gab – daß er für dich da sei. Durch das Wort Gottes muß dein Leben noch weitere Sicherheit erlangen, daß alles, was in Christus ist, buchstäblich und wirklich dir gehört, in ihm dir vom Vater gegeben, daß es dein Leben sei.

Deine erste Annahme Christi wurde durch dein Bedürfnis und deine Not veranlaßt. Durch den Heiligen Geist wirst du noch ärmer im Geiste, und du siehst noch deutlicher wie sehr du Jesus in jedem Augenblick für jedes Bedürfnis brauchst; dies führt zu einer ununterbrochenen, ständig aktiven Annahme von Jesus als dein Alles.[56]
Deine erste Annahme bestand nur darin, dir im Glauben anzueignen, was du weder sehen noch fühlen konntest. Dieser Glaube muß ständig vollzogen werden, indem du sagst: „Alles, was ich in Jesus sehe, gehört mir. Ich ergreife es als mein Eigentum, wenn ich es auch noch nicht spüre." Die Liebe Gottes ist ein sich mitteilendes, ununterbrochenes Ausgießen seines Lebens und seines Lichtes über die Seele, ein sehr mächtiges und wahrhaftiges Schenken Jesu. Unser Leben ist nur ein fortwährendes gesegnetes Erfassen und Annehmen seiner Person.[57]
Das ist die Art und Weise, als Kinder Gottes zu leben: soviele ihn aufnehmen, denen gibt er die Macht, Kinder Gottes zu werden. Das gilt nicht nur für die Bekehrung und Neugeburt, sondern für jeden Tag meines Lebens. Wenn es unerläßlich ist, in allem als ein Kind Gottes zu handeln und das Ebenbild meines Vaters darzustellen, dann muß ich Jesus, den eingeborenen Sohn, nehmen. Er ist es, der mich zum Gotteskind macht. Jesus selbst zu haben, Herz und Leben mit ihm zu erfüllen, das ist die Lebensweise eines Gotteskindes. Ich wende mich zum Wort Gottes und lerne dort alle Charaktereigenschaften eines Gotteskindes.[58] Und nach jeder schreibe ich nieder: Das wird Jesus in mir bewirken; ich habe ihn, damit er ein Gotteskind aus mir macht.
Geliebter neuer Christ, lerne die Einfachheit und Herrlichkeit eines echten Christenlebens zu verstehen. Es bedeutet, Jesus aufzunehmen, ihn in all seiner Fülle aufzunehmen,

ihn in all den herrlichen Beziehungen aufzunehmen, in denen der Vater ihn dir gibt. Nimm ihn an als deinen Propheten, als deine Weisheit, dein Licht, deine Führung. Nimm ihn an als deinen Priester, der dich erneuert, reinigt und heiligt, der dich näher zu Gott bringt, der dich nimmt und dich völlig für seinen Dienst zubereitet. Nimm ihn an als deinen König, der über dich herrscht, der dich beschützt und segnet. Nimm ihn an als dein Haupt, dein Vorbild, deinen Bruder, dein Leben, dein Ein-und-alles.
Das Geben Gottes ist eine göttliche, immer fortschreitende und wirkende Mitteilung an deine Seele. Laß dein Empfangen das kindliche, frohe, ständige Öffnen von Mund und Herz sein für das, was Gott gibt – den ganzen Jesus mit all seiner Gnade. Jesus ist Gottes Antwort auf jedes Gebet. In ihm ist alles und alles ist für dich. Laß deine Antwort immer Jesus sein – in ihm habe ich alles. Du bist und lebst in allem als „Kind Gottes durch den Glauben an Jesus Christus."

O mein Vater, öffne mir die Augen meines Herzens, daß ich verstehen kann, was es bedeutet, ein Kind Gottes zu sein; daß ich immer als Gotteskind lebe, indem ich an Jesus glaube, deinen einzigen Sohn. O laß jeden Atemzug meiner Seele Glaube an Jesus sein, Vertrauen in ihn, Ruhen in ihm, Hingabe an ihn – laß dies in mir zur Wirkung kommen.

1. Denk daran: alles was der Vater für uns bereitgestellt hat, liegt in Jesus. Wir müssen in der ständig neuen, fortgesetzten Annahme des Sohnes leben.
2. Was ist die einzige Art und Weise, als Gotteskind zu leben?

Kapitel 9

Unsere Hingabe an Jesus

„Sie … gaben sich selbst dem Herrn“ *(2. Korinther 8, 5)*

In der Hingabe Jesu für mich habe ich das wichtigste Element dessen, was er für mich getan hat und immer weiter für mich tut. In meiner Hingabe an ihn habe ich das wichtigste Element dessen, was er von mir wünscht.
Für neue Glaubende, die sich Jesus ausgeliefert haben, ist es von großer Wichtigkeit, diese Übergabe immer wieder zu bestätigen und zu erneuern.
Das ist das Leben im Glauben, jeden Tag aufs neue zu sagen: „Ich habe mich ihm übergeben, ihm zu folgen und ihm zu dienen.[59] Er hat mich angenommen. Ich bin sein und stehe ganz zur Verfügung.“[60]
Neuer Christ, halte an deiner Übergabe fest, ja mache sie noch fester. Wenn es geschieht, daß du strauchelst oder sündigst, nachdem du dich bekehrt hast, so denke nicht, daß die Übergabe nicht aufrichtig gewesen sei. Nein, die Übergabe an Jesus macht uns nicht sofort vollkommen. Du hast gesündigt, weil du nicht völlig genug, nicht fest genug in seinen Armen warst. Bestätige von neuem, wenn auch mit Beschämung: „Herr, du weißt, daß ich mich dir ausgeliefert habe – ich bin dein!“[61] Festige erneut diese Übergabe. Sag ihm, daß du nun noch deutlicher erkennst, wie vollständig die Hingabe an ihn sein muß, und erneuere täglich die freiwillige vollständige, ungeteilte Hingabe deiner selbst an ihn.[62]
Je mehr wir als Glaubende wachsen, desto tiefer erfassen wir das Wort „Übergabe an Jesus“. Wir sehen klarer, daß wir es noch nicht völlig verstanden oder durchdacht haben.

Diese Übergabe muß im besonderen noch ungeteilter und vertrauensvoller werden. Wir müssen uns die Sprache Ahabs zu eigen machen: „Mein Herr und König, wie du gesagt hast: ich bin dein und alles, was ich habe." (1. Könige 20, 4)
Das ist die Sprache ungeteilter Hingabe: „Ich bin dein und alles, was ich habe." Halte nichts zurück. Verbirg keine einzige Sünde, sondern bekenne sie und wende dich von ihr ab. Es gibt keine Umkehr ohne Buße.[63] Halte keinen einzigen Bereich zurück; leg alles auf den Altar – deinen Kopf mit all seinem Denken, deinen Mund mit all seinem Reden, dein Herz mit all seinem Fühlen, deine Hand mit all ihrem Schaffen.[64] Jesus hat ein Recht auf dies alles. Er fordert das Ganze. Gib dich selbst hin mit allem was du hast, damit er dich führen, erhalten, gebrauchen, heiligen und segnen kann. „Wie du gesagt hast – ich bin dein und alles, was ich habe."
Das ist die Sprache vertrauensvoller Hingabe. Auf das Wort Gottes hin, das dich zur Übergabe berufen hat, hast du gehorcht. Dieses Wort ist deine Garantie, daß er dich annehmen, leiten und behüten wird. So sicher, wie du dich selbst hingibst, wird er dich auch annehmen; und was er nimmt, behält er auch. Aber wir dürfen es ihm nicht wieder aus der Hand nehmen. Laß es für immer dort. Denk daran, daß deine Übergabe ihm höchst wohlgefällig ist. Sei gewiß, daß deine Opfergabe ein süßer Wohlgeruch vor ihm ist. Du stützt dich dabei auf sein Wort, nicht auf das, was du bist oder was du in dir selbst entdeckst.
Seinem Wort gemäß kannst du auf dieser Gewißheit fußen: Was du ihm gibst, das nimmt er an. Und was er annimmt, das behält er.[65] Laß dies deshalb täglich die kindliche, freudige Handlung deines Glaubenslebens sein: du lieferst dich ununterbrochen Jesus aus und bist sicher, daß er in seiner

Liebe dich annimmt und festhält, daß seine Antwort auf dein Opfer die erneuerte und immer tiefere Hingabe seiner selbst an dich ist.

Deinem Wort gemäß, mein Herr und mein König, bin ich dein mit allem, was ich habe. Jeden Tag, auch heute, will ich es bestätigen – daß ich nicht mir selbst gehöre, sondern meinem Herrn. Innig bitte ich dich, daß du mich vollständig in deinen Besitz nimmst, so daß niemand daran zweifeln kann, wem ich gehöre. Amen.

1. Durchdenke noch einmal die Begriffe „geben", „nehmen" und „haben". Was ich Jesus gebe, nimmt er auf göttliche Art an sich. Und was ihm gehört, für das sorgt er auch. Nun gehört es absolut nicht mehr mir. Ich muß mich darum nicht mehr sorgen. Ich darf darüber nicht mehr verfügen. O laß deinen Glauben sich in Anbetung ausdrücken – Jesus nimmt mich, Jesus hat mich!
2. Sollte eine Zeit des Zweifels und der Dunkelheit über dich kommen, wenn deine Sicherheit, daß der Herr dich angenommen hat, verloren scheint, laß dich davon nicht entmutigen. Wenn Sünde in deinem Leben ist, bekenne sie; glaube an seine Verheißung, daß er niemand, der zu ihm kommt, verstoßen wird. Und dann beginne einfach aufgrund der Verheißungen zu sagen: „Ich weiß, er hat mich angenommen."
3. Vergiß nicht, was das wichtigste Element der Übergabe ist: es ist die Hingabe an Jesus und seine Liebe. Richte deine Augen nicht auf deine Tat bei dieser Übergabe, sondern auf Jesus, der dich ruft, der dich annimmt, der alles für dich vollbringen kann. Das macht den Glauben stark.
4. Glauben ist immer eine Übergabe. Glaube ist das Auge, mit dem man das Unsichtbare sieht. Wenn ich etwas anschaue, unterwerfe ich mich dem Eindruck, den es auf

mich macht. Glaube ist das Ohr, das auf die Stimme Gottes lauscht. Wenn ich eine Botschaft glaube, dann unterwerfe ich mich dem fröhlichen oder traurigen Eindruck, den sie auf mich macht. Wenn ich an Jesus glaube, unterwerfe ich mich selbst ihm – im Nachdenken, im Verlangen, in der Erwartung – mit dem Ziel, daß er in mir das vollbringen kann, wozu er mir von Gott gegeben ist.

Kapitel 10

Ein Erlöser von Sünde

„... des Namen sollst du Jesus heißen, denn er wird sein Volk erretten von ihren Sünden.“ *(Matthäus 1, 21)*
„Und ihr wisset, daß er ist erschienen, damit er die Sünden wegnehme, und ist keine Sünde in ihm. Wer in ihm bleibt, der sündigt nicht...“ *(1. Johannes 3, 5–6)*

Die Sünde ist die Ursache unseres Elends. Sünde hat Gott herausgefordet und Fluch über die Menschheit gebracht. Er haßt Sünde mit einem vollkommenen Haß und wird alles tun, sie auszurotten.[66] Um Sünde hinwegzunehmen, gab Gott seinen Sohn, gab Jesus sich selbst.[67] Gott befreit uns nicht nur von Strafe und Fluch, von Unruhe und Angst, sondern von der Sünde selbst.[68] Du weißt, daß er erschienen ist, um unsere Sünden hinwegzunehmen. Laßt uns diesen Gedanken tief in unsere Herzen aufnehmen: Gott selbst nimmt unsere Sünden von uns. Je klarer wir dies verstehen, desto gesegneter ist unser Leben.
Nicht alle nehmen dies in Empfang. Sie suchen hauptsächlich die Befreiung von den Folgen der Sünde, von Angst und Dunkelheit und Strafe, die die Sünde mit sich bringt.[69]

Aber sie gelangen nicht zur wahren Ruhe der Erlösung. Sie verstehen nicht, daß Erlösung bedeutet, von der Sünde errettet zu sein. Laßt uns dies festhalten: Jesus rettet, indem er die Sünde hinwegnimmt. Dann sollen wir zwei Dinge lernen.

Das erste ist, mit jeder Sünde zu Jesus zu kommen.[70] Die Sünde, die dich noch angreift und überwältigt, nachdem du dich dem Herrn übergeben hast, darf dich nicht entmutigen. Es braucht auch keine Bemühung nur in deiner eignen Kraft, die Sünde abzutun und zu besiegen. Bringe jede Sünde zu Jesus. Er ist von Gott dazu bestimmt, die Sünde hinwegzunehmen. Er hat am Kreuz die Sünde schon zunichte gemacht und ihre Macht gebrochen.[71] Es ist seine Tat, es ist sein Verlangen, uns von Sünde zu befreien. Lerne immer mit jeder Sünde zu Jesus zu kommen. Die Sünde ist dein Todfeind. Wenn du sie Jesus bekennst und sie ihm unterwirfst, wirst du sie sicher überwinden.[72]

Lerne diese obige Tatsache fest zu glauben. Der zweite Punkt ist folgender: Verstehe, daß Jesus selbst der Retter von Sünde ist. Nicht du mußt, mit der Hilfe Jesu, die Sünde besiegen, sondern Jesus selbst – Jesus in dir, vollbringt das.[73] Wenn du von Sünde frei werden willst, wenn du völlige Erlösung erfahren willst, dann mache die enge Gemeinschaft mit Jesus zum wichtigsten Bestreben in deinem Leben. Warte nicht, bis du in Versuchung gerätst. Laß dein Leben von vornherein immer durch Jesus gelebt sein. Laß seine Nähe dein ganzes Verlangen sein. Jesus rettet von Sünde; Jesus zu haben, bedeutet Erlösung von der Sünde zu haben.[74]

Oh, wenn wir nur dies richtig verstehen würden! Jesus will uns nicht nur von Sünde erretten als eine Tat, die er von Zeit zu Zeit in uns vollbringt, sondern er will es uns als eine Segnung durch ihn und in ihm schenken.[75]

Wenn Jesus mich erfüllt und alles für mich bedeutet, hat die Sünde an mir keinen Halt mehr: „Wer in ihm bleibt, der sündigt nicht."
Ja, die Sünde wird vertrieben und ferngehalten nur durch die Gegenwart Jesu. Es ist Jesus, Jesus selbst, der durch seine Hingabe an mich und sein Leben in mir die Erlösung von Sünde ist.

Lieber Herr, laß dein Licht über mich fließen und laß es meiner Seele noch deutlicher werden, daß du, du allein, meine Rettung bist.
Durch dein Sein in mir und bei mir wird die Sünde ferngehalten. Lehre mich, dir jede Sünde zu bringen. Jede Sünde soll mich in eine engere Verbindung zu dir bringen. Dann wird dein Jesus-Name wirklich meine Errettung von Sünde. Amen.

1. Schau wie wichtig es ist, daß der Christ in seiner persönlichen Sündenerkenntnis immer zunimmt.
2. Für die Sündenerkenntnis gibt es drei Voraussetzungen:
a) Das ständige Gebet „Erforsche mich; laß mich meine Übertretung und Sünde wissen" (Hiob 13, 23; Psalm 139, 23)
b) Ein feinfühliges Gewissen, das bereit ist, sich vom Heiligen Geist der Sünde überführen zu lassen – denn zu diesem Zweck benützt er das Gewissen.
c) Eine sehr demütige Unterwerfung unter das Wort, die Bereitschaft, über Sünde nur so zu denken, wie Gott denkt.
3. Die tiefere Sündenerkenntnis wird folgende drei Ergebnisse bringen:
a) Wir werden bestimmte Dinge Sünde nennen, die wir vorher nicht als solche betrachtet haben.
b) Wir werden deutlicher den furchtbar zerstörerischen Charakter der Sünde erkennen. (Römer 7, 13)

c) Mit der Überwindung der äußerlichen Sünden werden wir von dem Feind überzeugt, der sich in unserm eigenen Fleisch gegen Gott erhebt. Wir sehen, daß wir ihn aus eigener Kraft nicht besiegen können. Dann geben wir alle Hoffnung auf, selbst gut zu sein oder Gutes zu vollbringen und wir wenden uns völlig einem Leben im Glauben durch den Heiligen Geist zu.

4. Oh, laßt uns Gott von ganzem Herzen dafür danken, daß Jesus ein Retter von Sünde ist. Nun hat Jesus die Macht, welche einst die Sünde über uns hatte. Nun nimmt Jesus den Platz in unserm Herzen ein, den einst die Sünde innehatte. „Das Gesetz des Geistes des Lebens in Christus Jesus hat mich befreit vom Gesetz der Sünde und des Todes."

Kapitel 11

Das Sündenbekenntnis

„Wenn wir aber unsere Sünden bekennen, so ist er treu und gerecht, daß er uns die Sünden vergibt und reinigt uns von aller Untugend." *(1. Johannes 1, 9)*

Das eine, was Gott haßt, was ihn betrübt, wodurch er herausgefordert wird und was er zerstören will, ist Sünde. Das eine, was den Menschen unglücklich macht, ist Sünde.[76] Das eine, wofür Jesus sein Blut vergießen mußte, ist Sünde. In aller Verbindung zwischen dem Sünder und Gott ist dies das erste, was der Sünder vor Gott bringen muß: seine Sünde.[77]

Als du zuerst zu Jesus kamst, hast du dies bis zu einem gewissen Grad verstanden. Aber du solltest diese Lektion

noch tiefer erfassen lernen. Der beste Rat, den man betreff der Sünde geben kann, ist der, sie augenblicklich zu dem Einen zu bringen, der sie hinwegnehmen kann – Gott selbst. Du sollst lernen, daß eines der größten Vorrechte eines Gotteskindes das Bekenntnis der Sünde ist. Nur die Heiligkeit Gottes kann die Sünde verzehren. Durch Bekennen händige ich Gott meine Sünde aus, lege sie nieder vor Gott, widerrufe sie vor Gott, werfe sie in den Feuerofen der göttlichen Liebe, jener Liebe, die jede Sünde verbrennt.
Gott, ja Gott selbst und nur er allein nimmt die Sünde hinweg.[78]
Viele Glaubende verstehen das nicht. Da gibt es ein allgemeines Bestreben, Sünde zu verdecken, sie zu vermindern oder sie nur dann auszureißen, wenn sie beabsichtigen, sich Gott zu nähern. Sie versuchen, die Sünde mit äußerster Reue und Selbstanklage zu bedecken, mit Zorn über die Versuchung, die sie überkam, oder auch mit dem, was sie getan haben oder noch zu tun hoffen.[79]
Neuer Christ, wenn du die Freude der völligen Sündenvergebung empfinden und eine göttliche Reinigung von Sünde erleben willst, dann mache den rechten Gebrauch vom Bekennen der Sünde. In dem aufrichtigen Sündenbekenntnis hast du eines der segensreichsten Vorrechte eines Gotteskindes, eine der tiefsten Grundlagen eines machtvollen geistlichen Lebens.
Deshalb laß dein Bekenntnis ganz deutlich sein.[80] Das ständige verschwommene Bekennen von Sünde schadet mehr als es nützt. Es ist viel besser, zu Gott zu sagen, daß du nichts zu bekennen hast, als zu versuchen, etwas zu bekennen, was du nicht genau weißt. Fange mit einer Sünde an. Laß es in bezug auf diese Sünde zu einer vollkommenen Übereinstimmung zwischen Gott und dir kommen. Entscheide, daß du diese Sünde durch das Bekenntnis in Gottes

Hände abgegeben hast. Du wirst erleben, daß in aufrichtigem Bekennen Kraft und Segen liegt. Das Bekenntnis sei wahrhaftig.[81] Gib die sündige Tat ab, damit sie beseitigt wird. Gleichzeitig gib auch das sündige Gefühl ab und sei voll Gottvertrauen. Bekenntnis umfaßt auch Widerruf, das Abwenden von der Sünde. Gib deine Sünde auf, daß Gott dir vergeben und dich davon reinigen kann. Bekenne die Sünde nicht, wenn du nicht bereit bist und dich nicht von ganzem Herzen sehnst, von ihr befreit zu werden. Bekenntnis hat nur dann Wert, wenn es ein Abgeben der Sünde an Gott ist. Bekenne die Sünde vertrauensvoll.[82] Sei zuversichtlich, daß Gott dir wirklich vergibt und dich von der Sünde reinigt. Fahre fort zu bekennen, wirf die Sünde, die du los werden willst, in das Feuer der Heiligkeit Gottes, bis deine Seele die sichere Zuversicht hat, daß Gott selbst für die Vergebung und Reinigung verantwortlich ist. Dieser Glaube überwindet wirklich die Welt und die Sünde – der Glaube, daß Gott in Jesus von Sünde befreit.[83]

Neuer Christ, verstehst du nun? Was mußt du mit der Sünde – mit jeder Sünde – tun? Bring sie bekennend zu Gott, gib sie Gott. Gott allein nimmt die Sünde hinweg.

Gott, mein Herr, wie soll ich dir danken für diesen unaussprechlichen Segen, daß ich mit meiner Sünde zu dir kommen darf. Du weißt, Herr, daß die Sünde vor deiner Heiligkeit voll Schrecken flieht. Du weißt, daß wir zuerst versuchen, die Sünde zu verstecken und daß wir erst dann zu dir kommen mit unserer Sehnsucht und dem Streben nach Gutem. Herr, lehre mich, mit meiner Sünde zu dir zu kommen, mit jeder Sünde, und sie vor dir niederzulegen im Bekenntnis und sie dir zu überlassen. Amen.

1. Was ist der Unterschied zwischen dem Bedecken der Sünde durch Gott und dem Bedecken der Sünde durch den Menschen? Wie macht das der Mensch? Wie handelt Gott?

2. Welch große Hindernisse blockieren das Sündenbekenntnis?

a) Unwissenheit über die Sünde.

b) Angst, mit der Sünde vor dem heiligen Gott zu erscheinen.

c) Das Streben, mit etwas Gutem zu Gott zu kommen.

d) Unglauben in die Kraft des Blutes und in den Reichtum der Gnade.

3. Muß ich sofort eine üble Haltung oder eine Lüge oder ein falsches Wort bekennen, oder soll ich warten, bis mein Gefühl abgeklungen ist und ich wieder mehr Selbstbeherrschung habe? Oh Geliebte, bekennt es sofort! Kommt in all eurer Sündhaftigkeit zu Gott ohne erst zu versuchen, die Sünde zu verringern.

4. Ist es auch notwendig oder gut, die Sünde vor Menschen zu bekennen? Es ist unerläßlich, wenn sich die Sünde gegen Menschen gerichtet hat. Es ist oft leichter, die Sünde vor Gott anzuerkennen als vor einem Menschen, dem ich etwas angetan habe. (Jakobus 5, 16)

Kapitel 12

Die Sündenvergebung

„Wohl dem, dem die Übertretungen vergeben sind, dem die Sünde bedeckt ist!“ *(Psalm 32, 1)*
„Lobe den Herrn, meine Seele, ... der dir all deine Sünden vergibt...“ *(Psalm 103, 2, 3)*

In Verbindung mit der Übergabe an den Herrn ist dies der erste große Segen aus der Gnade Gottes: die freie, vollständige, ewige Vergebung all unserer Sünden. Für den neuen Glaubenden ist es von großer Wichtigkeit, daß er feststeht im Glauben an diese Sündenvergebung und daß er diese Sicherheit immer beibehält. Zu diesem Zweck muß er folgende Wahrheiten betrachten:

Die Vergebung unserer Sünden ist eine vollkommene Vergebung.[84] Gott macht keine Halbheiten. Sogar beim Menschen betrachten wir eine halbherzige Vergebung nicht als echte Vergebung. Die Liebe Gottes ist so groß und die Erlösung im Blut Jesu so vollkommen und so mächtig, daß Gott immer ganz vergibt. Nimm dir Zeit mit Gottes Wort, um wirklich zu verstehen, daß unsere Schuld total weggenommen worden ist. Gott gedenkt unserer Sünden gar nicht mehr. „Ich will ihnen ihre Übertretungen vergeben und ihrer Sünden will ich nicht mehr gedenken."[85]

Die Sündenvergebung ist eine völlige Wiedereinsetzung in die Liebe Gottes.[86] Gott legt uns die Sünde nicht mehr zu Last – das ist nur die eine Hälfte der Vergebung –, er verleiht uns zudem die Gerechtigkeit Jesu und so sind wir um seinetwillen Gott so teuer wie er selbst.

Nicht nur ist der göttliche Zorn von uns abgewendet, sondern die Fülle seiner Liebe ruht auf uns. „Ich will sie herzlich lieben, denn mein Zorn ist von ihnen abgewendet." Vergebung ist der Zugang zu der Liebe Gottes. Deshalb ist Vergebung auch inbegriffen in all die andern Segnungen der Erlösung.

Lebe in voller Vergebungsgewißheit und laß den Heiligen Geist mit dieser Sicherheit und diesem Segen dein Herz erfüllen, so gewinnst du große Zuversicht in all die Segnungen, die du vom Herrn erwarten darfst. Lerne aus dem Wort Gottes mit Hilfe des Heiligen Geistes Gott kennen und vertraue ihm als dem immer vergebungsbereiten Gott. Das ist sein Name und seine Ehre.

Wem viel, ja alles vergeben ist, der gibt auch viel. Er wird alles geben.[87] Gib ihm also jeden Tag deine freudige Danksagung: „Lobe den Herrn, meine Seele ... der dir all deine Schuld vergibt ..." Dann wird diese Vergebung zur Energie eines neuen Lebens: „Wem viel vergeben ist, der liebt viel." Die Sündenvergebung, die in lebendigem Glauben jeden Tag aufs neue empfangen wird, ist ein Band, das uns fester mit Jesus und seinem Dienst verbindet.[88]
Die Vergebung früherer Sünden ermutigt uns, für jede neue Sünde sofort und vertrauensvoll Vergebung zu empfangen.[89] Bedenke jedoch dies eine: die Gewißheit der Vergebung darf nicht eine Sache des Gedächtnisses oder Verstandes sein, sondern die Frucht eines Lebens in der lebendigen Gemeinschaft mit dem vergebungsbereiten Vater und mit Jesus, in dem wir Sündenvergebung haben.[90] Es ist nicht genug zu wissen, daß ich einst Vergebung empfing. Mein Leben muß in der Liebe Gottes bleiben, eine lebendige Gemeinschaft mit Jesus durch den Glauben – das macht die Sündenvergebung immer neu und kraftvoll. Freude und Leben erfüllt meine Seele.

Herr, mein Gott, dies ist das Wunder deiner Gnade, daß du ein vergebungsbereiter Gott bist. Lehre mich, darin jeden Tag aufs neue die Herrlichkeit deiner Liebe zu erkennen.
Laß diese Vergebung besiegelt sein durch den Heiligen Geist, daß sie mir zu einer immerwährenden, lebendigen, stets frischen und kraftvollen Segnung wird. Und laß mein Leben ein Dankeslied sein: „Lobe den Herrn, meine Seele ... der dir all deine Schuld vergibt..." Amen.

1. Grundsätzlich ist Vergebung dasselbe wie Rechtfertigung. Vergebung ist das Wort, das mehr die Beziehung zu Gott als dem Vater ausdrückt. Rechtfertigung bezieht sich

mehr auf die Freisprechung durch Gott als dem Richter. Vergebung ist ein Wort, das von einem Neubekehrten leichter verstanden wird. Aber er muß auch bestrebt sein, das Wort Rechtfertigung zu verstehen und was die Heilige Schrift darüber lehrt.

2) Die Rechtfertigung betreffend müssen wir verstehen:

a) Daß der Mensch aus sich selbst völlig ungerecht ist.

b) Daß er sich nicht durch Werke rechtfertigen kann – das heißt, daß er sich vor dem Richterstuhl Gottes damit nicht als gerecht bezeichnen kann.

c) Daß Jesus an unserer Stelle Gerechtigkeit erbracht hat. Sein Gehorsam ist unsere Gerechtigkeit.

d) Daß wir, die wir im Glauben ihn annehmen, mit ihm vereinigt und dadurch vor Gott gerechtgesprochen sind.

e) Daß wir durch den Glauben diese Gewißheit haben und so gerechtfertigt uns Gott nahen dürfen.

f) Durch diese Lebensgemeinschaft mit Jesus sind wir nicht nur gerechtfertigt, sondern wir sind wirklich gerecht und handeln dementsprechend.

3. Nähere dich Gott täglich in dem Zutrauen, daß du deinerseits die Rechtfertigung angenommen hast, die völlige Sündenvergebung erhalten hast und erneut in die Liebe Gottes wieder eingesetzt bist.

Kapitel 13

Die Reinigung von Sünde

„Wenn wir aber im Licht wandeln, wie er im Licht ist, so haben wir Gemeinschaft untereinander und das Blut Jesu Christi, seines Sohnes, macht uns rein von aller Sünde. Wenn wir aber unsere Sünden bekennen, so ist er treu und gerecht, daß er uns die Sünden vergibt und reinigt uns von aller Untugend."

(1. Johannes 1, 7, 9)

Derselbe Gott, der Sünden vergibt, reinigt uns auch. Reinigung ist zusammen mit Vergebung eine Verheißung Gottes und also eine Sache des Glaubens. Reinigung ist unerläßlich, aber dem Menschen selbst unmöglich, und deshalb ist Reinigung wie Vergebung nur von Gott zu erhalten.

Und was bedeutet nun diese Reinigung? Das Wort stammt aus dem Alten Testament. Während Vergebung ein Schulderlaß war, der dem Sünder zuteil wurde, war Reinigung etwas, das mit ihm und in ihm geschah. Vergebung wurde ihm durch das Wort zuteil. Im Falle der Reinigung geschah etwas mit ihm, das er spüren konnte.[91]

Reinigung ist die Offenbarung der Kraft Gottes in unserm Inneren, wodurch wir von Ungerechtigkeit befreit werden, von der Verderbnis und der Wirkung der Sünde. Durch Reinigung erwerben wir die Segnung eines reinen Herzens, in dem der Heilige Geist sein Wirken vollenden kann hinsichtlich unserer Heiligung und der Offenbarung Gottes in uns.[92]

Reinigung geschieht durch das Blut. Beides, Vergebung und Reinigung, geschieht durch das Blut.

Das Blut im Himmel bricht die Verdammungsmacht der Sünde. Das Blut bricht auch die Macht der Sünde, die unser

Herz gefangen hält. Das Blut strömt im Himmel ununterbrochen, in jedem Augenblick. Das Blut hat ebenso eine ununterbrochene Wirkung in unserm Herzen, es zu reinigen und auch rein zu erhalten, wenn die Sünde durch das Fleisch einzudringen droht. Das Blut reinigt das Gewissen von toten Werken, daß es dem lebendigen Gott dienen kann. Die herrliche Macht, die das Blut im Himmel hat, hat es auch im Herzen.[93]
Reinigung geschieht auch durch das Wort, denn das Wort zeugt vom Blut und von der Macht Gottes.[94] Daher vollzieht sich auch die Reinigung durch den Glauben. Es ist eine göttliche und wirksame Reinigung, aber sie muß im Glauben empfangen werden, wenn sie erfahren und gefühlt werden soll. Ich bekenne mit den Lippen vor Gott und glaube im Herzen, daß ich durch eine göttliche Waschung gereinigt bin. Durch den Glauben an diese Gnade wird die Reinigung selbst zu einer täglichen Erfahrung für mich.
Reinigung wird manchmal Gott, manchmal dem Herrn Jesus und manchmal dem Menschen zugeschrieben.[95]
Das kommt, weil Gott uns reinigt, indem er uns zu unserer eigenen Reinigung aktiviert. Durch das Blut ist die Lust, die zur Sünde verführt, gestorben, Widerstandskraft gegen die Sünde ist erwacht und das Verlangen und der Wille sind erweckt. Selig ist, wer das versteht. Er ist beschützt vor nutzlosem Streben nach Selbstreinigung aus eigener Kraft, denn er weiß, daß Gott allein es schaffen kann. Er ist geschützt vor Entmutigung, denn er weiß, daß Gott es bestimmt schaffen wird.
Zwei Dinge müssen wir besonders betonen: den Wunsch nach Reinigung und die Annahme von Reinigung. Die Sehnsucht nach einer echten Reinigung muß stark sein. Vergebung kann nur das Tor zu einem heiligen Leben, nur der Anfang davon, sein. Ich habe mehrmals festgestellt, daß

das Geheimnis des Wachstums im Dienst Gottes ein starkes Verlangen ist, von jeder Sünde frei zu werden, ein Hunger und Durst nach Gerechtigkeit.[96]

Selig, die nach Reinheit verlangen. Sie verstehen und empfangen die Verheißung einer Reinigung von Gott.

Sie lernen auch, welchen Platz der Glaube in dieser Verheißung einnimmt. Durch den Glauben wissen sie, daß eine unsichtbare, geistliche, himmlische, aber sehr reale Reinigung durch das Blut in ihnen durch Gott selbst vollzogen wird.

Neuer Christ, du erinnerst dich, daß wir erkannt haben, daß Jesus sich selbst hingegeben hat, um uns zu reinigen.[97] Laß ihn, laß Gott den Herrn dich reinigen. Und mit diesen Verheißungen göttlicher Reinigung reinige dich dann selbst. Glaube, daß jede Sünde, die dir vergeben ist, auch abgewaschen ist. Es wird dir geschehen, wie du glaubst. Laß deinen Glauben an Gott, an das Wort, an das Blut, an Jesus ständig wachsen: „Gott ist treu und gerecht und reinigt uns von aller Ungerechtigkeit."

Mein Gott und Herr, ich danke dir für diese Verheißungen. Du hast nicht nur Vergebung geschenkt, sondern auch Reinigung. So sicher wie Vergebung zuerst kommt, so sicher folgt die Reinigung für jeden, der danach verlangt und der glaubt. Herr, laß dein Wort mein Herz durchdringen und laß die feste Erwartung meiner Seele ausgerichtet sein auf die göttliche Reinigung von jeder Sünde, die vergeben ist.

Geliebter Heiland, laß mich durch deinen Heiligen Geist in mir erkennen, welch herrliche, ununterbrochene Reinigung durch dein Blut in mir vor sich geht. Amen.

1. Was ist die Verbindung zwischen Reinigung durch Gott und Reinigung durch den Menschen selbst?

2. Welche beiden Voraussetzungen müssen nach 1. Johannes 1, 9 der Reinigung vorausgehen?
3. Ist Reinigung ebenso wie Vergebung das Werk Gottes in uns? Wenn das der Fall ist, wie unsagbar wichtig ist es dann, Gott dafür zu vertrauen? (Um an der Reinigung Anteil zu haben, müssen wir glauben, daß Gott uns mit dem göttlichen Blut reinigt, wenn er uns vergibt.)
4. Was sind nach der Heiligen Schrift die Beweise für ein reines Herz?
5. Was sind „reine Hände“? (Psalm 24)

Kapitel 14

Heiligkeit

„Wie der, der euch berufen hat und heilig ist, seid auch ihr heilig in allem eurem Wandel! Ihr sollt heilig sein, denn ich bin heilig!“ *(1. Petrus 15, 16)*
„Durch ihn aber seid ihr in Christus Jesus, welcher uns gemacht ist von Gott zur ... Heiligung.“ *(1. Korinther 1, 30)*
„Gott hat euch erwählt von Anfang zur Seligkeit in der Heiligung durch den Geist und im Glauben an die Wahrheit.“
(2. Thessalonicher 2, 13)

Nicht nur Seligkeit, sondern Heiligkeit – Erlösung in Heiligkeit: zu diesem Ziel hat Gott uns erwählt und berufen. Nicht nur gerettet in Jesus, sondern heilig in Jesus zu sein – das muß die Ausrichtung des neuen Christen sein. Sicherheit und Rettung werden auf die Dauer nur in der Heiligkeit gefunden. Der Christ betrügt sich selbst, wenn er denkt, seine Erlösung sei ihm ja sicher und er brauche keine Heiligkeit. Neubekehrter, höre das Wort Gottes: „Sei heilig!“

Und warum muß ich heilig sein? Weil der, welcher mich berufen hat, heilig ist. Er fordert mich zur Gemeinschaft und zur Ebenbildlichkeit mit ihm auf. Wie kann jemand in Gott errettet sein, wenn er nicht dieselbe Gesinnung wie Gott hat?[98]

Gottes Heiligkeit ist seine höchste Ehre. In seiner Heiligkeit sind seine Gerechtigkeit und Liebe vereint. Seine Heiligkeit ist das flammende Feuer seines Eifers gegen alle Sünde, wobei er sich selbst frei von Sünde hält und in Liebe auch andere von Sünde befreit.

Als der Heilige Israels ist er der Erlöser und als solcher wohnt er inmitten seines Volkes.[99]

Erlösung ist uns bereitet, um uns in die Gemeinschaft mit ihm mit seiner Heiligkeit zu bringen. Wir können unmöglich an seiner Liebe und an seinem Heil teilhaben, wenn wir nicht heilig sind, wie er heilig ist.[100] Neuer Christ – sei heilig!

Und was ist diese Heiligkeit, die ich besitzen muß? Von Gott aus gesehen bist du in Christus, welcher von Gott zu deiner Heiligkeit gemacht wurde. Christus ist deine Heiligung. Das Leben Christi in dir ist deine Heiligkeit.[101] In Christus bist du geheiligt; du bist heilig. In Christus mußt du noch weiter geheiligt werden. Die Herrlichkeit Christi muß dein ganzes Leben durchdringen.

Heiligkeit ist mehr als Reinheit. In der Heiligen Schrift sehen wir, daß die Reinigung der Heiligkeit vorausgeht.[102] Reinigung ist die Hinwegnahme des Bösen – die Befreiung von Sünde. Heiligkeit ist die Erfüllung mit Gutem, mit Göttlichem, mit der Gesinnung Jesu. Gleichheit mit ihm – das ist Heiligkeit. Trennung von dem Geist der Welt und Erfüllung mit der Gegenwart des Heiligen Gottes – das ist Heiligkeit. Der Tabernakel war heilig, weil Gott dort wohnte. Wir sind, als Gottes Tempel, heilig, nachdem Gott in uns Wohnung genommen hat. Christi Leben in uns ist unsere Heiligkeit.[103]

Und wie werden wir heilig? Die Heiligung geschieht durch den Geist. Der Geist Gottes heißt Heiliger Geist, weil er uns heilig macht. Er offenbart und verherrlicht Christus in uns. Durch ihn wohnt Christus in uns und seine heilige Macht wirkt in uns. Durch diesen Heiligen Geist werden die Werke des Fleisches abgetötet und Gott bewirkt in uns beides – das Wollen und das Vollbringen.[104]

Und was müssen wir tun, um diese Heiligkeit Christi durch den Heiligen Geist zu erhalten? „Gott hat euch erwählt... zur Seligkeit in der Heiligung durch den Geist und im Glauben an die Wahrheit."[105] Durch den Glauben wird die Heiligkeit Christi unser.

Zuerst muß das Verlangen da sein, heilig zu werden. Wir müssen uns von aller Befleckung des Fleisches und des Geistes durch das Sündenbekenntnis reinigen, indem wir die Sünden an Gott abgeben und sie durch das Blut abwaschen lassen. Nur dann können wir die Heiligkeit vervollkommnen.[106]

Zweitens kommt es darauf an, die Wahrheit zu glauben, daß Christus selbst unsere Heiligung ist. Wir müssen von ihm empfangen, was in seiner Fülle für uns bereitliegt.[107] Wir müssen zutiefst überzeugt sein, daß Christus völlig und allein unsere Heiligung ist, genau wie er auch unsere Rechtfertigung ist. Er wird tatsächlich und machtvoll in uns das bewirken, was Gott wohlgefällig ist. In diesem Glauben wissen wir, daß wir genügend Kraft zur Heiligkeit haben und daß es an uns ist, diese Kraft täglich im Glauben von ihm zu empfangen.[108] Er gibt uns seinen Geist und dieser teilt uns das heilige Leben Jesu mit.

Neuer Christ, der dreieinige Gott ist der Dreimal-Heilige.[109] Und dieser dreieinige Gott ist der Gott, der dich heiligt –

der Vater, indem er dir Jesus gibt und Jesus in dir bestätigt; der Sohn, indem er selbst deine Heiligung wird und dir den Geist gibt; der Geist, indem er den Sohn in dir offenbart, dich zubereitet zu einem Tempel für den innewohnenden Gott, und den Sohn in dir wohnen läßt. Oh, sei heilig, denn Gott ist heilig!

Herr, mein Gott, du Heiliger Israels, wie kann ich dir danken für die Gabe deines Sohnes zu meiner Heiligung? Wie soll ich dir dafür danken, daß ich in ihm geheiligt bin! Und wie soll ich danken für den Geist der Heiligung, der in mir wohnt und die Heiligkeit Jesu in mich einpflanzt! Herr, laß mich diese Wahrheit verstehen und laß mich nach dieser Erfahrung verlangen. Amen.

1. Was ist der Unterschied zwischen Vergebung und Reinigung, zwischen Reinigung und Heiligkeit?
2. Was machte den Tempel zum Heiligtum? Die Gegenwart Gottes. Was macht uns heilig? Nichts geringeres als dies: die Gegenwart Gottes in uns in Christus durch den Heiligen Geist. Gehorsam und Reinheit sind der Weg zur Heiligkeit. Heiligkeit selbst ist etwas Höheres.
3. In Jesaja 57, 17 finden wir die Beschreibung eines Mannes, der auf dem Weg zur Heiligkeit ist. In geistlicher Armut erkennt er an, daß er, auch wenn er ein gerechtes Leben führt, nichts besitzt und daß er auf Gott angewiesen ist, daß dieser komme und in ihm wohne.
4. Niemand ist heilig als nur der Herr. Du hast nur so viel Heiligkeit, als du Gott in dir hast.
5. Das Wort „heilig" ist eines der tiefgründigsten Wörter der Bibel, das tiefste Geheimnis der Gottheit. Wünschst du dir, etwas davon zu verstehen und Anteil daran zu erhalten? Dann nimm diese beiden Gedanken: „Ich bin heilig" und „Sei heilig" und trage sie in deinem Herzen als ein Same Gottes, der Leben enthält.

Kapitel 15

Gerechtigkeit

„Es ist dir gesagt, Mensch, was gut ist und was der Herr von dir fordert, nämlich Gottes Wort halten und Liebe üben und demütig sein vor deinem Gott." *(Micha 6, 8)*

„... sondern ergebet euch selbst Gott, als die da aus den Toten lebendig sind, und eure Glieder Gott zu Werkzeugen der Gerechtigkeit. Denn nun ihr frei geworden seid von der Sünde, seid ihr Knechte geworden der Gerechtigkeit... so ergebet nun eure Glieder zum Dienst der Gerechtigkeit, daß sie heilig werden." *(Römer 6, 13, 18, 19)*

Das Wort des Propheten Micha lehrt uns, daß sich die Frucht der Erlösung durch Gott dreifach äußert: das neue Leben wird bestimmt durch meine Beziehung zu Gott und seinem Willen, durch Gerechtigkeit und rechtes Tun – durch meine Beziehung zum Nächsten, durch Liebe und Freundlichkeit; durch meine Haltung mir selbst gegenüber, durch Demut und Bescheidenheit. Laß uns hier über Gerechtigkeit nachdenken.
Die Heilige Schrift lehrt uns, daß kein Mensch vor Gott gerecht ist oder igendeine Gerechtigkeit aufweist, die vor Gott bestehen kann.[110] Der Mensch erhält die Rechtschaffenheit oder die Gerechtigkeit Christi als ein freies Geschenk.
Durch diese Gerechtigkeit, die im Glauben empfangen wird, ist er dann vor Gott gerechtfertigt,[111] er ist in Ordnung mit Gott. Dieser Freispruch durch Gott hat die Wirkung, daß ein Leben der Gerechtigkeit in den Menschen eingepflanzt wird und er so lernt, ein Leben in Gerechtigkeit zu führen und recht zu tun.[112]

Nachdem man mit Gott in Ordnung ist, kann man recht tun. „Der Gerechte wird durch Glauben leben" und ein rechtschaffenes Leben führen.

Ich befürchte, daß dies selten so verstanden wird. Die meisten Menschen denken mehr an die Rechtfertigung als an einen Lebenswandel in Gerechtigkeit. Um den Willen und die Gedanken Gottes zu verstehen, laßt uns in diesem Punkt der Lehre der Bibel folgen. Wir werden uns überzeugen, daß der Mensch, der vor Gott in göttliche Gerechtigkeit gekleidet ist, auch vor Gott und den Menschen in dieser göttlichen Gerechtigkeit wandeln muß.

Betrachte, wie in der Bibel die Diener Gottes als Gerechte gepriesen werden,[113] wie die Gunst und der Segen Gottes dem Gerechten zugesprochen werden,[114] wie die Gerechten zu Zuversicht und Freude berufen sind.[115] Dies erkennt man besonders in den Psalmen. Schau, wie auch im Buch der Sprüche – obwohl wir nur ein Kapitel herausgreifen –, alle Segnungen den Gerechten zugesagt werden.[116] Überall dort werden die Menschen in zwei Klassen eingeteilt – die Gerechten und die Gottlosen.[117] Schau nach, wie im Neuen Testament der Herr Jesus diese Gerechtigkeit erklärt;[118] wie Paulus, dem die Lehre der Rechtfertigung nur aus dem Glauben so wichtig ist, versichert, daß es das Ziel der Rechtfertigung ist, rechtschaffene Menschen heranzubilden, die recht handeln.[119] Schau, wie Johannes die Gerechtigkeit zugleich mit der Liebe als die zwei unerläßlichen Kennzeichen der Kinder Gottes nennt.[120] Alle diese Tatsachen zusammengenommen machen es dir sehr deutlich, daß ein echter Christ in allem gerecht handelt so wie auch Gott gerecht ist.

Die Schrift lehrt auch, worin diese Gerechtigkeit besteht. Es ist ein Leben in Übereinstimmung mit den Geboten Gottes in ihrem ganzen Umfang.

Der Gerechte tut, was in den Augen Gottes recht ist.[121] Er fügt sich nicht den Regeln menschlicher Handlungsweise. Er fragt nicht danach, was Menschen richtig finden. Als ein Mensch, der mit Gott in Übereinstimmung ist, fürchtet er nichts mehr als die geringste Ungerechtigkeit. Er fürchtet vor allem, selbstsüchtig zu sein und seinem Nächsten Unrecht zuzufügen um seines eigenen Vorteils willen. In großen und kleinen Angelegenheiten nimmt er die Heilige Schrift als Maßstab und Lebensregel. Als Verbündeter Gottes weiß er, daß der Weg der Gerechtigkeit der Weg des Segens, des Lebens und der Freude ist.
Betrachte weiter die Verheißungen des Segens und der Freude, die Gott dem Gerechten gibt, und dann lebe als einer, der in Freundschaft mit Gott und bekleidet mit der Gerechtigkeit seines Sohnes keine andere Wahl hat, als recht zu handeln.

O Herr, du hast gesagt: „Da ist kein Gott außer mir – ein gerechter Gott und ein Retter." Du bist mein Gott. Als ein gerechter Gott bist du mein Retter und hast mich in deinem Sohn erlöst. Als ein gerechter Gott machst du auch mich gerecht und sagst mir, daß der Gerechte durch den Glauben leben wird. O Herr, laß das neue Leben in mir ein Leben aus dem Glauben sein, das Leben eines gerechten Menschen. Amen.

1. Beobachte die Verbindung zwischen dem Handeln in Gerechtigkeit und der Heiligung, die in Römer 6, 19, 22 aufgezeigt wird: „Ergebt eure Glieder zum Dienst der Gerechtigkeit, daß sie heilig werden... Als Knechte Gottes habt ihr eure Frucht, daß ihr heilig werdet." Das Handeln in Gerechtigkeit, im Benehmen und in der Tat, ist der Weg zur Heiligkeit. Gehorsam ist die Voraussetzung, um mit dem Heiligen Geist erfüllt zu werden. Und das Innewohnen Gottes durch den Heiligen Geist – das ist Heiligkeit.

2. „Laß es geschehen; denn es geziemt uns, alle Gerechtigkeit zu erfüllen." Als der Herr Jesus gerade diese Worte gesprochen hatte, wurde er mit dem Heiligen Geist getauft. Wir wollen alle Versuchung abweisen, nicht in völligem Gehorsam gegen Gott zu wandeln, so wie auch Jesus die Versuchungen zurückwies – und auch wir werden mit dem Heiligen Geist erfüllt werden. „Selig sind die, welche hungern und dürsten nach der Gerechtigkeit."
3. Bemühe dich, dir einen Mann vorzustellen, der sich so verhält, daß man ihn unwillkürlich „den Gerechten" nennt. Denke an seine aufrechte Gesinnung, seine gewissenhafte Fürsorge, daß niemand durch ihn die geringste Ungerechtigkeit erleide, seine heilige Gottesfurcht und sein Bemühen, keines der Gebote Gottes zu übertreten – gerecht und makellos im Einhalten aller Gebote und Anordnungen Gottes. Und dann sage dem Herrn, daß du so leben möchtest.
4. Du verstehst nun das große Wort: „Der Gerechte wird durch den Glauben leben." Durch den Glauben wird der Gottlose gerechtfertigt und wird so ein gerechter Mensch. Durch den Glauben lebt er als Gerechter.

Kapitel 16

Liebe

„Ein neu Gebot gebe ich euch, daß ihr euch untereinander liebet, wie ich euch geliebt habe, damit auch ihr einander lieb habet. Daran wird jedermann erkennen, daß ihr meine Jünger seid, so ihr Liebe untereinander habt." (Johannes 13, 34, 35)
„Die Liebe tut dem Nächsten nichts Böses; so ist nun die Liebe des Gesetzes Erfüllung." (Römer 13, 10)

„Ihr Lieben, hat uns Gott so geliebt, so sollen wir uns auch untereinander lieben. Wenn wir uns untereinander lieben, so bleibt Gott in uns, und seine Liebe ist völlig in uns."

(1. Johannes 4, 11, 12)

Im Wort des Propheten Micha war – wie wir im vorigen Abschnitt sahen – die Gerechtigkeit das Erste und die Liebe zum Erbarmen das zweite, was Gott verlangt. Im Alten Testament stand Gerechtigkeit mehr im Vordergrund. Im Neuen Testament jedoch sehen wir, daß die Liebe noch darüber steht. Aussagen, die darauf hinweisen, sind nicht schwer zu finden. Im Kommen Jesu hat sich die Liebe Gottes völlig geoffenbart; das neue, ewige Leben ist uns gegeben in seiner Fülle; wir werden Kinder des Vaters und untereinander Geschwister.

Auf dieser Grundlage kann dann der Herr zum erstenmal von einem neuen Gebot sprechen – dem Gebot der brüderlichen Liebe. Gerechtigkeit wird im Neuen Testament ebenso wie im Alten gefordert.[122] Aber der Schwerpunkt liegt im Neuen Testament darauf, daß uns die Kraft gegeben wurde für eine Liebe, wie sie in früheren Tagen unmöglich war.[123]

Möge jeder Christ es sich tief zu Herzen nehmen, daß im ersten und größten Gebot – dem neuen Gebot, das uns Jesus bei seinem Abschied gab – die besondere Charakteristik eines Jüngers Jesu die brüderliche Liebe ist. Möge er sich mit ganzem Herzen Jesus ausliefern, um diesem Gebot zu gehorchen. Denn zur rechten Ausübung dieser brüderlichen Liebe muß man mehr als einen Punkt beachten.

Liebe zu den Geschwistern fließt aus der Liebe des Vaters. Durch den Heiligen Geist ist die Liebe Gottes in unsere Herzen ausgegossen. Die wunderbare Liebe des Vaters ist uns geoffenbart, so daß seine Liebe das Leben und die

Freude unserer Seele wird. Aus diesem Brunnquell seiner Liebe zu uns entspringt auch unsere Liebe zu ihm.[124] Und unsere Liebe zu ihm bewirkt ganz natürlich auch Liebe zu den Geschwistern.[125]

Versuche also nicht, das Gebot brüderlicher Liebe aus eigener Kraft zu erfüllen. Du bist dazu nicht imstande. Glaube jedoch, daß der Heilige Geist, der in dir ist, um die Liebe Gottes zu enthüllen, dich befähigt, diese Liebe hervorzubringen. Sage nie: „Ich empfinde keine Liebe. Ich spüre nicht, daß ich diesem Menschen vergeben kann." Gefühle sind nicht das Ausschlaggebende bei dieser Pflicht, sondern das Gebot und die Überzeugung, daß Gott uns die Kraft gibt, das Gebot auch zu erfüllen.

Im Gehorsam zum Vater, mit der Ausübung deines Willens, und im Glauben, daß der Heilige Geist dich befähigt, sage einfach: „Ich will ihn lieben. Ich liebe ihn." Das Gefühl wird dem Glauben folgen. Die Gnade befähigt dich zu allem, was der Vater von dir verlangt.[126]

Brüderliche Liebe hat ihren Maßstab und ihr Gesetz in der Liebe Jesu. „Dies ist mein Gebot, daß ihr einander liebt, wie ich euch geliebt habe."[127] Das ewige Leben in uns ist das Leben Jesu. Es kennt kein anderes Gesetz als sein Vorbild. Es bewirkt kraftvoll in uns, was es durch ihn bewirkte. Jesus selbst lebt in uns und liebt in uns und durch uns. Wir müssen an die Kraft dieser Liebe in uns glauben. In diesem Glauben können wir lieben, wie er geliebt hat. Oh, glaubt mir, dies ist wahre Erlösung – so zu lieben wie Jesus liebt! Brüderliche Liebe muß in der Tat und in der Wahrheit geschehen.[128] Sie ist nicht bloß ein Gefühl. Glaube, der durch Liebe wirkt, hat in Christus Kraft. Er bekundet sich in all den Eigenschaften, die im Wort Gottes aufgezählt werden. Betrachte die herrliche Darstellung in 1. Korinther 13, 4–7. Entdecke all die großartigen Ermutigungen, freund-

lich, langmütig und barmherzig zu sein.[129] Laß es in deinem ganzen Benehmen sichtbar werden, daß die Liebe Christi in dir wohnt.
Laß deine Liebe eine hilfsbereite, aufopfernde Liebe sein – wie die von Jesus. Hab alle Kinder Gottes, wie schwach und fehlerhaft sie auch sein mögen, innig lieb. Laß die Liebe zu ihnen dich lehren, alle Menschen zu lieben.[130] Laß deine Familie, deine Gemeinde und die ganze Welt sehen, daß für dich „die Liebe das Größte" ist. Laß die Liebe Gottes in dir wohnen und sich völlig auswirken.
Gott ist Liebe. Jesus ist das Geschenk dieser Liebe, er bringt dir die Liebe und versetzt dich in dieses Leben göttlicher Liebe. Lebe in diesem Glauben und du wirst dich nicht über einen Mangel an Liebe beklagen müssen; die Liebe des Geistes wird deine Kraft und dein Leben sein.

Geliebter Heiland, ich sehe nun klarer, daß das ganze neue Leben ein Leben in der Liebe ist. Du bist der Sohn der Liebe Gottes, das Geschenk seiner Liebe. Komm und führe uns in seine Liebe ein und gib uns in ihr eine Bleibe. Und der Heilige Geist ist uns gegeben, um die Liebe Gottes in unsere Herzen auszugießen, um eine Quelle zu öffnen, aus der dir Liebe entgegenströmt und zu allen Geschwistern und zur ganzen Menschheit weiterfließt. Herr, hier bin ich, durch Liebe erlöst, bestimmt, für die Liebe zu leben und in ihrer Kraft alle zu lieben. Amen.

1. Die, welche das Wort Gottes ablehnen, sagen manchmal, es sei unwichtig, was wir glauben, solange wir nur Liebe haben. So machen sie die Liebe zu der einzigen Bedingung der Erlösung. In ihrem Eifer gegen diesen Standpunkt hat die orthodoxe Partei den Glauben an die Rechtfertigung so dargestellt, als sei die Liebe nicht so wichtig.
Das kann sehr gefährlich werden. Gott ist Liebe. Sein Sohn ist die Gabe – der Vermittler seiner Liebe zu uns. Der Hei-

lige Geist gießt die Liebe Gottes in das Herz aus. Das neue Leben ist ein Leben in der Liebe. Die Liebe ist das Größte. Laß sie das hauptsächliche Element deines Lebens sein – nämlich jene wahre Liebe, die sich im Halten der Gebote Gottes erweist. (Siehe 1. Johannes 3, 10, 23, 24; 5, 2.)

2. Wundere dich nicht, daß ich dir gesagt habe, daß du lieben mußt, auch wenn du nicht die geringste Liebe empfindest. Nicht was du fühlst, sondern was du willst, liegt in deiner Macht. Nicht im Gefühl, sondern im Glauben ist der Geist in dir fähig, das Wollen zu bewirken für alles, was der Vater von dir verlangt. Deshalb sagst du im Glaubensgehorsam, auch wenn du absolut keine Liebe zu deinem Feind empfindest: „Vater, ich liebe ihn. Im Glauben an das verborgene Wirken des Heiligen Geistes in meinem Herzen liebe ich ihn."

3. Denke nicht, daß das schon Liebe ist, wenn du niemandem etwas Böses wünschst, oder wenn du bereit bist, im Notfall zu helfen. Nein, Liebe ist viel mehr; Liebe ist die Gesinnung, in der Gott sich dir zugewendet hat, als du noch sein Feind warst, und dir entgegenlief in dem zärtlichen Verlangen, dich zu segnen.

Kapitel 17

Demut

„Es ist dir gesagt, Mensch, was gut ist und was der Herr von dir fordert, nämlich Gottes Wort halten und Liebe üben und demütig sein vor deinem Gott." *(Micha 6, 8)*

„Lernet von mir, denn ich bin sanftmütig und demütig von Herzen; und ihr werdet Ruhe finden für eure Seelen."
(Matthäus 11, 29)

Einer der gefährlichsten Feinde des Neubekehrten ist Stolz oder Überheblichkeit. Keine andere Sünde wirkt so raffiniert und so heimlich. Sie dringt in alles ein, sogar in unsern Gottesdienst, in unsere Gebete, sogar in unsere Demut. Da ist nichts zu klein im irdischen Leben, nichts zu heilig im geistlichen Leben, aus dem Überheblichkeit nicht ihre Nahrung zieht.[131] Der Glaubende muß deshalb davor auf der Hut sein, muß hören, was die Schrift über den Stolz lehrt und über die Demut, durch welche die Überheblichkeit ausgetrieben wird.

Der Mensch wurde erschaffen, um an der Herrlichkeit Gottes teilzuhaben. Er erreicht dies, indem er sich der Verherrlichung Gottes widmet. Je mehr er strebt, daß nur die Herrlichkeit Gottes in ihm gesehen werden soll, desto mehr ruht diese Herrlichkeit auf ihm.[132] Je mehr er sich selbst vergißt und verliert und wünscht, nichts zu sein, damit Gott alles sei und damit Gott allein verherrlicht werde, desto glücklicher wird er sein.

Durch die Sünde ist dieser Plan vereitelt worden. Der Mensch sucht sich selbst und seinen eigenen Willen.[133]

Die Gnade erschien, um wiederherzustellen, was die Sünde zerstört hat und den Menschen zu neuer Ehre zu bringen, indem er sich selbst stirbt und nur für die Herrlichkeit Gottes lebt. Dies ist die Demut oder Niedrigkeit, für die Jesus selbst das Vorbild ist: er hat nicht an sich selbst gedacht; er hat sich selber völlig hingegeben, um den Vater zu verherrlichen.[134]

Wer von Selbstüberheblichkeit befreit werden will, kann dies nicht erreichen, indem er einfach gegen deren Wirken ankämpft.

Nein, Stolz wird nur ausgetrieben und ferngehalten durch Demut. Der Geist des Lebens in Christus, der Geist seiner Demut, wirkt in uns wahre Demut.[135]

Das Mittel, das Gott zu diesem Zweck hauptsächlich anwendet, ist sein Wort. Durch das Wort werden wir von Sünde gereinigt; durch das Wort werden wir geheiligt und mit der Liebe Gottes erfüllt.

Beobachte, was das Wort darüber sagt. Es spricht von Gottes Haß gegen den Stolz und von der Strafe, die darauf steht.[136] Es gibt die herrlichsten Verheißungen für den Demütigen.[137] In fast allen Briefen der Apostel wird die Demut den Christen als eine der ersten Tugenden empfohlen.[138] Sie ist der Zug im Bilde Jesu, den er seinen Jüngern besondes einprägen will. Seine ganze Menschwerdung und Erlösungstat hat ihre Wurzeln in seiner Demut.[139]

Nimm einige dieser Worte Gottes von Zeit zu Zeit und bewahre sie in deinem Herzen. Der Lebensbaum bringt viele verschiedene Samen hervor – auch den Samen der himmlischen Pflanze, die Demut heißt. Die Samen sind die Worte Gottes. Trage sie in deinem Herzen; sie werden aufwachsen und Frucht bringen.[140] Betrachte, wie lieblich und angenehm und wohlgefällig die Demut vor Gott ist.

Dem Menschen, der ja zur Ehre Gottes erschaffen ist, scheint die Demut etwas ganz natürliches.[141] Als ein Sünder, der sich zutiefst unwürdig weiß, hast du nichts, was du dagegen geltend machen kannst.[142] Als errettete Seele weißt du, daß du nur durch den Tod des natürlichen „Ich" den Weg ins neue Leben gewonnen hast und du findest die Demut unerläßlich.[143] Als ein Kind des Vaters, das von seiner Liebe überwältigt ist, mußt du Demut höher schätzen als alles andere.[144]

Aber laß auch hier wie überall im Leben der Gnade den Glauben das wichtigste Element sein. Glaube an die Kraft des ewigen Lebens, die in dir wirkt. Glaube an die Macht Jesu, der ein Leben ist. Glaube an die Macht des Heiligen Geistes, der in dir wohnt.

Versuche nicht deinen Stolz zu verbergen oder ihn zu verdrängen, oder ihn selbst auszurotten. Bekenne diese Sünde und jede ihrer Wirkungen, die du ausfindig machen kannst, in der sicheren Zuversicht, daß das Blut dich reinigt und der Geist dich heiligt.
Lerne von Jesus, der sanftmütig und demütig von Herzen ist. Ziehe in Betracht, daß er dein Leben ist mit allem, was er zu geben hat. Glaube, daß er dir seine Demut gibt. Die Worte „Tut es in dem Herrn Jesus" bedeuten: „Seid überkleidet mit dem Herrn Jesus." Seid in Demut gekleidet, um mit Jesus überkleidet zu werden. Christus in dir wird dich mit Demut erfüllen.

Lieber Herr Jesus, nie war einer unter den Menschenkindern so hochgestellt, so heilig, so herrlich wie du. Und nie war einer so demütig und so bereit, sich selbst zu verleugnen und Diener aller zu sein. O Herr, wann werden wir lernen, daß Demut die Gnade ist, durch die der Mensch der göttlichen Herrlichkeit am nächsten kommt? Oh lehre mich das! Amen.

1. Hüte dich, den Stolz anderer zu mehren. Hüte dich, daß andere nicht deinen Stolz mehren. Hüte dich vor allem, daß du nichts tust, um selbst deinen Stolz zu mehren. Laß Gott immer und in allen Dingen die Ehre zukommen.
Beobachte alles, was an seinen Kindern gut ist und danke ihm dafür von Herzen. Danke ihm für alles, was dir hilft, dich selbst gering zu achten, egal ob es durch Freund oder Feind geschieht. Entschließe dich, keinesfalls nach deiner eigenen Ehre zu trachten. Stelle dies dem Vater anheim. Sei nur auf seine Ehre bedacht.
2. Denke nicht, daß Zaghaftigkeit oder Zweifel mit Demut identisch seien. Tiefe Demut und starker Glaube passen zusammen. Der Hauptmann, welcher sagte: „Ich bin nicht

würdig, daß du eingehest unter mein Dach“ und die Frau, die sagte: „Ja, Herr, doch sogar die Hunde erhalten die Krumen“, diese beiden waren die Demütigsten und zugleich die Gläubigsten, die der Herr fand. (Siehe Matthäus 8, 10; 15, 28.) Der Grund ist dies: Je näher wir Gott sind, desto weniger sind wir in uns selbst stark und desto stärker sind wir in ihm. Je mehr ich von Gott erkenne, desto geringer werde ich mir selbst und um so tiefer ist mein Vertrauen in ihn. Fülle deine Augen und dein Herz mit Gott – so wirst du demütig. Wo Gott alles ist, ist keine Zeit oder kein Platz für unser Ich.

Kapitel 18

Straucheln

„Wir straucheln alle mannigfaltig.“ *(Jakobus 3, 2)*

Dieses durch Jakobus vermittelte Wort Gottes ist die Beschreibung, wie es einem Christen geht, der nicht durch die Gnade bewahrt wird. Es dient dazu, alle Selbstsicherheit von uns zu nehmen.[145] „Dem aber, der euch kann behüten vor dem Straucheln... sei Ehre und Majestät und Gewalt und Macht jetzt und in alle Ewigkeit.“ (Judas 24, 25)
Dieses Wort Gottes im Judasbrief weist auf ihn hin, der uns vor dem Fallen bewahren kann und ruft die Seele auf, ihm die Ehre und die Macht zuzuschreiben. So wird unsere Hoffnung auf Gott gefestigt.[146]
„Darum, liebe Brüder, tut desto mehr Fleiß, eure Berufung und Erwählung festzumachen. Denn wenn ihr solches tut, werdet ihr nicht straucheln.“ (2. Petrus 1, 10) Petrus belehrt uns durch dieses Gotteswort über die Art, wie wir Teilhaber

an der bewahrenden Macht des Allmächtigen werden können – durch die Bestätigung unserer Erwählung durch Gott in einem gottähnlichen Wandel. Es leitet uns zu eifriger und gewissenhafter Wachsamkeit an.[147]

Für den Neubekehrten ist es oft eine schwierige Frage, wie er über sein Straucheln denken soll. In dieser Hinsicht sollte er sich besonders vor zwei Irrtümern hüten. Manche werden entmutigt, wenn sie straucheln. Sie denken, ihre Übergabe war vielleicht nicht aufrichtig und so verlieren sie ihre Zuversicht in Gott.[148] Andere wieder nehmen das zu leicht; sie denken, das ist normal.

Sie sind unbekümmert über ihr Straucheln und leben weiter so dahin.[149] Erlauben wir diesen Worten Gottes, uns zu zeigen, wie wir über unser Straucheln denken sollen. Da gibt es drei Gesichtspunkte.

Laß dich nicht entmutigen, wenn du strauchelst. Du bist zur Vollkommenheit berufen, doch du erreichst sie nicht sofort. Es braucht Zeit und Geduld. Deshalb sagt Jakobus: „Die Geduld aber soll ihr Werk tun bis ans Ende, auf daß ihr vollkommen und ohne Tadel seid...[150] Denke nicht, deine Übergabe sei nicht echt gewesen. Erkenne an, wie schwach du noch bist. Glaube nicht, daß du weiterhin straucheln mußt. Erkenne nur an, wie stark dein Heiland ist.

Laß beim Straucheln deinen Glauben an den mächtigen Bewahrer wachsen. Du bist gestolpert, weil du dich nicht mit genügend starkem Glauben auf ihn gestützt hast.[151] Laß zu, daß dein Straucheln dich in seine Arme treibt. Das erste, was du tun mußt, wenn du gefallen bist – du mußt damit zu Jesus gehen. Berichte ihm von deinem Straucheln.[152] Bekenne es und empfange Vergebung. Bekenne es und überlaß dich ihm samt deiner Schwäche, zähle darauf, daß er dich bewahren kann. Sage ständig: „Ihm sei die Ehre, der dich bewahren kann!“

Werde durch das Straucheln sehr weise.[153] Im Glauben sollst du kämpfen und überwinden. In der Kraft deines Beschützers und in der Freude und Sicherheit seiner Hilfe gewinnst du den Mut, stehen zu bleiben. Je mehr du deine Erwählung bekräftigst, desto gewissenhafter wirst du in allen Dingen nur für ihn, in ihm und durch ihn leben.[154] Das Wort Gottes sagt dir zu, daß du dann nicht mehr straucheln wirst.

Herr Jesus, Straucheln und Fallen macht deinem Namen keine Ehre. Du hast die Macht, mich vor dem Straucheln zu bewahren. Dein ist die Kraft und die Macht. Ich erwähle dich zu meinem Behüter. Ich halte mich an deine Liebe, die mich erwählt hat, und warte auf die Erfüllung deines Wortes: „Ihr werdet nicht straucheln." Amen.

1. Stütze dich ausschließlich auf das Wort Gottes in bezug auf das, was die Gnade Gottes für dich vollbringen kann. Unsere natürlichen Erwartungen sagen, daß wir immer wieder straucheln werden, aber das sind Lügen. Diese werden durch verschiedenes bestärkt: Da ist ein heimlicher Widerstand, wirklich alles auszuliefern. Da ist das Beispiel vieler nachlässiger Christen. Da ist der Unglaube, der nicht ganz erfassen kann, daß Gott uns tatsächlich bewahrt. Da ist die Erfahrung so vieler Enttäuschungen, wenn wir in unserer eigenen Kraft gerungen haben.
2. Laß nicht zu, daß das Straucheln geduldet wird, weil es unwichtig erscheint!

Kapitel 19

Jesus der Behüter

„Der Herr ist dein Behüter... Der Herr behüte dich vor allem Übel; er behüte deine Seele." *(Psalm 121, 5, 7)*
„... denn ich weiß, an wen ich glaube und bin gewiß, er kann mir bewahren, was mir anvertraut ist, bis an jenen Tag."
(2. Timotheus 1, 12)

Für neue Glaubende, die noch schwach sind, ist keine Lektion wichtiger als diese: Der Herr hat sie nicht nur angenommen, er wird sie auch bewahren.[155] Der liebliche Name „der Herr, dein Behüter" muß im Herzen getragen werden, bis die Gewißheit eines allmächtigen Schutzes so stark wird, daß wir fühlen wie Paulus, als er diese herrlichen Worte schrieb: „denn ich weiß, an wen ich glaube und bin gewiß, er kann mir bewahren, was mir anvertraut ist, bis an jenen Tag." Lerne diese Erkenntnis von ihm!
Paulus hatte sich selbst, Leib und Seele, dem Herrn Jesus ausgeliefert. Das war sein Liebespfand, das er dem Herrn zu Füßen gelegt hatte.
Auch du hast dich dem Herrn übergeben, aber vielleicht nicht mit diesem klaren Verständnis, daß das Gelöbnis jeden Tag aufs neue gehalten werden muß. Tu dies täglich: Lege deine Seele in Jesu Hände als ein wertvolles Pfand, das er sicher bewahren wird. Tu dies mit jedem Bereich deines Lebens.
Gibt es etwas, das du anscheinend nicht bewahren kannst? Vielleicht dein Herz, weil es noch zu weltlich ist?[156] Oder deine Zunge, die zu müßig ist?[157] Oder dein Temperament, das zu aufbrausend ist?[158] Oder deine Berufung, den Herrn zu bekennen, weil du zu schwach bist?[159] Lerne dies alles in

einem Akt der Hingabe in die bewahrenden Hände Jesu zu legen, damit er die Verheißung Gottes in dir erfüllen kann. Du betest oft und kämpfst vergeblich gegen eine Sünde an; du selbst möchtest die Person sein, die überwindet: Nein, vertraue die ganze Angelegenheit völlig Jesus an. „Der Kampf ist nicht dein, sondern Gottes."[160] Überlaß es ihm. Glaube, daß er es für dich vollbringt. „Unser Glaube ist der Sieg, der die Welt überwunden hat."[161] Aber du mußt es zuerst völlig aus deinen eigenen Händen geben und in seine Hände legen.

Lerne von Paulus, dein Vertrauen nur in die Kraft Jesu zu setzen. Ich bin überzeugt, daß er fähig ist, meine Verpflichtung einzuhalten. Du hast einen allmächtigen Jesus, der dich festhalten kann. Der Glaube beschäftigt sich nur mit seiner Macht.[162] Erstarke im Glauben an das, was Gott für dich tun kann.[163] Erwarte mit Gewißheit, daß er für dich große und herrliche Dinge tun wird, die ganz über deine eigene Kraft hinausgehen. Erfahre aus der Heiligen Schrift, daß das Volk Gottes ständig auf seine Macht vertraute. Nimm diese Worte und bewahre sie in deinem Herzen. Laß die Kraft Jesu deine Seele erfüllen. Frage nur: „Was kann mein Jesus tun?" Was du ihm wirklich anvertraust, kann er bewahren.[164]

Lerne auch von Paulus, wo dieser die Gewißheit hernahm, daß diese Macht bewahren würde, was ihm anvertraut war. Das lag in seiner Erkenntnis von Jesus. „Ich weiß, an wen ich glaube..." Deshalb bin ich gewiß.[165]

Du kannst der Kraft Jesu vertrauen, wenn du weißt, daß er dein ist, wenn du mit ihm im Gespräch bleibst, wenn er dein Freund ist. Dann kannst auch du sagen: „Ich weiß, an wen ich glaube. Ich weiß, daß ich ihm sehr lieb bin. Ich weiß, ich bin ganz sicher, daß er mein Liebespfand fest in seinen Händen hält."

Das ist der Weg zur vollständigen Glaubensgewißheit. Hinterlege dein Pfand bei Jesus; gib dich selbst völlig – mit allem – in seine Hände. Denke über seine Macht nach und sei abhängig von ihm. Lebe mit ihm, so daß du immer weißt, wer er ist und wem du glaubst.
Neuer Christ, nimm dieses Wort in dich auf: „Der Herr ist dein Behüter." In jeder Schwäche, bei jeder Versuchung übergib ihm deine Seele zum Pfand. Du kannst dich auf ihn verlassen und freudig ausrufen: „Der Herr wird dich vor allem Bösen bewahren."[166]

Heiliger Jesus, ich nehme dich als meinen Behüter an. Laß mein Herz den ganzen Tag diesen deinen Namen singen: „Der Herr dein Behüter." Lehre mich, in jeder Not meinen Fall als ein Pfand bei dir zu hinterlegen in der Gewißheit, daß du es bewahren kannst. Amen.

1. Eine Frau hatte jahrelang unter viel Gebet ihren Jähzorn bekämpft, doch keinen Sieg erzielt. Eines Tages beschloß sie, ihr Zimmer nicht mehr zu verlassen, bis sie durch ernsthaftes Gebet die Überwinderkraft erhalten hätte. Sie verließ ihr Zimmer in der Meinung, daß ihr nun der Erfolg beschieden sei. Kaum war sie in ihrem Haushalt, als etwas sie aufregte und sie zornig werden ließ. Sie war tief beschämt, brach in Tränen aus und eilte in ihr Zimmer zurück. Eine Tochter, die den Weg des Glaubens besser verstand als sie selbst, kam zu ihr und sagte: „Mutter, ich habe deinen Konflikt beobachtet. Darf ich dir sagen, was ich für das Hindernis halte?" – „Ja, mein Kind." „Mutter, du kämpfst gegen deinen Zorn an und betest, daß der Herr dir helfen soll, ihn zu besiegen. Das ist falsch. Der Herr muß das ganz allein vollbringen. Du mußt deinen Jähzorn völlig in seine Hände legen. Dann nimmt er ihn völlig weg und bewahrt dich davor." Die Mutter konnte das zuerst nicht verstehen, aber

später wurde es ihr klar. Da genoß sie die Segnungen eines Lebens, in welchem Jesus uns behütet und wir im Glauben den Sieg haben. Verstehst du dies?

2. „Der Herr muß uns helfen, die Sünde zu überwinden." Dieser Ausdruck stimmt nicht mit dem Neuen Testament zusammen. Die Gnade Gottes in der Seele kommt uns nicht zu Hilfe, sondern will alles selbst vollbringen: „Der Geist hat mich frei gemacht vom Gesetz der Sünde."

3. Wenn du alles dem Herrn übergibst, damit er es behält, beachte zwei Dinge: Daß du es völlig in seine Hände legst – und daß du es auch dort läßt. Laß es ihn vollständig besitzen. Er wird deine tiefste Sehnsucht stillen.

Kapitel 20

Kraft in der Schwachheit

„Und er hat zu mir gesagt: Laß dir an meiner Gnade genügen; denn meine Kraft ist in den Schwachen mächtig. Darum will ich mich am allerliebsten rühmen meiner Schwachheit, auf daß die Kraft Christi bei mir wohne. Darum bin ich guten Mutes in Schwachheit, denn wenn ich schwach bin, so bin ich stark."

(2. Korinther 12, 9, 10)

Kaum ein anderes Wort wird im christlichen Leben so ungenau verstanden wie das Wort Schwäche. Sünde und Unvollkommenheit, Nachlässigkeit und Ungehorsam werden unserer Schwachheit zugeschrieben. Mit dieser Auslegung von „Schwachheit" werden echtes Schuldgefühl und aufrichtiges Streben nach Fortschritt zunichte gemacht.

Sollte ich mich denn schuldig fühlen, wenn ich das nicht vollbringe, wozu Gott mir nicht die Kraft gegeben hat? Der Vater verlangt nichts von seinem Kind, wofür er nicht schon Vorsorge getroffen hätte. Der Vater des neuen Bundes tut das nicht. Er verlangt von uns nicht mehr als das, wozu er uns durch seinen Heiligen Geist befähigt hat. Das neue Leben ist ein Leben in der Kraft Christi durch den Geist.
Der Irrtum dieser Denkweise bringt die Leute dazu, ihre Schwäche nicht zu überschätzen, sondern zu unterschätzen. Sie möchten immer noch etwas tun in eigener Kraftanstrengung mit der Hilfe Gottes. Sie sehen nicht ein, daß sie vor Gott ein Nichts sind.[167] Du denkst immer noch, du hast eine geringe Kraft und der Vater muß dir helfen, indem er etwas von seiner eigenen Kraft deiner schwachen Energie hinzufügt.
Dieser Gedanke ist falsch. Deine Schwachheit erweist sich in der Tatsache, daß du nichts zu tun vermagst. Es ist besser, von äußerstem Unvermögen zu sprechen. Das ist es, was die Schrift unter dem Wort „Schwachheit" versteht. „Ohne mich könnt ihr nichts tun." „In uns ist keine Kraft."[168]
Immer wenn der neue Christ seine Schwachheit anerkennt, lernt er das Geheimnis der Kraft Jesu zu verstehen. Er sieht dann, daß er nicht warten und beten muß, um stärker zu werden oder sich stärker zu fühlen. Nein, in seiner Unfähigkeit muß er die Kraft Jesu bekommen. Im Glauben kann er sie empfangen. Er kann damit rechnen, daß sie für ihn bereit ist und daß Jesus selbst in ihm und durch ihn wirken will.[169]
Dann wird ihm die Bedeutung der Worte des Herrn klar: „Meine Stärke ist in deiner Schwachheit vollendet." Er weiß nun die Antwort: „Denn wenn ich schwach bin, bin ich stark." Ja, je schwächer ich bin, desto stärker werde ich. Und er lernt, mit Paulus zu singen: „Ich rühme mich meiner Schwäche." „Wir rühmen uns unserer Schwäche."[170]

Wie wunderbar wird das Glaubensleben für den, der damit zufrieden ist, nichts zu haben, nichts in sich selbst zu fühlen, und immer in der Kraft seines Herrn zu leben. Er lernt zu verstehen, welch freudige Erfahrung das ist, daß Gott seine Stärke ist. „Der Herr ist meine Kraft und mein Lied.“[171] Was er erlebt, drücken die Psalmen so aus: „Ich liebe dich, o Gott, meine Stärke!“ „Ich will singen von deiner Stärke; dir, oh meine Stärke, will ich Lobpreis singen!“[172] Er versteht, was der Psalm meint, wenn er sagt: „Gib Macht dem Herrn; der Herr wird seinem Volk Macht geben!“ oder wenn ein anderer Psalm sagt: „Bringet dar dem Herrn Ehre und Stärke! Der Gott Israels wird seinem Volk Kraft und Macht geben.“[173] Wenn wir Gott alle Macht zuschreiben, dann gibt er sie uns zurück. „Ich habe euch geschrieben, junge Männer, denn ihr seid stark und das Wort Gottes wohnt in euch, und ihr habt den Bösen überwunden.“

Der Christ ist stark in seinem Herrn[174] – nicht manchmal stark und manchmal schwach, sondern immer schwach und deshalb immer stark. Er muß einfach seine Stärke kennen und vertrauensvoll gebrauchen. Stark zu sein ist ein Gebot, ein Wort, dem gehorcht werden muß. Aus dem Gehorsam kommt noch mehr Stärke. „Sei stark... und er wird dein Herz stärken.“ Im Glauben muß der Christ einfach dem Gebot gehorchen: „Sei stark im Herrn und in der Macht seiner Stärke.“[175]

Der Gott des Herrn Jesus, der Vater der Herrlichkeit, gebe uns den Geist der Weisheit und der Offenbarung in der Erkenntnis Jesu, so daß wir erkennen, was die außerordentliche Größe seiner Macht ist uns, die wir glauben. Amen.

1. Solange der Christ denkt, der Dienst Gottes oder die Heiligung seien etwas Hartes und Schwieriges, wird er darin keinen Fortschritt erzielen. Er muß erkennen, daß dies ein-

fach unmöglich für ihn ist. Dann wird er aufhören, danach zu streben, selbst etwas zu tun; er wird sich ausliefern, daß Christus alles in ihm vollbringen kann.

2. Die Klage über unsere Schwachheit ist oft nichts anderes als eine Ausrede für unsere Faulheit. Kraft kann empfangen werden in Christus von denen, die sie haben wollen.

3. „Sei stark im Herrn und in der Macht seiner Stärke." Gehorche diesem Wort! Ich muß in dem Herrn bleiben und in der Macht seiner Stärke; dann bin ich stark. Um seine Kraft zu haben, muß ich ihn selbst haben. Die Stärke ist sein und bleibt sein; die Schwachheit bleibt mein. Er, der Starke, wirkt in mir, dem Schwachen. Ich, der Schwache, bleibe im Glauben in ihm, dem Starken. Und ich weiß, daß ich gleichzeitig schwach und stark bin.

4. Die Stärke ist für das Werk gegeben. Wer nur stark sein will, um heilig zu sein, dem gelingt das nicht. Doch der, welcher in seiner Schwäche beginnt, für den Herrn zu arbeiten, wird stark werden.

Kapitel 21

Das Gefühlsleben

„Wir wandeln im Glauben, nicht im Schauen."
(2. Korinther 5,7)

„Selig sind, die nicht sehen und doch glauben."
(Johannes 20, 29)

„Habe ich dir nicht gesagt, wenn du mir glaubtest, würdest du die Herrlichkeit Gottes sehen?" *(Johannes 11, 40)*

Deiner Bekehrung stand kein größeres Hindernis entgegen als das Gefühl. Du dachtest vielleicht jahrelang, daß du etwas erleben, etwas fühlen, etwas wahrnehmen müßtest in dir. Es schien zu gewagt, einfach und ohne irgendwelche Gefühle an das Wort zu glauben, daß Gott dich angenommen hat und daß deine Sünden vergeben sind. Aber endlich hast du anerkannt, daß der Weg des Glaubens ohne Bestätigung durch das Gefühl der biblische Weg ist. Und das ist dir zum Weg der Errettung geworden. Durch den Glauben allein bist du gerettet worden und hat deine Seele Ruhe und Frieden gefunden.[176]

Im Christenleben ist keine Versuchung anhaltender und gefährlicher als die des Gefühls. Das Wort „Gefühl" ist in der Heiligen Schrift nicht enthalten. Was wir „Fühlen" nennen, bezeichnet die Bibel mit „Schauen". Sie sagt uns wiederholt, daß nicht schauen und doch glauben – glauben im Gegensatz zu dem, was wir sehen – die Erlösung bringt. „(Abraham) da er nicht schwach im Glauben war, dachte nicht an seinen Leib." Glaube hält sich einfach an das, was Gott sagt. Der Unglaube, der sehen möchte, wird nicht sehen. Der Glaube, der nicht sehen muß, sondern sich an Gott genügen läßt, wird die Herrlichkeit Gottes sehen.[177]

Der Mensch, der auf Gefühl wartet und danach jammert, wird nichts finden. Dem Menschen, der sich nicht darum kümmert, dem wird es überfließend zuteil werden.

„Wer sein Leben retten will, wird es verlieren und wer sein Leben verliert um meinetwillen, der wird es finden." Später wird der Glaube an das Wort besiegelt werden mit echten Gefühlen durch den Heiligen Geist.[178]

Neuer Christ, lerne durch den Glauben zu leben. Begreife, daß der Glaube Gottes Weg zu einem gesegneten Leben ist. Wenn du beim Gebet die Gegenwart Gottes nicht spürst, wenn du dich kalt und stumpf im Geiste fühlst, dann lebe durch den Glauben. Erfasse im Glauben Jesus als nahe mit seiner Macht und Treue. Und obwohl du ihm nichts bringen kannst, glaube, daß er dir alles geben wird. Gefühl sucht immer eine Selbstbestätigung. Glaube beschäftigt sich nur damit, wer Jesus ist.[179]

Wenn du das Wort Gottes liest und kein Interesse oder keinen Segen spürst, ließ es noch einmal im Glauben. Das Wort ist wirksam und bringt Segen: „Das Wort wirkt in jenen, die da glauben." Wenn du keine Liebe empfindest, glaube an die Liebe Jesu und sage im Glauben, daß er weiß, daß du ihn noch liebst. Wenn du kein Gefühl der Fröhlichkeit hast, dann glaube an die unaussprechliche Freude, die für dich in Jesus vorhanden ist. Glaube ist Seligkeit und wird denen Freude schenken, die sich nicht um die Selbstbefriedigung kümmern, die aus der Freude kommt, sondern um die Verherrlichung Gottes, die aus dem Glauben hervorgeht.[180] Jesus wird sicher sein Wort erfüllen: „Selig, die nicht sehen und doch glauben." „Habe ich dir nicht gesagt, wenn du glaubtest, würdest du die Herrlichkeit Gottes sehen?"

Täglich muß der Christ zwischen dem Gefühlsleben und dem Glaubensleben wählen. Glücklich ist, wer ein für allemal die Wahl getroffen hat und jeden Morgen den Entschluß erneuert, nicht nach Gefühlen zu suchen, sondern nur im Glauben zu wandeln gemäß dem Willen Gottes. Der Glaube, der sich mit dem Wort beschäftigt, und durch das Wort mit Gott selbst und Jesus, seinem Sohn – dieser Glaube wird die Seligkeit eines Lebens in Gott schmecken. Gefühle zielen auf sich selber ab. Glaube ehrt Gott und wird von ihm geehrt. Der Glaube gefällt Gott und das Herz des Glaubenden empfängt von Gott das Zeugnis, daß er von Gott angenommen ist.

Herr, mein Gott, das eine, einzige, was du von deinen Kindern verlangst, ist ihr Vertrauen in dich und daß sie mit dir in diesem

Glauben immer Gemeinschaft haben. Herr, laß dies das eine sein, worin ich mein Glück suche – dich zu ehren und zu erfreuen durch einen Glauben, der an dir festhält, an dir, dem Unsichtbaren – und dir in allen Dingen vertraut. Amen.

1. Das neue Leben ist etwas Wunderbares. Es ist schwer, es dem Neubekehrten klar zu machen. Der Geist Gottes lehrt ihn, das zu verstehen, nachdem er ein Leben der Gnade geführt hat. Jesus hat mit dem ersten Wort der Bergpredigt die Grundlage für dieses Leben gelegt: „Selig sind die Armen im Geiste, denn ihrer ist das Himmelreich." Ein Gefühl tiefster Armut und königlichen Reichtums, äußerster Schwachheit und königlicher Macht, existiert gleichzeitig in der Seele. Nichts in sich selbst zu haben, aber alles in Christus zu haben – das ist das Geheimnis des Glaubens. Und das wahre Geheimnis des Glaubens ist es, dies wirklich anzuwenden und in Stunden der Dürre und Leere dennoch zu wissen, daß wir in Christus alles haben.

2. Vergiß nicht, daß der Glaube, von dem Gottes Wort spricht, nicht nur im Gegensatz steht zu Werken, sondern auch im Gegensatz zu Gefühlen. Um ein reines Glaubensleben zu führen, mußt du damit aufhören, deine Erlösung in Werken zu suchen, aber auch in Gefühlen. Laß immer den Glauben dem Gefühl widersprechen. Wenn das Gefühl sagt: „Ich bin sündhaft, ich bin dunkel, ich bin arm, ich bin schwach, ich bin traurig", dann laß den Glauben erwidern: „In Christus bin ich heilig, bin ich Licht, bin ich stark, bin ich reich, bin ich voll Freude."

Kapitel 22

Der Heilige Geist

„Weil ihr denn Kinder seid, hat Gott gesandt den Geist seines Sohnes in eure Herzen, der schreit: Abba, lieber Vater!“
(Galater 4, 6)

Die große Gabe des Vaters, durch die er Errettung schuf und uns zugänglich machte, ist der Sohn. Wiederum die große Gabe des Sohnes ist der Heilige Geist, den er uns vom Vater her sendet, um in uns die Erlösung zu verwirklichen.[181] Wie der Sohn den Vater offenbart und verherrlicht, so offenbart und verherrlicht der Heilige Geist den Sohn.[182]
Der Geist ist in uns, um uns in das Leben und in die Erlösung zu versetzen, die uns in Christus bereitet sind und die durch ihn nun völlig unser eigen werden.[183] Jesus, der im Himmel ist, wird durch den Geist in uns gegenwärtig, um in uns zu wohnen. Wir haben gesehen, daß zwei Dinge notwendig sind, um Teilhaber Jesu zu werden: die Erkenntnis der Sünde, die in uns ist, und die Erkenntnis der Erlösung, die in ihm ist. Es ist der Heilige Geist, der ständig im Glaubenden diese doppelte Erkenntnis fördert. Er ermahnt und tröstet, er überführt von Sünde und verherrlicht Christus.[184]
Der Geist überzeugt uns von der Sünde. Er ist das Licht Gottes, durch das die Sünde enthüllt wird, und das Feuer Gottes, das die Sünde verzehrt. Er ist der Geist des Gerichts und des Feuers, durch das Gott sein Volk läutert.[185]
Dem besorgten Menschen, der darüber klagt, daß er seine Sünde nicht tief genug bereut, müssen wir oft antworten, daß der Tiefe seiner Reue keine Grenzen gesetzt sind. Er muß täglich, so wie er gerade ist, zu Gott kommen. Nach der Bekehrung geschieht oft die tiefste Sündenerkenntnis.

Dem neuen Christen müssen wir nur sagen: Laß dich vom Geist, der in dir ist, von deiner Sünde überführen. Er wird dich dazu bringen, daß du die Sünde haßt, die du früher kaum dem Namen nach kanntest. Er bringt dir Sünde zur Kenntnis, die du in den verborgenen Tiefen deines Herzens gar nicht gesehen hast, die du aber nun voll Beschämung bekennst. Er wird dir Sünden in dir selbst zeigen, die du bei andern schwer verurteilt hast, in dir selbst aber nicht vermutet hättest.[186] Und er lehrt dich, daß du dich in deiner Reue ganz auf die Gnade verläßt, damit du durch sie von der Sünde erlöst und gereinigt wirst.

Geliebter Christ, der Heilige Geist ist in dir als das Licht, das die Sünde enthüllt und als das Feuer Gottes, das die Sünde verzehrt.

Der Tempel Gottes ist heilig und dieser Tempel bist du! Laß den Heiligen Geist in dir die volle Herrschaft gewinnen, um auf die Sünde hinzuweisen und sie zu entfernen.[187] Nachdem er dich mit der Sünde bekannt gemacht hat, wird er dich jedesmal auch mit Jesus bekannt machen, der dein Leben und deine Heiligung ist.

Und der Heilige Geist, welcher ermahnt, tröstet auch. Er wird Jesus in dir verherrlichen und von dem seinen nehmen und es dir zeigen. Er wird dir Erkenntnis schenken über die Macht des Blutes Jesu, dich zu reinigen,[188] und die Macht Jesu, dich zu behüten, wenn er in dir wohnt.[189] Er wird dich sehen lassen, wie tatsächlich, wie vollständig, wie sicher Jesus jeden Augenblick in dir sein Werk vollbringt.

Im Heiligen Geist ist der lebendige, allmächtige, allgegenwärtige Jesus dein Anteil; du wirst das erkennen und dich daran erfreuen. Der Heilige Geist wird dich lehren, all deine Sünden und deine Sündhaftigkeit zu Jesus zu bringen, und dir die vollständige Erlösung von Sünden durch Jesus zu eigen zu machen.

Als der Geist der Heiligung wird er die Sünde austreiben, um es Jesus so zu ermöglichen, in dir Wohnung zu nehmen.[190] Geliebter neuer Christ, nimm dir Zeit, dies zu verstehen und mit dieser Wahrheit erfüllt zu werden: Der Heilige Geist ist in dir. Betrachte all die Versicherungen aus dem Wort Gottes, daß es wirklich so ist.[191] Denke dir kein Christenleben ohne die Innewohnung des Heiligen Geistes. Laß dein Herz erfüllt sein von dem Glauben, daß der Geist in dir wohnt und sein mächtiges Werk in dir tut, denn durch den Glauben kommt und wirkt der Geist.[192] Habe eine große Ehrfurcht vor dem Wirken des Geistes in dir. Suche ihn täglich, um zu glauben, zu gehorchen, zu vertrauen, und er wird dich alles wissen lassen, was in Jesus ist. Er wird Jesus für dich und in dir sehr verherrlichen.

O mein Vater, ich danke dir für diese Gabe, die mir Jesus von dir geschickt hat. Ich danke dir, daß ich nun der Tempel deines Geistes bin und daß er in mir wohnt.
Herr, lehre mich, dies von ganzem Herzen zu glauben und in dieser Welt zu leben als jemand, der weiß, daß der Geist Gottes in ihm ist und ihn führt. Lehre mich, dies mit tiefer Ehrfurcht und mit Staunen zu betrachten: Gott ist in mir. Herr, in diesem Glauben habe ich die Kraft, heilig zu sein.
Heiliger Geist, zeige mir alle Sünde in mir. Heiliger Geist, offenbare mir alles, was Jesus in mir ist. Amen.

1. Denke daran: Die Erkenntnis über die Person und das Wirken des Heiligen Geistes ist ebenso wichtig wie die Erkenntnis über die Person und das Wirken Jesu.
2. Was den Heiligen Geist betrifft, müssen wir trachten die Wahrheit festzuhalten, daß er uns gegeben ist als die Frucht des Wirkens Jesu, daß er die Kraft ist, durch die Jesus in uns lebt und daß durch ihn Jesus selbst mit seiner ganzen Erlösung in uns wohnt.

3. Um in den Genuß von all dem zu kommen, müssen wir mit dem Geist erfüllt sein.
Das bedeutet einfach, von allem andern entleert zu sein und mit Jesus erfüllt zu sein. Uns selbst verleugnen, unser Kreuz auf uns nehmen, Jesus nachfolgen – das ist die Art, wie wir mit dem Geist Jesu erfüllt werden. Oder es ist vielmehr die Art, wie der Heilige Geist uns in seine Fülle führt. Wer nicht vom Heiligen Geist geleitet ist, hat auch nicht die Kraft, völlig in den Tod Jesu einzutauchen. Den, der sich nach dieser Fülle sehnt, nimmt Jesus bei der Hand und läßt ihn eintreten.
4. So wie die ganze Erlösung – und das ganze neue Leben – im Glauben geschieht, so ist es auch der Fall mit der Gabe und dem Wirken des Heiligen Geistes. Ich empfange ihn im Glauben, nicht durch Werke oder Gefühle, und im Glauben werde ich mit ihm erfüllt und durch ihn geführt.
5. So klar und bestimmt, wie ich an das Werk glaube, das Jesus in mir vollbringt, so klar und bestimmt glaube ich auch an das Wirken des Heiligen Geistes in mir. Er wirkt in mir das Wollen und das Vollbringen alles dessen, was zu meinem Heil nötig ist.

Kapitel 23

Führung durch den Geist

„Denn welche der Geist treibt, die sind Kinder Gottes. Der Geist selbst gibt Zeugnis unserm Geist, daß wir Kinder Gottes sind."
(Römer 8, 14, 16)

Es ist derselbe Geist, der uns als Kinder leitet, der uns auch versichert, daß wir Kinder sind. Ohne seine Führung gibt es

keine Gewißheit über unsere Beziehung. Der vollen Glaubensgewißheit kann sich nur erfreuen, wer sich ganz der Führung des Geistes überläßt.
Worin besteht diese Führung? Hauptsächlich darin, daß durch ihn unser ganzes inneres Leben so gestaltet wird, wie es sein sollte. Das müssen wir fest glauben. Unser Wachsen und Zunehmen, unsere Entwicklung und unser Fortschritt sind nicht unser eigenes Werk, sondern seines; wir müssen ihm darin vertrauen. Wie ein Baum oder ein Tier wächst und groß wird durch das Leben, das Gott ihm gegeben hat, genau so wächst der Christ durch den Geist des Lebens in Christus Jesus.[193] Wir sollten begeistert sein von der Gewißheit, daß der Geist, den der Vater uns gibt, mit göttlicher Weisheit und Kraft unser verborgenes Leben lenkt und es zu Gottes Ziel bringt.
Es gibt auch bestimmte Richtungen für diese Führung. „Er wird euch in alle Wahrheit leiten."
Wenn wir das Wort Gottes lesen, müssen wir auf ihn warten, daß er uns die Wahrheit erfahren läßt, die wesentliche Macht dessen, was Gott sagt. Er macht das Wort lebendig und machtvoll. Er führt uns zu einem Leben, das dem Wort entspricht.[194]
Wenn du betest, kannst du mit seiner Führung rechnen. „Der Geist hilft unserer Schwachheit auf." Er läßt uns wissen, was wir verlangen müssen. Er führt uns in die rechte Art zu beten ein – vertrauensvoll, anhaltend, kraftvoll.[195]
Er ist es auch, der uns auf den Weg der Heiligung führt. Er führt uns auf dem Pfad der Gerechtigkeit. Er führt uns in den Willen Gottes.[196]
In unserm Reden und Handeln für den Herrn übernimmt er die Führung. Jedes Kind hat den Geist; jedes Kind braucht ihn, um den Vater zu kennen und sein Werk zu tun. Ohne ihn kann kein Kind dem Vater gefallen oder ihm dienen. Die

Führung des Geistes ist das segensreiche Vorrecht und die einzige Macht eines Gotteskindes.[197]
Und wie kannst du in den vollen Genuß dieser Führung kommen? Das erste, was du dazu brauchst, ist Glaube. Du mußt dir dafür Zeit nehmen, neuer Christ, dein Herz füllen zu lassen mit dem tiefen, lebendigen Bewußtsein, daß der Geist in dir lebt. Lies all die herrlichen Erklärungen deines Vaters in seinem Wort, die den Geist in dir betreffen, bis dich die Überzeugung völlig erfüllt, daß du ein Tempel des Heiligen Geistes bist. Unwissenheit oder Unglaube in dieser Sache machen es dem Geist unmöglich, in dir zu sprechen und dich zu führen. Erhalte dir die Gewißheit, daß der Geist Gottes in dir wohnt.[198]
Zum zweiten ist folgendes notwendig: Du mußt stillhalten, um die Stimme des Geistes zu hören. Wie der Herr Jesus handelt, so auch der Heilige Geist: „Er wird nicht schreien noch seine Stimme erheben." Er flüstert sanft und leise. Nur die Seele, die sich Gott gegenüber sehr still verhält, kann seine Stimme und Führung verstehen.
Wenn wir in unnötigem Ausmaß in die Welt verstrickt werden – mit ihren Geschäften, ihren Sorgen, ihren Vergnügungen, ihrer Literatur und ihrer Politik –, dann kann uns der Geist nicht führen. Wenn unser Dienst für Gott eine Geschäftigkeit und Arbeiten in unserer eigenen Weisheit und Kraft ist, kann sich der Geist in uns nicht bemerkbar machen.
Es ist der Schwache und Einfältige, der willig ist, sich in Demut belehren zu lassen und der die Führung des Geistes empfängt. Setze dich jeden Morgen und oftmals während des Tages hin, um zu sagen: „Herr Jesus, ich weiß nichts. Ich will still sein. Laß deinen Geist mich leiten."[199]
Drittens: Sei gehorsam! Höre auf die innere Stimme und tue, was sie dir sagt! Fülle dein Herz jeden Tag mit dem

Wort, und wenn der Geist dir erklärt, was das Wort sagt, dann handle danach. Dann wirst du tüchtig für weitere Belehrung. Dem Gehorsamen ist die volle Segnung des Geistes verheißen.[200]

Neuer Christ, wisse, daß du ein Tempel des Geistes bist und daß du nur durch die tägliche Führung des Geistes als ein Gotteskind wandeln kannst in der Gewißheit, dem Vater zu gefallen.

Teurer Heiland, präge mir diese Lektion tief ein: Der Heilige Geist ist in mir. Seine Führung ist jeden Tag und überall unerläßlich für mich. Ich kann seine Stimme im Wort nicht hören, wenn ich nicht in der Stille auf ihn warte. Herr, laß eine heilige Vorsicht über mich wachen, daß ich immer als ein Lernender des Geistes leben möge. Amen.

1. Es wird oft gefragt: Wie weiß ich, daß ich weiterhin fest bleibe, daß ich bewahrt werde, daß ich wachsen werde? Diese Fragen machen dem Heiligen Geist keine Ehre. Sie zeigen, daß du ihn nicht kennst oder ihm nicht vertraust. Diese Fragen weisen darauf hin, daß du das Geheimnis der Kraft zur Ausdauer in dir selbst suchst und nicht im Heiligen Geist, deinem himmlischen Führer.
2. Wie Gott dafür sorgt, daß ich in jedem Augenblick Luft zum Atmen habe, so erhält auch der Heilige Geist ununterbrochen Leben in den verborgenen Tiefen meiner Seele. Er wird sein eigenes Werk nicht abbrechen.
3. Von dem Zeitpunkt an, da wir den Heiligen Geist empfangen, müssen wir nichts weiter tun als sein Werk zu ehren, unsere Hände davon lassen, ihm vertrauen und ihn wirken lassen.
4. Von Anfang bis Ende zielt das Wirken des Heiligen Geistes darauf ab, mir Jesus zu offenbaren und mich zu veranlassen, in ihm zu bleiben. Wenn ich versuche, das Wirken

des Geistes in mir unter meine Kontrolle zu bringen, behindere ich ihn. Er kann nicht wirken, wenn ich nicht willig bin, auf Jesus zu schauen.

5. Die Stimme des Vaters, die Stimme des guten Hirten und die Stimme des Heiligen Geistes sind sehr zart. Wir müssen lernen, für andere Stimmen taub zu werden, den Stimmen der Welt, den Neuigkeiten und Gedanken von Freunden, unserem eigenen Ich und seinen Wünschen. Dann werden wir die Stimme des Geistes unterscheiden. Setzen wir uns oft zu stillem Gebet hin, ganz still, um unseren Willen und unsere Gedanken aufzuopfern, unsere Augen auf Jesus zu richten und Ohr und Herz der Stimme des Geistes zu öffnen.

Kapitel 24

Den Geist betrüben

„Betrübet nicht den Heiligen Geist Gottes, mit dem ihr versiegelt seid auf den Tag der Erlösung.“ *(Epheser 4, 30)*

Durch den Heiligen Geist ist das Kind Gottes versiegelt – ausgesondert, gestempelt und bezeichnet als Gottes Eigentum. Diese Besiegelung ist nicht eine tote äußere Handlung, die ein für allemal abgeschlossen ist. Es ist ein lebendiger Prozeß, der in der Seele Kraft entfaltet und feste Glaubensgewißheit gibt, wenn er durch das Leben des Geistes in uns erfahrbar wird. Deshalb müssen wir uns sehr davor hüten, den Geist zu betrüben. In ihm allein hast du täglich die freudige Gewißheit und den vollen Segen deiner Kindschaft. Derselbe Geist, der uns führt, bezeugt unserm Geist, daß wir Kinder Gottes sind. Und wie kann man den Geist betrüben? Vor allem, indem man der Sünde nachgibt. Er ist der *Heilige* Geist, der uns zur Heiligung gegeben ist und der uns im Austausch für jede Sünde, von der das Blut uns reinigt, mit dem heiligen Leben Gottes füllt – mit Gott selbst. Sünde betrübt ihn.[201] Aus diesem Grund nennt das Wort Gottes gleich darauf namentlich alle Sünden, vor denen wir besonders auf unserer Hut sein müssen. Beachte nur die vier großen Sünden, die Paulus im Zusammenhang mit obigem Text erwähnt.

Da ist zuerst das Lügen. Keine einzige Sünde in der Bibel wird so deutlich mit dem Teufel in Zusammenhang gebracht wie das Lügen. Lügen entspringt der Hölle und geht zur Hölle. Gott ist der Gott der Wahrheit. Und der Heilige Geist kann unmöglich sein segensreiches Wirken in einem Mann oder einer Frau entfalten, die lügen, die unehrlich sind und die Wahrheit verletzen. Neuer Christ, überdenke sorgfältig, was das Wort Gottes über Lügen und Lügner sagt und hüte dich, je etwas anderes zu sprechen als die buchstäbliche Wahrheit. Betrübe nicht den Heiligen Geist Gottes.[202]

Dann ist da Zorn. „Laß alle Bitterheit und Zorn und Ärger und Murren und Übelreden weit von dir entfernt sein." Aufbrausen, Neigung zu Zorn, Sünde des Jähzorns ist zusammen mit dem Lügen die häufigste Sünde, durch die der Glaubende vom Wachstum der Gnade abgeschnitten wird.[203] Christ, lege alle Leidenschaftlichkeit ab. Das erfolgt auf das Gebot hin, den Geist nicht zu betrüben. Glaube, daß der Heilige Geist, die große Kraft Gottes, in dir ist. Unterwirf dich täglich seiner Gegenwart im Glauben, daß Jesus dich bei ihm erhalten kann. Er will dich sanftmütig machen und sanftmütig erhalten. Ich glaube an die Kraft Gottes, die Kraft Jesu und die Kraft des Heiligen Geistes, den Jähzorn

zu überwinden.[204] Bekenne die Sünde und Gott wird dich davon reinigen. Betrübe nicht den Heiligen Geist Gottes.
Dann ist da vom Stehlen die Rede: Alle Sünde gegen den Besitz oder das Eigentum meines Nächsten, aller Betrug, alle Unehrlichkeit im Geschäftsleben, wobei ich meinem Nächsten Unrecht tue und auf seine Kosten meinen Vorteil suche. Das Gebot Christi ist die Liebe, wobei ich das Wohl meines Nächsten genauso im Auge habe wie mein eigenes. Die Liebe zu Geld und Besitz, die untrennbar vom Egoismus ist, ist unvereinbar mit der Führung des Heiligen Geistes. Der Glaubende muß ein Mensch sein, der als ehrlich, gerecht und von Nächstenliebe erfüllt bekannt ist.[205]
Dann sagt der Apostel: „Kein faules Geschwätz, sondern was gut ist zur Auferbauung in jedem Fall." Sogar die Zunge eines Gotteskindes gehört dem Herrn. Er muß an seiner Art zu reden erkannt werden. Durch sein Reden kann er den Geist betrüben oder erfreuen. Die geheiligte Zunge ist ein Segen nicht nur für seine Nächsten, sondern auch für den Sprecher selbst.
Faules Geschwätz, leere Worte, alberne Späße betrüben den Heiligen Geist. Sie machen es dem Geist unmöglich, das Herz zu heiligen, zu trösten und mit der Liebe Gottes zu erfüllen.[206]
Neuer Christ, ich bete flehentlich, daß du den Heiligen Geist Gottes nicht durch diese oder andere Sünden betrüben mögest. Wenn du solche Sünden begangen hast, bekenne sie und Gott wird dich von ihnen reinigen. Du bist durch den Heiligen Geist versiegelt. Wenn du in der Standhaftigkeit und Freude des Glaubens leben willst, höre auf dieses Wort: „Betrübe nicht den Heiligen Geist Gottes!"

Mein Herr und Gott, mein Vater im Himmel, laß mich bitte die wunderbare Gnade verstehen, die du mir erwiesen hast, indem du mir deinen Heiligen Geist ins Herz gegeben hast. Herr, laß diesen Glauben den Grund und die Kraft sein, mich von jeder Sünde zu reinigen. Heiliger Jesus, heilige mich in meinem Denken, Reden und Handeln, daß ich in all dem dein Ebenbild werden möge. Amen.

1. Die Haltung des Christen diesem Wort gegenüber: „betrübe nicht den Heiligen Geist" ist ein Markstein dafür, ob er das Leben im Glauben versteht.
Für manche ist das ein Wort, das Schrecken und Angst auslöst. Ein Vater brachte einmal ein Mädchen zum Zug, das eine Reise mit einer neuen Gouvernante unternehmen sollte, bei der sie wohnen sollte. Vor der Abfahrt sagte er: „Ich höre, daß sie sehr empfindlich ist und rasch Mißverständnisse bei ihr entstehen. Nimm dich in acht, daß du nichts tust, sie zu betrüben." Das arme Kind hatte eine unangenehme Reise. Es lebte in der Angst, leicht mißverstanden zu werden.
Viele haben auch so eine Meinung vom Heiligen Geist: Ein Wesen, das schwer zufriedenzustellen ist, das wenig an unsere Schwachheit denkt und das, auch wenn wir uns Mühe geben, unzufrieden ist, wenn wir nichts Vollkommenes schaffen.
2. Ein anderer Vater brachte auch seine Tochter zum Zug, die verreisen und eine Zeitlang fern von zuhause leben sollte. Aber sie war in Begleitung ihrer Mutter, die sie zärtlich liebte.
„Du mußt ein liebes Kind sein", mahnte der Vater, „und alles tun, um deiner Mutter Freude zu machen; sonst wirst du sie und mich betrüben."
„Oh, gewiß, Papa!" war die freudige Antwort des Kindes. Es fühlte sich bei seiner Mutter so glücklich und war willens, sein Bestes zu tun, um ihr angenehm zu sein.

Es gibt Gotteskinder, denen der Heilige Geist so wohlbekannt ist in seiner zarten, hilfreichen Liebe, als der Tröster und als der gute Geist, daß das Wort „betrübe den Geist Gottes nicht“ für sie eine sanfte, ermutigende Aussage ist. Möge unsere Angst, ihn zu betrüben, immer eine zarte, kindliche Angst vertrauensvoller Liebe sein.

Kapitel 25

Das Fleisch und der Geist

„Und ich, liebe Brüder, konnte auch mit euch nicht reden als mit geistlichen Menschen, sondern als mit fleischlichen, wie mit jungen Kindern in Christus.“ (1. Korinther 3, 1)

„... ich aber bin fleischlich, unter die Sünde verkauft... Wollen habe ich wohl, aber vollbringen das Gute finde ich nicht... Denn das Gesetz des Geistes, der da lebendig macht in Christus Jesus, hat mich frei gemacht von dem Gesetz der Sünde und des Todes... Ihr aber seid nicht fleischlich, sondern geistlich, wenn anders Gottes Geist in euch wohnt.“ (Römer 7, 14, 18; 8, 2, 9)

„Im Geist habt ihr angefangen, wollt ihr's denn nun im Fleisch vollenden?... Regiert euch aber der Geist, so seid ihr nicht unter dem Gesetz... Wenn wir im Geist leben, so lasset uns auch im Geist wandeln.“ (Galater 3, 3, 5; 5, 18, 25)

Es ist für den neuen Glaubenden von großer Bedeutung, den Unterschied zwischen dem Fleisch und dem Geist zu verstehen. Solange noch Streit und Neid in dem Christen sind, nennt ihn das Wort Gottes fleischlich. Er möchte gut sein, aber er kann nicht. Er tut, was er gar nicht tun möchte, weil er noch in seiner eigenen Kraft ringt und nicht in der Kraft des Heiligen Geistes.[207]

Das Fleisch bleibt unter dem Gesetz und sucht das Gesetz zu erfüllen. Aber durch das Fleisch ist das Gesetz machtlos und alles Streben, Gutes zu tun, ist vergeblich. Das lautet dann so: „Ich bin fleischlich, verkauft unter die Sünde. Das Wollen ist da, aber das Gute zu vollbringen vermag ich nicht."[208] In diesem Zustand will Gott den Glaubenden nicht belassen.

Das Wort sagt: „Es ist Gott, der in dir das Wollen und das Vollbringen bewirkt." Der Christ muß nicht nur im Geiste leben, sondern auch im Geiste wandeln. Er muß ein geistlicher Mensch sein und vollständig unter der Führung des Geistes bleiben.[209] Er wird nicht länger tun, was er gar nicht möchte. Er wird nicht länger in dem Zustand bleiben, den Römer 7 beschreibt, ein neugeborenes Kind, das noch versucht, das Gesetz zu erfüllen, sondern er wird leben, wie Römer 8 es schildert, als einer, der durch den Heiligen Geist vom Gesetz befreit ist, das ihm befiehlt: tu dies! tu das! – und das keine Kraft, sondern den Tod bringt. Er wandelt nicht nach dem alten Buchstaben, sondern nach dem neuen Geist.[210] Es gibt Christen, die im Geist beginnen, aber im Fleisch enden. Sie sind bekehrt und wiedergeboren durch den Geist, aber sie fallen unwillkürlich in ein Leben zurück, in dem sie aus eigener Anstrengung streben, die Sünde zu überwinden und heilig zu sein. Sie tun ihr Bestes und bitten Gott, ihnen bei diesem Unternehmen zu helfen und sie meinen, daß dies Glauben ist. Sie verstehen nicht, was es bedeutet, zu sagen: „In mir, in meinem Fleisch, ist nichts Gutes." Sie verstehen nicht, daß sie ablassen sollen von ihren eigenen Anstrengungen, um Gottes Willen völlig und nur durch den Heiligen Geist zu tun.[211]

Neuer Christ, lerne zu dir selbst zu sagen – wie immer du gerade bist, auch nach der neuen Geburt: „Ich bin fleischlich – verkauft unter die Sünde." Strebe nicht länger danach, dein Bestes zu tun, und Gott zu bitten und ihm zu vertrauen, daß er dir dabei hilft. Nein, lerne zu sagen: „Das Gesetz des Geistes des Lebens in Christus Jesus hat mich frei gemacht vom Gesetz der Sünde und des Todes." Laß deine tägliche Arbeit darin bestehen, den Geist in dir arbeiten zu lassen, im Geist zu wandeln, und erlöst zu werden von einem Leben der Klage „Das Gute, das ich will, tue ich nicht." Tritt in ein Leben des Glaubens ein, in dem Gott es ist, der in dir das Wollen und das Vollbringen schenkt.

Herr, mein Gott, lehre mich, von Herzen zuzugeben, daß in mir – in meinem Fleisch – nichts Gutes wohnt. Lehre mich, von jedem Gedanken abzulassen, daß ich aus eigenem Bemühen dir dienen oder dir gefallen könnte. Lehre mich zu verstehen, daß der Heilige Geist der Tröster ist, der mich von aller Furcht und Angst vor meiner eigenen Kraftlosigkeit befreit, um in mir die Kraft Christi zu schaffen. Amen.

1. Um den Widerspruch zwischen Geist und Fleisch zu verstehen, müssen wir einen klaren Einblick in die Verbindung zwischen Römer 7 und Römer 8 zu bekommen suchen. In Römer 7, 6 spricht Paulus von der zweifachen Art, Gott zu dienen: Der eine dient auf die alte Art nach dem Buchstaben, der andere auf die neue Art im Geist. In Römer 7, 14–16 beschreibt er das erstere; in Römer 8, 1–16 das letztere. Das wird uns besonders deutlich, wenn wir beobachten, daß er im 7. Kapitel den Geist nur einmal erwähnt, das Gesetz aber mehr als 20 Mal. In Kapitel 8, 1–16 spricht er 16 Mal vom Geist. In Römer 7 sehen wir die wiedergeborene Seele noch im Fleisch, sehnsüchtig, aber machtlos, das Gesetz zu erfüllen, klagend als „Gefangener unter dem Gesetz der Sünde". In Römer 8 aber hören wir sie (die Seele) sagen: „Das Gesetz des Geistes des Lebens in Christus Jesus hat mich vom Gesetz der Sünde frei gemacht."

Römer 7 beschreibt den Zustand des Christen, der als wiedergeboren angesehen werden kann, aber noch nicht im Glauben die Kraft des Heiligen Geistes erfahren hat. Römer 8 beschreibt sein Leben in der Freiheit von der Macht der Sünde, einer Freiheit, die der Geist Gottes tatsächlich schenkt.

2. Um den Unterschied zwischen den zwei Methoden, Gott zu dienen, ganz klar herauszustellen, führe ich hier Bibelstellen auf, wo dies mit besonderer Deutlichkeit ausgedrückt ist. Vergleiche sie sorgfältig. Bitte den Heiligen Geist, dir zu helfen, sie zu verstehen. Studiere die folgenden Schriftstellen und nimm dir die Lektion tief zu Herzen, wie du Gott richtig dienst und wie nicht.

„Die Beschneidung des Herzens ist eine Beschneidung, die im Geist und nicht im Buchstaben geschieht." (Römer 2,29)

„Dem aber, der nicht mit Werken umgeht, glaubt aber... dem wird sein Glaube gerechnet zur Gerechtigkeit." (Römer 4, 5) „Ihr seid nicht unter dem Gesetz, sondern unter der Gnade." (Römer 6, 14)

„... Wir sind vom Gesetz los, so daß wir dienen im neuen Wesen des Geistes und nicht im alten Wesen des Buchstabens." (Römer 7, 6)

„Wir wissen, daß das Gesetz geistlich ist, ich aber bin fleischlich, verkauft unter die Sünde." (Römer 7, 14)

„Denn ihr habt nicht einen knechtischen Geist empfangen, daß ihr euch abermals fürchten müßt, sondern ihr habt einen kindlichen Geist empfangen." (Römer 8, 15)

„Die Gerechtigkeit aus dem Gesetz ist: Welcher Mensch sie tut, der wird durch sie leben. Aber die Gerechtigkeit aus dem Glauben spricht so: Sprich nicht in deinem Herzen: wer will hinauf gen Himmel fahren... oder: wer will hinab in die Tiefe fahren?... sondern was sagt sie? Das Wort ist nahe, in deinem Munde, in deinem Herzen." (Römer 10, 5–8)

„Ist's aber aus Gnaden, so ist's nicht aus Verdienst der Werke." (Römer 11, 6)
„Ich konnte nicht mit euch reden als mit geistlichen Menschen, sondern als mit fleischlichen, wie mit jungen Kindern in Christus." (1. Korinther 3, 1)
„Ich lebe; doch nun nicht ich, sondern Christus lebt in mir." (Galater 2, 20)
„Der Gerechte wird aus Glauben leben. Das Gesetz aber ist nicht aus Glauben, sondern der Mensch, der es tut, wird dadurch leben." (Galater 3, 11, 12)
„Denn wenn das Erbe durch das Gesetz erworben würde, so würde es nicht durch Verheißung gegeben." (Galater 3, 18)
„So bist du nicht mehr Knecht, sondern Kind." (Galater 4, 7)
„So sind wir nun, liebe Brüder, nicht der Magd Kinder, sondern der Freien." (Galater 4, 31)
„Wandelt im Geist, so werdet ihr die Lüste des Fleisches nicht vollbringen." (Galater 5, 16)
„Regiert euch aber der Geist, so seid ihr nicht unter dem Gesetz." (Galater 5, 18)
„... die wir Gott in seinem Geiste dienen und rühmen uns Jesu Christi und verlassen uns nicht auf das Fleisch." (Philipper 3, 3)
Geliebter Christ, du hast vom Herrn Jesus den Heiligen Geist empfangen, der Jesus und sein Leben in dir offenbart und das Werk der Sünde abtötet. Bete inständig um die Erfüllung mit dem Heiligen Geist. Lebe in dem freudigen Glauben, daß der Geist in dir ist als dein Tröster und Lehrer und daß durch ihn alles vollbracht wird. Lerne diesen Vers auswendig und laß ihn immer in deinem Herzen und auf deinen Lippen sein:
„Wir sind die Beschneidung, die anbetet im Geist Gottes und sich Christus Jesus rühmt und kein Vertrauen in das Fleisch setzt."

Kapitel 26

Leben aus dem Glauben

„Der Gerechte wird durch seinen Glauben leben."
(Habakuk 2, 4)

„Wir sind vom Gesetz los, so daß wir dienen im neuen Wesen des Geistes und nicht im alten Wesen des Buchstabens."
(Römer 7, 6)

„Ich lebe, doch nun nicht ich, sondern Christus lebt in mir. Denn was ich jetzt lebe im Fleisch, das lebe ich im Glauben an den Sohn Gottes, der mich geliebt hat und sich selbst für mich dargegeben." (Galater 2, 20)

Das Wort von Habakuk wird im Neuen Testament dreimal zitiert als die göttliche Vorstellung der Erlösung in Christus aus dem Glauben allein.[212] Aber das Wort wird oft mißverstanden, als ob es meinte: „Der Mensch wird bei seiner Bekehrung durch den Glauben gerechtfertigt." Das Wort beinhaltet dies, bedeutet aber noch viel mehr. Es sagt, daß der Gerechte aus dem Glauben *leben* soll. Das ganze Leben des Gerechten, von Augenblick zu Augenblick, soll sich im Glauben vollziehen.[213]

Wir wissen den scharfen Trennungsstrich, den Gott in seinem Wort zieht zwischen der Gnade, die durch den Glauben kommt, und dem Gesetz, das Werke erfordert. Dies wird allgemein anerkannt im Hinblick auf die Rechtfertigung. Aber diese Unterscheidung gilt genau so gut für das ganze Leben der Heiligung. Der Gerechte lebt durch den Glauben allein – das heißt, er wird die Kraft haben, gemäß dem Willen Gottes zu leben. So, wie er bei seiner Bekehrung notwendigerweise verstehen mußte, daß in ihm nichts Gutes ist, und daß er als kraftloser und gottloser Mensch

Gnade empfangen mußte, so muß er als Glaubender seine Kraft zum Guten jeden Augenblick aus der Höhe empfangen.[214]

So muß es jeden Morgen und in jeder Stunde des Tages sein Tun sein, aufzublicken und zu glauben und seine Kraft aus der Höhe zu empfangen, von seinem Herrn im Himmel. Ich muß nicht einfach tun, soviel ich kann, und hoffen, daß der Herr mich mit Kraft versorgt. Nein, als einer der tot war, der aus sich selber buchstäblich zu nichts fähig ist und dessen Leben im Herrn droben verborgen ist, bin ich ganz abhängig von ihm, der in mir mächtig wirkt.[215]

Selig ist der Glaubende, der versteht, daß es seine größte Gefahr ist, unter das Gesetz zu fallen und danach zu streben, Gott im Fleisch in eigener Kraft zu dienen – selig ist er, wenn er unterscheidet, daß er nicht unter dem Gesetz ist, das nur fordert und durch das Fleisch doch kraftlos ist –, sondern daß er unter der Gnade steht, wobei er einfach nur empfangen muß, was ihm gegeben wird. Selig ist er, wenn er auf sich selbst die Verheißung des Geistes anwendet, der ihm alles vermittelt, was in Christus ist. Selig ist er, wenn er versteht, was es heißt, durch den Glauben zu leben und nicht nach dem alten Wesen des Buchstabens zu dienen, sondern nach dem neuen Wesen des Geistes.[216]

Machen wir uns die Worte des Paulus zu eigen, denn sie stellen uns das wahre Leben im Glauben dar: „Ich bin mit Christus gekreuzigt, doch ich lebe." Mein Fleisch – nicht nur meine Sünde, nein, mein Fleisch, alles das, was in meiner Natur liegt, meine eigene Lebensgestaltung und mein eigener Wille, meine eigene Kraft und mein eigenes Handeln – habe ich in den Tod gegeben. Ich lebe nicht mehr, kann nicht mehr aus mir selbst leben. Ich will nicht mehr aus mir selbst leben oder handeln.[217] Christus lebt in mir: Er ist durch seinen Geist meine Kraft. Er lehrt und

stärkt mich, so zu leben, wie ich soll. Und dieses Leben, das ich in meinem Fleisch lebe, lebe ich im Glauben an ihn. Meine große Tat ist es, von ihm abhängig zu sein, daß er in mir das Wollen und das Vollbringen bewirken kann.
Neuer Christ, mach dieses Glaubensleben zu deinem Glauben! O mein Herr Jesus, du bist mein Leben, ja, mein Leben! Du lebst in mir und willst mein ganzes Leben unter deiner Aufsicht haben. Mein ganzes Leben soll täglich freudiges Vertrauen sein und die Erfahrung, daß du alles in mir bewirkst.

Teurer Herr, ich will mich diesem Glaubensleben ausliefern. Ja, ich liefere mich dir aus, daß du mich belehrst und dich völlig in mir offenbarst. Amen.

1. Erkennst du den Irrtum in dem Ausdruck: „Der Herr möge mir helfen“ oder „falls der Herr mir hilft?“ In natürlichen Dingen sprechen wir so, denn wir haben ein bestimmtes Maß von Kraft und der Herr kann es mehren. Aber das Neue Testament benützt nie den Ausdruck „helfen“ für die Gnade Gottes in der Seele. Wir haben absolut keine Kraft. Gott muß uns nicht helfen, weil wir schwach sind. Nein, er muß sein Leben und seine Kraft in uns völlig Kraftlose legen. Wer dies erkennt, wird lernen, allein durch Glauben zu leben.
2. „Ohne Glauben ist es unmöglich, Gott zu gefallen.“ „Alles, was nicht aus dem Glauben kommt, ist Sünde.“ Solche Worte des Geistes Gottes lehren uns, wie jede Tat und jede Haltung in unserm Leben vom Glauben erfüllt sein muß.
3. Unsere erste Tat an jedem Tag ist es, von neuem den Glauben auszuüben an Jesus, der unser Leben ist, den Glauben, daß er in uns lebt und alles für uns und in uns tun wird. Dieser Glaube muß den ganzen Tag über die Stim-

mung unserer Seele sein. Dieser Glaube kann nur festgehalten werden in Gemeinschaft mit Jesus selbst.
4. Dieser Glaube schöpft seine Kraft aus der gegenseitigen Hingabe von Jesus und dem Glaubenden. Jesus gibt sich uns zuerst völlig hin. Der Glaubende gibt sich selbst völlig hin, um von Jesus in Besitz genommen und geleitet zu werden. Dann kann die Seele nicht mehr daran zweifeln, daß er alles für sie tun wird.

Kapitel 27

Die Macht Satans

„Simon, Simon, siehe der Satan hat euer begehrt, daß er euch möchte sichten wie den Weizen. Ich aber habe für dich gebeten, daß dein Glaube nicht aufhöre." *(Lukas 22, 31, 32)*

Nichts macht einen Feind so gefährlich, als wenn er versteckt oder vergessen ist. Von den drei großen Feinden des Christen – Welt, Fleisch und Teufel – ist der letztere am gefährlichsten, nicht nur weil er, genau gesagt, den beiden andern Macht verleiht, sondern auch weil er unsichtbar ist und deshalb wenig bekannt oder gefürchtet ist. Der Teufel hat die Macht der Finsternis, er verdunkelt die Augen, so daß die Menschen ihn nicht erkennen. Er umgibt sich mit Finsternis, daß man ihn nicht beobachten kann. Er hat sogar die Macht, als Engel des Lichts zu erscheinen.[218] Durch den Glauben, der Unsichtbares erkennt, kann der Glaubende über Satan etwas erfahren, was ihm auch die Heilige Schrift von ihm verrät.
Als der Herr Jesus auf dieser Erde lebte, war es seine große Tat, den Satan zu überwinden. Als er bei seiner Taufe mit

dem Geist erfüllt wurde, brachte ihn diese Erfüllung mit dem Geist in Kontakt mit Satan als dem Oberhaupt der bösen Geister, damit er ihn bekämpfe und besiege.[219] Danach entdeckten die Augen des Herrn immer wieder die Macht und die Machenschaften Satans. In jeder Sünde und in jedem Elend deckte er das mächtige Königreich auf, dessen Oberhaupt der Böse ist. Nicht nur in den von Dämonen Besessenen, sondern auch in den Kranken sah er den Feind Gottes und des Menschen am Werk.[220] In dem Rat des Petrus, das Kreuz zu vermeiden, und in der Verleugnung des Herrn durch Petrus (wo wir einfach auf einen natürlichen Charakterzug des Petrus schließen würden), erkannte Jesus das Werk Satans.[221] In seinem eigenen Leiden, wo wir von der Sünde des Menschen und der Zulassung Gottes sprechen würden, sah Jesus die Macht der Finsternis. Im Leben und Sterben war sein Wirken darauf ausgerichtet, die Werke Satans zu zerstören und bei seinem zweiten Kommen wird er Satan völlig vernichten.[222]
Das Wort, das er an Petrus richtete und die persönliche Erfahrung des Herrn gibt uns einen erschreckenden Einblick in das Wirken des Feindes. „Satan verlangt gierig nach dir", sagt Jesus. „Wie ein brüllender Löwe geht er umher und sucht, wen er verschlingen könnte" sagt Petrus später selbst.[223] Er hat keine unbegrenzte Macht, aber er nützt jeden schwachen, unbewachten Augenblick.
„Daß er euch wie Weizen sieben darf" – welch ein Bild! Diese Welt, ja sogar die Kirche Christi, ist die Dreschtenne Satans. Das Korn gehört Gott, die Spreu gehört dem Satan. Er siebt und siebt fortwährend, und alles was mit der Spreu durch das Sieb fällt, will er an sich raffen. Da gibt es viele Glaubende, die schrecklicherweise mit durchfallen und die für immer verloren wären, wenn der Herr nicht für sie eintreten würde.[224]

Satan hat mehr als ein Sieb. Das erste ist im allgemeinen weltliche Gesinnung – die Liebe zur Welt. Viele sind in Zeiten der Armut recht fromm. Aber wenn sie reich werden, trachten sie begierig danach, die Welt zu gewinnen. Oder sie erscheinen sehr eifrig in Zeiten der Bekehrung und Erweckung, aber durch die Sorgen der Welt werden sie abgelenkt.[225]

Ein zweites Sieb ist Eigennutz und Egoismus. Wenn jemand sich nicht ungeteilt hingibt, seinem Herrn und seinem Nächsten zu dienen und seinen Nächsten im Herrn zu lieben, dann tritt es bald zutage, daß ihm der hauptsächliche Wesenszug eines Jüngers fehlt. Es wird sich erweisen, daß viele, die den guten Ruf haben, dem Dienst des Herrn hingegeben zu sein, in diesem Punkt völlig versagen und zur Spreu gezählt werden müssen. Lieblosigkeit ist ein sicheres Erkennungszeichen satanischer Macht.[226]

Ein weiteres Sieb – ein sehr gefährliches – ist Selbstvertrauen. Indem er vorgibt, dem Geist zu folgen, horcht jemand auf die Gedanken seines eigenen Herzens. Er ist eifrig für den Herrn, aber mit einem fleischlichen Eifer, in dem man die Sanftmut des Gotteslammes nicht erkennen kann. Unerkannt vermischen sich die Strebungen des Fleisches mit dem Wirken des Geistes. Und während er sich rühmt, den Satan zu überwinden, wird er tatsächlich heimlich von ihm umgarnt.[227]

Ja, das ist ein ernstes Leben hier auf Erden, wo Gott dem Satan erlaubt, seinen Dreschboden sogar in der Gemeinde aufzurichten. Selig sind die, welche mit tiefer Demut, mit Furcht und Zittern, sich selbst mißtrauen. Unsere einzige Sicherheit liegt in der Fürbitte und Führung dessen, der den Satan überwunden hat.[228] Möge uns die Einbildung ferne sein, daß wir alle Tiefen Satans kennen und mit seiner schlauen Strategie schon fertig werden. Er wirkt in der

Region des Geistes, in der unsichtbaren wie auch in der sichtbaren, und hat Macht. Laß uns fürchten, daß während wir ihn in der sichtbaren Welt erkannt und überwunden haben, er in der geistlichen Welt über uns die Oberhand gewinnt. Möge unsere einzige Sicherheit die Überzeugung von unserer Schwäche sein, die sich verbindet mit unserm Vertrauen in ihn, der dem Demütigen einen sicheren Platz in seinem Herzen bewahrt.

Herr Jesus, öffne unsere Augen, damit wir den Feind und seinen Betrug erkennen. Laß uns ihn und seinen Bereich sehen, so daß wir alles scheuen, was von ihm kommt. Und laß uns auch erkennen, wie du ihn überwunden hast und wie wir in dir unbesiegbar sind. O lehre uns, was es bedeutet, in dir zu sein, alles abzutöten, was aus uns selbst und aus dem Willen des Fleisches stammt und stark zu sein in Schwachheit und Demut. Und lehre uns, den Widerstand des Glaubens gegen jedes Bollwerk Satans ins Gebet mit einzubringen, weil wir wissen, daß du ihn unter unsere Füße treten wirst. Amen.

1. Welchen Trost gibt uns die Kenntnis über die Existenz Satans? Wir wissen dadurch, daß die Sünde von einer fremden Macht stammt, die sich in unsere Natur eingedrängt hat und nicht auf natürliche Weise zu uns gehört. Wir wissen auch, daß er von unserm Herrn Jesus völlig besiegt wurde und so keine Macht mehr über uns hat, solange wir vertrauensvoll in Christus bleiben.
2. Diese ganze Welt mit allem, was darin ist, ist unter der Herrschaft Satans. Deshalb gibt es nichts, sogar wenn es gut und schön zu sein scheint, das uns nicht gefährlich werden kann. In allen Dingen, auch in denen, die gesetzmäßig und recht sind, müssen wir geführt und geheiligt werden durch den Geist, wenn wir von der Macht Satans befreit bleiben wollen.

3. Satan ist ein böser Geist. Nur durch den guten Geist, den Geist Gottes, können wir ihm Widerstand leisten. Er arbeitet im Unsichtbaren. Um ihn zu bekämpfen, müssen wir im Gebet in das Unsichtbare eintreten. Er ist ein mächtiger Fürst; nur im Namen dessen, der noch mächtiger ist, und in Gemeinschaft mit diesem können wir siegen.
4. Welch eine herrliche Tat ist der Kampf für die Verlorenen – ein Kampf, sie aus der Macht Satans zu retten! (Apostelgeschichte 26, 18).
5. In der Offenbarung wird der Sieg über Satan dem Blut des Lammes zugeschrieben. (Offenbarung 12, 11) Glaubende haben auch bezeugt, daß dadurch die Versuchung ihre Macht verliert, denn der Satan flieht schnell, wenn jemand sich auf das Blut beruft, durch das die Sünde ganz vernichtet wurde und wir völlig aus seiner Macht befreit wurden.

Kapitel 28

Der Kampf des Christen

„Ringet danach, daß ihr durch die enge Pforte eingeht."
(Lukas 13, 24)
„Kämpft den guten Kampf des Glaubens."
(1. Thimotheus 6, 12)
„Ich habe den guten Kampf gekämpft, ich habe den Lauf vollendet, ich habe Glauben gehalten." *(2. Timotheus 4, 7)*

Diese Verse sprechen von einem zweifachen Kampf. Der erste Vers wendet sich an den Unbekehrten: „Ringe, durch die enge Pforte einzugehen." Das Eintreten durch eine Tür geschieht in einem Augenblick; der Sünder muß nicht ein

Leben lang ringen, um einzutreten. Er muß darum ringen es sofort zu tun. Er darf sich durch nichts davon abhalten lassen – er muß einfach eingehen.[229]

Dann aber folgt der zweite, lebenslange Kampf: Durch die enge Pforte gelange ich auf den neuen Weg. Auf diesem neuen Weg begegnen mir noch viele Feinde. Paulus sagt über diesen lebenslangen Kampf: „Ich habe den guten Kampf gekämpft, meinen Lauf vollendet, den Glauben gehalten." Bezüglich des fortgesetzten Kampfes rät er uns: „Kämpft den guten Kampf des Glaubens!"

Es gibt viele Mißverständnisse über diesen zweifachen Kampf. Viele ringen ihr ganzes Leben lang gegen den Herrn und seinen Anruf, und weil sie darüber nicht zur Ruhe kommen, sondern einen inneren Konflikt spüren, denken sie, dies sei der Kampf eines Glaubenden. Sie täuschen sich. Dies ist vielmehr der Kampf einer Person, die nicht bereit ist, alles zu verlassen und sich dem Herrn auszuliefern.[230]

Nicht in dieses Ringen führt uns der Herr hinein. Er sagt, daß das Ringen danach, einzugehen, nicht jahrelang dauern soll. Nein, er möchte, daß du die Reihen der Feinde durchbrichst, die dich zurückhalten wollen, und sofort eintrittst. Dann folgt das zweite Ringen, das ein Leben lang andauert. Zweimal nennt Paulus dies den Kampf des Glauben. Die Haupteigenschaft ist Glaube. Wer versteht, daß es in diesem Kampf prinzipiell auf den Glauben ankommt – und wer danach handelt, wird siegreich sein. An einer anderen Stelle sagt Paulus dem Glaubenden: „Vor allen Dingen aber ergreift den Schild des Glaubens, mit welchem ihr auslöschen könnt alle feurigen Pfeile des Bösen."[231]

Und was bedeutet dies nun: „Kampf des Glaubens?" Daß ich glauben muß, daß der Herr mir zuhilfe kommt, während ich kämpfe? Nein, so ist es nicht, wenn es auch oft so verstanden wird.

In einem Kampf ist es von größter Bedeutung, daß ich in einem Bollwerk oder in einer Festung bin, die nicht eingenommen werden kann. In einem solchen Bollwerk kann sogar eine schwache Besatzung einem starken Feind Widerstand leisten.
Unser Kampf als Glaubende geht nicht darum, in diese Festung hineinzugelangen, nein, wir sind schon drinnen. Solange wir in der Festung bleiben, sind wir unbesiegbar. Die Festung ist Christus.[232] Durch den Glauben sind wir in ihm. Durch den Glauben wissen wir, daß der Feind unsere Festung nicht überwinden kann.
Die Schliche Satans zielen alle darauf ab, uns aus unserer Festung herauszulocken, uns auf freier Ebene in den Kampf mit ihm zu verwickeln. Dort ist immer er der Sieger. Aber wenn wir nur im Glauben kämpfen, siegen wir, denn dann hat es der Satan mit *ihm* zu tun, weil *er* für uns kämpft und siegt.[233] „Dies ist der Sieg, der die Welt überwunden hat, unser Glaube."
Dies ist der Grund, warum der Sieg nur durch den Glauben errungen wird und warum der Glaubenskampf der gute Kampf ist: Es ist der Herr Jesus, der den Sieg gewinnt und der allein Macht und Herrschaft über den Feind verleiht. Wenn wir in ihm sind und in ihm bleiben, wenn wir uns hingeben, um in ihm zu leben und im Glauben erfassen, wer er ist – dann ist der Sieg schon unser. Dann verstehen wir: „Der Kampf ist nicht euer, sondern Gottes. Der Herr euer Gott wird für euch kämpfen und ihr sollt stille sein."
Gerade so, wie wir im Widerstand gegen Gott uns selbst nichts Gutes tun, aber in Christus ihm gefallen, so ist es auch im Widerstand gegen Satan: Aus uns selbst vermögen wir nichts, aber in Christus sind wir mehr als Überwinder. Durch den Glauben sind wir in ihm gerecht vor Gott und in ihm sind wir stark gegen unsere Feinde.[234]

In diesem Licht können wir all die edlen Aussagen des Alten Testaments lesen und mitnehmen, wo der siegreiche Kampf Gottes für sein Volk angesprochen wird, besonders in den Psalmen. Angst oder Zaghaftigkeit oder Unsicherheit schwächt die Überwinderkraft. Glaube an den lebendigen Gott aber hält allem stand.[235] In Christus ist nun diese Wahrheit noch mehr verwirklicht. Gott ist uns nahe gekommen. Seine Kraft wirkt in uns, die wir glauben. In Wirklichkeit ist er es, der für uns kämpft.

O Herr Jesus, du Fürst der Heerscharen des Herrn, du Held und Sieger, lehre mich, stark zu sein in dir, meiner Festung, und in der Macht deiner Stärke. Lehre mich, den guten Kampf des Glaubens zu verstehen; lehre mich, daß alles, was ich tun muß, das eine ist: Den Blick auf dich richten, auf dich, den höchsten Herrn des Glaubens. Und laß folglich auch in mir dies der Sieg sein, der die Welt überwindet: Nämlich mein Glaube. Amen.

1. Der Glaubenskampf ist kein Bürgerkrieg, in dem die eine Hälfte des Reiches sich gegen die andere erhebt. Dies wäre ein Aufstand. Dies ist der eine Kampf, den viele Christen kennen: Die Unruhe des Gewissens und das kraftlose Ringen eines Willens, der das Gute erkennt, aber es nicht vollbringt. Der Christ muß nicht sich selbst überwinden. Das tut sein Herr, wenn er sich ihm ausliefert. Dann ist er frei und stark, die Feinde des Herrn, die Feinde des Königreiches zu bekämpfen und zu überwinden. Wenn wir jedoch nicht willig sind, daß Gott in uns freie Bahn bekommt, dann ringen wir gegen Gott. Das ist auch ein echter Kampf, aber nicht der gute Kampf des Glaubens.
2. In Galater 5 wird auf diesen inneren Konflikt Bezug genommen, denn die Galater hatten sich noch nicht ganz dem Heiligen Geist ausgeliefert, um im Geist zu wandeln.

„Der Zusammenhang“, sagt Lange, „zeigt, daß dieser Konflikt zwischen dem Fleisch und dem Geist Gottes nicht endlos währt, sondern daß von dem Christen eine völlige Selbsthingabe erwartet wird, um nur durch das eine Prinzip – den Heiligen Geist allein – geführt zu werden, und weiter eine Weigerung, dem Fleisch zu gehorchen.“ Der Glaubende muß nicht gegen das Fleisch ankämpfen, um es zu überwinden. Das kann er gar nicht. Er kann nur wählen, wem er sich unterstellen will. Durch die Hingabe im Glauben an Christus, um in ihm durch den Heiligen Geist zu ringen, hat er göttliche Überwinderkraft.
3. Wie wir also in Verbindung mit dem neuen Leben gesehen haben, ist unsere *eine* Tätigkeit, jeden Tag und den ganzen Tag zu glauben. Im Glauben haben wir allen Segen und alle Kraft und auch den Sieg.

Kapitel 29

Sei ein Segen

„Geh aus deinem Vaterland und von deiner Verwandtschaft und aus deines Vaters Haus in ein Land, das ich dir zeigen werde. Und ich will dich zum großen Volk machen und will dich segnen, und du sollst ein Segen sein.“ (1. Mose 12, 1, 2)

In diesen ersten Worten, die Gott zu Abraham sprach, haben wir die kurze Zusammenfassung all dessen, was Gott ihm, und uns als seinen Kindern, zu sagen hat. Wir sehen das Ziel, zu dem Gott uns beruft, die Kraft, die uns zu diesem Ziele trägt und den Ort, wo man diese Kraft erhalten kann.

Sei ein Segen: Das ist das Ziel, für das Gott den Abraham und jeden Glaubenden aussondert.

Gott möchte, daß wir verstehen, daß er uns nicht nur einfach deshalb segnet, um uns glücklich zu machen, sondern daß wir seinen Segen weitergeben sollen.[236] Gott ist Liebe und deshalb segnet er. Liebe sucht nicht sich selbst; wenn uns die Liebe Gottes zuteil wird, dann sucht sie durch uns andere zu erreichen.[237] Der neue Glaubende muß verstehen, daß er Gnade erhalten hat mit der bestimmten Absicht, daß er andern zum Segen wird. Behalte nicht für dich selbst, was der Herr dir für andere gibt. Stelle dich selbst ausdrücklich und rückhaltlos dem Herrn zur Verfügung, damit er dich für andere benützen kann; das ist der Weg zu überfließendem Segen.[238]

Die Kraft für dieses Werk erhalten wir geschenkt. „Sei ein Segen." „Ich will dich segnen." sagt der Herr.

Du mußt persönlich geheiligt und erfüllt sein mit dem Geist, dem Frieden und der Kraft des Herrn, dann hast du die Vollmacht zu segnen.[239] In Christus hat Gott uns „mit allen geistlichen Gaben gesegnet." Laß zu, daß Jesus dich mit diesen Segnungen erfüllt und du wirst sicherlich selbst ein Segen sein. Du mußt weder daran zweifeln noch dich fürchten.

Zu den Segnungen Gottes gehört auch die Lebenskraft, sich zu vermehren, sich auszubreiten und sich miteinander zu verständigen. Überzeuge dich, daß in der Bibel Segen und Vermehrung zusammengehören.[240] Zu den Segnungen zählt immer auch die Vollmacht, andere zu segnen. Laß nur dem Wort des allmächtigen Gottes „Ich will dich segnen" genügend Zeit, sich deinem Geist einzuprägen. Warte auf Gott, daß er dir sagen kann: „Ich will dich segnen." Halte dies im Glauben fest. Gott wird dies über Bitten und Verstehen wahr machen.[241]

Aber um dieses Ziel zu erreichen, mußt du dich zum Ort des Segens begeben, ins verheißene Land, zum einfachen Glaubensleben in den Verheißungen. „Ziehe aus deinem Land und aus deines Vaters Haus“ sagt der Herr. Aufbruch, Absonderung vom Leben der Sünde und des Fleisches ist es, was Gott haben möchte. Die Aufopferung dessen, was dem Menschen am wertvollsten ist, führt zum Segen Gottes.[242] „Gehe in das Land, das ich dir zeigen werde“ spricht der Herr – aus dem alten in ein neues Leben, wo ich allein dich leite. Das ist ein Leben, bei dem Gott mich ganz besitzen kann, bei dem ich nur in den Verheißungen Gottes wandle – ein Leben des Glaubens.
Glaubender, Gott will dir seine Verheißung erfüllen: „Ich will dich segnen.“ O ziehe aus von deinem Land und deines Vaters Haus, ziehe aus von dem Leben der Sünde und des Fleisches, weg von der Gemeinschaft mit dem Fleisch und dieser Welt – in das neue Leben, das Leben des Geistes, das Leben der Gemeinschaft mit Gott, zu dem er dich führen will. Dort wirst du aufnahmefähig für seinen Segen, dort öffnet sich dein Herz in völligem Glauben seinem Wort: „Ich will dich segnen.“ Dort kann er dieses Wort erfüllen und dich mit Segen überschütten und dich zum Segen für andere machen.
Lebe mit Gott, abgesondert von der Welt. Dann wirst du hören, wie die Stimme Gottes machtvoll spricht: „Ich will dich segnen.“ „Sei ein Segen.“

O mein Vater, zeige mir den Weg zu diesem verheißenen Land, wohin du dein Volk bringst, um es ganz für dich zu haben. Ich will alles verlassen, um dir zu folgen, um mit dir allein Zwiesprache zu halten, damit du mich mit deinem Segen erfüllen kannst. Herr, laß dein Wort „Ich will dich segnen“ als Zusage Gottes in meinem Herzen leben. Dann will ich mich selbst

völlig hingeben, um für andere zu leben und für sie ein Segen zu sein.
Amen.

1. Gott ist die große und einzige Quelle des Segens. In dem Maß, in dem ich Gott in mir habe, kann ich zum Segen werden. Ich kann auch ohne Segen für andere arbeiten. Um tatsächlich ein Segen zu sein, muß ich zuerst das Wort haben: „Ich will dich segnen." Dann folgt das andere „Sei ein Segen" leicht nach.
2. Um ein Segen zu werden, fange klein an; gib dich für andere hin. Lebe, um andere froh zu machen. Glaube daran, daß die Liebe Gottes durch den Heiligen Geist in dir wohnt, und widme dich ganz dem Ziel, deiner Umgebung Segen und Freude zu bringen.
Bete, daß Gott durch den Geist seine Liebe noch mehr in dich ausgieße. Glaube, daß Gott dich für andere zum Segen machen wird.
3. Diese Hingabe muß sich in einsamem Gebet vollziehen, du mußt dir Zeit lassen, daß Gott von deinem Geist Besitz ergreifen kann. Das ist für dich der Aufbruch aus deines Vaters Haus – sondere dich von den Menschen ab, daß Gott mit dir sprechen kann.
4. Was denkst du? Hat es Abraham wohl je bereut, daß er sich so völlig der Führung Gottes unterstellte? Tue desgleichen!
5. Kennst du nun die beiden Worte, welche die Quelle aller Verheißungen und Gebote Gottes für die Nachkommen des gläubigen Abraham sind? Die Verheißung ist: „Ich will dich segnen." Das Gebot ist: „Sei ein Segen!" Laß sie beide für dich gelten!
6. Verstehst du nun, wodurch diese beiden Worte an Abraham Erfüllung fanden? Durch das Verlassen seines Vaterhauses und durch den Wandel in Gemeinschaft mit Gott.

Kapitel 30

Eigenes Tun

„Erfreue mich wieder mit deiner Hilfe und mit einem willigen Geist rüste mich aus. Ich will die Übertreter deine Wege lehren, daß sich die Sünder zu dir bekehren.“ (Psalm 51, 14, 15)
„Ich glaube, darum rede ich.“ (Psalm 116, 10)
„Ihr werdet aber die Kraft des Heiligen Geistes empfangen, welcher auf euch kommen wird.“ (Apostelgeschichte 1, 8)

Jeder Glaubende ist aufgerufen, ein Zeuge für seinen Herrn zu sein. Nicht nur durch einen gottgefälligen Wandel, sondern auch durch eine persönliche Bemühung muß ich meinem Herrn dienen und ihn bekannt machen. Meine Sprache ist mein hauptsächliches Mitteilungsmittel andern gegenüber und beeinflußt sie. Es ist nur eine halbherzige Hingabe, wenn ich nicht „das Opfer meiner Lippen“ bringe, um für den Herrn zu sprechen.[243]
In dieser Beziehung besteht eine unfaßbar große Not. Es gibt abertausende von Christen, welche ständig die Predigt des Wortes hören können und dennoch den Weg der Erlösung nicht verstehen. Der Herr Jesus predigte nicht nur der Menge, sondern sprach auch mit Einzelnen, jeweils nach ihren Bedürfnissen.[244] Die Bibel bringt viele Beispiele von Menschen, die weitererzählten, was der Herr für sie getan hatte, und die auf diese Weise anderen Menschen zum Segen wurden.[245] Der Prediger selbst kann diese Arbeit persönlicher Gespräche allein nicht leisten. Jeder Glaubende muß sich als ein Mitarbeiter betrachten. Er ist auf der Welt als ein Zeuge für seinen Herrn. Sein eigenes Leben kann nicht zu seiner ganzen Fülle gelangen, wenn er seinen Herrn nicht bekennt und für ihn wirkt.

Dieses Zeugnis für den Herrn muß ein persönliches Zeugnis sein. Wir müssen den Mut haben, zu sagen: „Er hat mich erlöst. Er will auch dich erlösen. Willst du diese Erlösung nicht annehmen? Komm, laß mich dir den Weg zeigen."[246]
Da gibt es Hunderte, die froh wären, wenn ihnen jemand die persönliche Frage stellen würde: „Bist du errettet? Was hält dich zurück? Kann ich dir helfen, zum Herrn zu kommen?"
Eltern sollten persönlich mit ihren Kindern sprechen und ihnen die Frage stellen: „Mein Kind, hast du schon den Herrn Jesus angenommen?" Die Sonntagsschullehrer, die das Wort Gottes unterrichten, sollten die persönliche Frage stellen, ob die Kinder wirklich die Rettung angenommen haben und sie sollten die Gelegenheit suchen, jedem einzeln diese Frage nahezubringen. Freunde müssen mit ihren Freunden sprechen. Ja, diese Arbeit sollte vorrangig sein vor jeder anderen.
Solches Wirken muß in Liebe geschehen. Die Menschen müssen erkennen, daß du sie von Herzen liebst. Laß die Demut und Freundlichkeit der Liebe, wie sie bei Jesus zu sehen war, auch bei dir zu sehen sein. Bei jeder Gelegenheit liefere dich an Jesus aus, um mit seiner Liebe erfüllt zu werden. Im Glauben an diese Liebe und nicht im Gefühl kannst du dies Werk vollbringen. „Meine Lieben, erhaltet euch in der Liebe Gottes. Und erbarmet euch derer, die da zweifeln. Reißet sie aus dem Feuer und rettet sie. Der andern erbarmt euch mit Furcht." Der fleischlich gesinnte Mensch denkt oft, daß man mit Kraft und Gewalt mehr erreicht als mit Liebe und Geduld. Aber das stimmt nicht. Liebe erreicht alles. Sie hat am Kreuz überwunden.[247]
Solches Wirken muß Wirken des Glaubens sein – Glaube, der durch Liebe wirkt. Glaube, daß der Herr dich gebrauchen möchte und gebrauchen wird. Hab keine Angst wegen deiner Schwachheit. Lerne aus der Heiligen Schrift, welch

herrliche Verheißungen Gott immer wieder denen gab, die seine Sprecher waren.[248] Übergib dich immer wieder Gott, damit er dich zur Rettung für die Verlorenen benützen kann. Sei gewiß, daß der, welcher dich zu diesem Zweck errettet hat, dich auch zu diesem Zweck segnen wird.

Auch wenn du in Schwachheit und Furcht wirkst, auch wenn der Segen auszubleiben scheint – sei guten Mutes: Zu *seiner* Zeit werden wir ernten.[249] Sei erfüllt vom Glauben an die Macht Gottes, an seinen Segen, der auf dir ruht, und sei der Gebetserhörung gewiß. „Wenn jemand seinen Bruder sündigen sieht – eine Sünde nicht zum Tod –, soll er bitten und Gott wird ihm Leben schenken." Ob es sich um den elendesten, vernachlässigten Sünder handelt oder ob es ein Sünder ist, der anständig aber gleichgültig lebt, fasse Mut! Der Herr hat die Macht zu segnen. Er erhört Gebet.

Vor allem aber – dies ist der wichtigste Punkt – führe deine Arbeit in Gemeinschaft mit Jesus aus. Lebe in seiner Nähe. Lebe ganz für ihn. Laß Jesus in deinem ganzen Leben sichtbar werden und er wird in dir reden und handeln.[250] Sei erfüllt mit dem Segen des Herrn, erfüllt mit seinem Geist und seiner Liebe, und es kann gar nicht anders sein, als daß du ein Segen bist. Bei aller Demut wirst du die Liebe und den Mut haben, an Seelen die Frage zu richten: „Ist alles in Ordnung mit dir? Hast du den Herrn Jesus als deinen Erlöser?" Und der Herr läßt dich den reichen Segen erfahren, der denen verheißen ist, die andern zum Segen werden.

Neuer Christ, sei ein Zeuge für Jesus. Lebe als einer, der ihm völlig hingegeben ist und nur für seine Ehre wirkt.

Lieber Herr Jesus, der mich errettet hat, damit ich dem Vater dienen kann durch die Verkündigung seiner Liebe, ich will mich dir zu diesem Zweck bereitwillig zur Verfügung stellen. Fülle du deshalb mein Herz mit Liebe zu ihm, zu dir und zu den anderen. Laß mich erkennen, welch ein Vorrecht es ist, das Werk errettender Liebe zu tun, so wie auch du getan hast. Stärke mein Vertrauen, daß du mit deiner Kraft in meiner Schwachheit wirkst. Laß es meine Freude sein, Seelen zu dir zu bringen. Amen.

1. Oft wird die Frage gestellt: „Was kann ich für den Herrn tun?" Könntest du eine Klasse in der Sonntagsschule übernehmen? Vielleicht lebst du auf dem Land, wo Kindern keine Sonntagsschule zur Verfügung steht? Vielleicht gibt es Kinder oder Erwachsene in deiner Nähe, die nicht zur Kirche gehen. Versuche sie im Namen Jesu zu versammeln. Mach es zu einer Angelegenheit des Gebetes und des Glaubens. Obwohl du diese Arbeit mit Zittern anfängst, darfst du sicher sein, daß du erstarken wirst. Oder kannst du etwas tun, um Bücher und Literatur in Umlauf zu setzen? Wenn du ein Buch hast, das dir nützlich war, bestelle sechs oder zwölf Exemplare. Sprich darüber und biete es anderen an. Dadurch kannst du ihnen einen großen Dienst erweisen. So auch mit Traktaten. Durch diese Methode kannst du gesegnet werden. Es wird dir helfen beim Gespräch mit anderen, wenn du über den Inhalt des Buches zu reden beginnst.

2. Aber das wichtigste ist ein persönliches Gespräch. Halt dich nicht zurück, weil du dich nicht frei fühlst. Der Herr wird dir zur rechten Zeit Freimut schenken. Es ist unglaublich, wie viele durch Unwissenheit verloren gehen. Niemand hat es ihnen je persönlich klar gemacht, wie sie errettet werden können. Erkenne, daß die Menschen voll irrtümlicher Ideen sind und alles falsch verstehen. So sprich doch zu ihnen und hilf ihnen verstehen, daß sie so, wie sie gerade sind, Jesus annehmen müssen, daß sie ganz sicher sein dürfen, daß er sie annimmt und daß dies die Kraft zu einem neuen und heiligen Leben ist.

Kapitel 31

Missionarischer Dienst

„Und er sprach zu ihnen: ‚Gehet hin in alle Welt und predigt das Evangelium aller Kreatur.' Sie aber gingen aus und predigten an allen Orten. Und der Herr wirkte mit ihnen und bekräftigte das Wort durch die mitfolgenden Zeichen."

(Markus 16, 15, 20)

Jeder Freund Jesu ist auch ein Freund der Missionsarbeit. Wo gesundes geistliches Leben ist, da ist auch Liebe für die Sache der Mission. Wenn du den Grund dafür betrachtest, erwirbst du dir einen Einblick in die Herrlichkeit des Missionsdienstes und in deine Berufung, Mission als einen Teil deines Lebens willkommen zu heißen. Komm, höre wie herrlich und kostbar vieles in der Missionsarbeit ist.

1. Für diese Sache verließ Jesus den Himmelsthron. Die Verlorenen sind sein Erbteil, der ihm vom Vater gegeben ist. Gerade unter den Verlorenen hat Satan seine Macht aufgerichtet. Jesus muß als Eroberer bestätigt werden. Seine Herrlichkeit, das Kommen und Sichtbarwerden seines Königreiches hängt von der Erfüllung des Missionsauftrages ab.[251]

2. Missionsarbeit ist das Hauptziel der Gemeinde auf Erden. Alle die letzten Worte des Herrn Jesu lehren uns dies.[252] Der Herr als Haupt hat sich abhängig von seinem Leib, von seinen Gliedern gemacht, durch die allein er wirken kann.[253] Soll ich als ein Glied Christi, als ein Glied der Gemeinde, mich nicht dafür einsetzen, daß dieses Ziel erreicht werden kann?

3. Genau für diesen Dienst wurde uns der Heilige Geist gegeben. Sieh dies in der Verheißung des Geistes; in der

Führung des Geistes, die Petrus, Barnabas und Saulus zugesichert wurde.[254] In der Kirchengeschichte finden wir, daß Zeiten der Erweckung Hand in Hand gehen mit einem neuen Eifer für die misionarische Sache. Der Heilige Geist ist immer ein begeisternder Anstifter für die Ausbreitung des Königreiches.

4. Missionarisches Wirken bringt der Kirche Segen. Es regt zu Heldentaten des Glaubens und der Selbstverleugnung an. Es hat die herrlichsten Gelegenheiten für die Wunderkraft des Herrn zustandegebracht.

Himmlische Freude über die Bekehrung von Sündern schenkt es denen, die in Liebe und Gebet danach Ausschau halten. Es stärkt das Herz dafür, Gottes Pläne zu verstehen und an ihrer Verwirklichung mitzuarbeiten. Missionarischer Dienst ist ein Zeichen des Lebens aus Gott in einer Gemeinde und bringt ihr mehr Leben.[255]

5. Welch ein Segen ist Mission für die Welt! Wo wären wir geblieben, wenn nicht Missionare zu unsern Vorvätern nach Europa gekommen wären? Hat nicht die Missionsarbeit schon in manchen Ländern herrliche Siege errungen? Welche Hilfe gibt es für die Millionen von Verlorenen, wenn nicht die Mission?[256] Himmel und Hölle schauen auf das Missionsfeld als auf das Kampffeld, wo die Macht Satans und Jesu Christi einander begegnen. Wehe, wenn dieser Konflikt so schwach ausgetragen wird!

6. Liebe zum Missionsdienst bringt auch deiner eigenen Seele Segen.[257] Du wirst geübt im Glauben. Missionsdienst ist eine Sache des Glaubens, wo Geduld geübt und menschliche Wege vermieden werden müssen. Du muß lernen, dich an Gott und das Wort zu klammern.

Liebe wird erweckt werden. Du wirst lernen, aus dir selbst herauszugehen, aus deinem kleinen Kreis auszubrechen und mit weitem, offenem Herzen die Interessen deines

Herrn und Königs vertreten. Du wirst merken, wie wenig Liebe du hast, aber du wirst mehr Liebe empfangen.
Du wirst ins Gebet hineingezogen. Deine Berufung und deine Macht als Fürbitter werden dir klarer und folglich auch der Segen, so am Königreich mitzuwirken.
Du wirst entdecken, daß dies die höchste Ebenbildlichkeit mit dem ist, der kam, die Verlorenen zu suchen: Daß du deine eigene Bequemlichkeit und Ruhe aufgibst, um in Liebe den Gebetskampf gegen den Satan auszufechten, um der Verlorenen willen.
Neuer Christ, Missionsdienst ist herrlicher und heiliger als du denkst. Er bringt mehr Segen, als du jetzt erkennen kannst. Das neue Leben in dir hängt mehr davon ab, als du vermutest. Unterwirf dich im Gehorsam dem Wort und räume der Mission einen großen Platz in deinem Herzen ein. Der Herr selbst wird dich weiterführen und segnen.
Und wenn du deine Liebe für die Mission als das Werk deines Herrn noch vergrößern möchtest, folge diesen Ratschlägen: Mach dich bekannt mit der missionarischen Sache. Strebe danach, durch Literatur und Bücher zu erfahren, wie der Zustand und die Nöte der Welt sind. Erkunde, was durch den Segen des Herrn schon vollbracht wurde, und welche Arbeit noch getan werden muß.
Sprich mit anderen über diese Sache. Vielleicht könntest du in deinem Umkreis eine kleine Missionsgesellschaft einrichten.
Vielleicht könnte, etwa einmal im Monat, eine eurer Gebetsversammlungen zum Gebet für die Mission bestimmt werden. Bete auch privat dafür. Laß die Bitte: Dein Reich komme – einen festen Platz in deinem Gebetsleben einnehmen. Folge dem, was über das Gebet für die Verlorenen in den Verheißungen der Bibel ausgesagt ist, besonders im Propheten Jesaja.[258]

Spende auch für die Mission. Nicht nur, wenn du darum gebeten wirst, nicht nur das, was du leicht erübrigen kannst. Bestimme für diesen Zweck einen Teil dessen, was du besitzt oder verdienst.
Nimm das Werk des Herrn ernst. Wenn es einen Missionsdienst gibt, der in deiner Umgebung getan werden kann, befreunde dich damit. Auch wenn bei diesem Dienst vielleicht vieles unvollkommen ist – und wo ist Menschenwerk vollkommen? – so beklage nicht die Unvollkommenheiten, sondern schaue auf das Wesentliche der Sache – das Streben, dem Gebot des Herrn zu gehorchen, und sei mit Gebet und praktischer Hilfe dabei.
Ein Freund Jesu ist ein Freund der Mission. Die Liebe zum Missionsdienst ist ein unerläßliches Element des neuen Lebens.

Sohn Gottes, als du deinen Geist auf die Jünger hauchtest, sagtest du: „Empfanget den Heiligen Geist!" Du fügtest hinzu: „Wie der Vater mich gesandt hat, so sende ich euch." Herr, hier bin ich. Sende auch mich. Hauche du deinen Geist auch in mich, daß ich für dein Königreich leben möge. Amen.

1. „Unbekannt bedeutet ungeliebt" ist ein wahrer Spruch für Missionsarbeit. Wer die Wunder kennt, die Gott in einigen Ländern gewirkt hat, wird den Herrn preisen und ihm danken für das, was missionarischer Unternehmungsgeist erreicht hat und wird in seinem Glauben bestärkt sein, daß Missionsarbeit wirklich Gottes eigene Sache ist.
Unter den Büchern, welche das Interesse für die Mission wecken, sind Lebensbeschreibungen von Missionaren. Einige Bücher über die Mission kann man gewöhnlich in Pfarrbüchereien finden.
2. Wir dürfen nie vergessen, daß die Mission ein Unternehmen des Glaubens ist. Es fordert Glauben in die Verheißun-

gen Gottes und in die Macht Gottes. Man braucht dazu Liebe – Liebe zu Jesus, wobei das Herz sich sehnt, ihm Ehre zu geben, und Liebe zu den Verlorenen, Liebe die sich sehnt, sie gerettet zu sehen. Es ist ein Werk des Geistes Gottes, „den die Welt nicht empfangen kann"; deshalb stimmt die Welt der Mission nur zu, wenn sie das beste Gedeihen aufweist.

3. Möge kein Freund der Mission entmutigt werden, wenn das Werk nur langsam fortschreitet. Auch wenn nicht jede getaufte Person wirklich bekehrt ist, auch wenn unter den Bekehrten noch manche Irrtümer bestehen, auch wenn einige nach einem Bekenntnis des Glaubens wieder abfallen – denke daran, daß deine eigene Gemeinde von Vollkommenheit weit entfernt ist. Unter unsern Vorfahren in Europa wurde ein ganzes Jahrhundert zur Einführung des Christentums benötigt. Laß uns von den Heiden nicht zu viel auf einmal erwarten, doch bete und arbeite weiter in Liebe und Geduld und mit festem Glauben – und erwarte die Segnungen Gottes.

Kapitel 32

Licht und Freude

„Wohl dem Volk, das jauchzen kann! Herr, sie werden im Licht deines Angesichts wandeln. Sie werden über deinen Namen täglich fröhlich sein ..." (Psalm 89, 16, 17)

„Dem Gerechten muß das Licht immer wieder aufgehen und Freude den frommen Herzen." (Psalm 97, 11)

„Ich bin das Licht der Welt. Wer mir nachfolgt, wird nicht wandeln in der Finsternis, sondern wird das Licht des Lebens haben." (Johannes 8, 12)

„Ich will euch wiedersehen und euer Herz soll sich freuen und eure Freude soll niemand von euch nehmen." (Johannes 16, 22)
„Als die Traurigen, aber allzeit fröhlich..." (2. Korinther 6, 10)

Ein Vater möchte seine Kinder immer gerne fröhlich sehen. Er tut alles, was er kann, sie glücklich zu machen. Auch Gott sehnt sich danach, daß seine Kinder in Herzensfreude vor ihm wandeln. Er hat ihnen Freude verheißen und wird sie auch schenken.[259] Er hat es befohlen. Wir müssen die Freude annehmen und immer in ihr wandeln.[260]
Der Grund dafür ist nicht schwer zu entdecken. Fröhlichkeit ist immer das Zeichen dafür, daß mich etwas wirklich zufriedenstellt und großen Wert für mich besitzt. Freude über das, was ich besitze, ist die beste Empfehlung für andere, wie wertvoll mein Besitz mir ist. Und Freude in Gott ist der stärkste Beweis, daß ich ihm nicht mit Angst diene, sondern weil er meine Erlösung ist. Freude ist das Zeichen der Wahrheit und der Wert des Gehorsams, denn sie zeigt, ob ich den Willen Gottes gerne tue.[261] Deshalb ist die Freude in Gott so wohlgefällig vor ihm, so stärkend für den Glaubenden selbst und für alle in seiner Umgebung ein beredtes Zeugnis für das, was wir über Gott denken.[262]
In der Heiligen Schrift werden Licht und Freude ständig miteinander in Verbindung gebracht.[263] So ist es ja auch in der Natur. Das fröhliche Morgenlicht weckt die Vögel zu ihrem Gesang und erfreut die Beobachter, die sich in der Dunkelheit nach dem Tag gesehnt haben. Es ist das Licht des Angesichtes Gottes, das dem Christen seine Freude gibt. In Gemeinschaft mit seinem Herrn kann und wird er immer glücklich sein. Die Liebe des Vaters scheint wie die Sonne auf seine Kinder herab.[264] Wenn Dunkelheit die Seele überschattet, dann kommt das entweder durch Sünde oder durch Unglauben. Sünde ist Dunkelheit und verfin-

stert uns. Auch Unglaube verfinstert uns, denn er wendet uns weg von dem, der allein das Licht ist.
Manchmal wird die Frage gestellt: „Kann denn ein Christ immer im Licht wandeln?“ Die Antwort unseres Herrn ist klar: „Wer mir nachfolgt, wird nicht in der Finsternis wandeln!“ Die Sünde, die Abwendung von Jesus zu unserem eigenen Weg hin – schafft Finsternis. Aber wenn wir die Sünde bekennen und durch das Blut reinigen, sind wir augenblicklich wieder im Licht.[265] Oder Unglaube schafft Finsternis. Wir schauen auf uns selbst und unsere eigene Stärke. Wir suchen Trost in unseren eigenen Gefühlen oder unseren eigenen Werken und alles wird dunkel um uns. Sobald wir auf Jesus schauen – auf seine Fülle, auf die vollkommene Fürsorge für unsere Bedürfnisse, die wir in ihm haben – dann wird alles wieder hell. Er sagt ja: „Ich bin das Licht. Wer mir nachfolgt, wird nicht in Finsternis wandeln, sondern wird das Licht des Lebens haben.“ Solange ich glaube, habe ich Licht und Freude.[266]
Christen, die nach dem Willen des Herrn wandeln wollen, hören auf sein Wort: „Weiter, liebe Brüder, freuet euch in dem Herrn! Freuet euch in dem Herrn allewege, und abermals sage ich: freuet euch!“[267]
Im Herrn Jesus ist unaussprechliche Freude und Herrlichkeit. Glaube an ihn und freue dich daran. Lebe ein Glaubensleben. Dieses Leben ist Rettung und überschwengliche Freude. Ein Herz, das sich ungeteilt der Nachfolge Jesu weiht, das im Glauben an ihn und seine Liebe lebt, wird Licht und Freude haben. Deshalb glaube nur! Suche nicht die Freude, denn in diesem Fall wirst du sie nicht finden, weil du Gefühle suchst. Aber suche Jesus, folge Jesus, glaube an Jesus – und die Freude wird dir einfach hinzugefügt. „Nicht schauend, sondern glaubend freue dich mit unaussprechlicher Freude und Herrlichkeit.“

Herr Jesus, du bist das Licht der Welt, der volle Ausdruck des unzugänglichen Lichtes, welches das Licht Gottes ist. Von deinem Angesicht strahlt uns die Erleuchtung der Erkenntnis der Liebe und Herrlichkeit Gottes an. Und du bist unser, unser Licht und unsere Rettung.
O lehre uns noch fester zu glauben, daß wir mit dir niemals in Finsternis wandeln werden. Laß unsere Freude der Beweis sein, daß du uns alles bist, unsere Stärke, all das zu tun, was wir tun sollen. Amen.

1. Die Freude, die ich an etwas habe, ist in meinen Augen der Wertmesser. Die Freude an einem Menschen ist der Maßstab meines Wohlgefallens an ihm. Die Freude an einer Arbeit ist der Maßstab dafür, wie sehr sie mir gefällt. Freude an Gott und an seinem Dienst ist ein sicheres Zeichen eines gesunden geistlichen Lebens.
2. Die Freude wird durch Unwissenheit gedämpft, wenn wir Gott und seine Liebe nicht richtig verstehen und die Glückseligkeit seines Dienstes nicht kennen. Sie wird durch Unglauben behindert, wenn wir etwas in unserer eigenen Kraft oder in unsern Gefühlen suchen. Sie wird durch Zwiespältigkeit gebremst, wenn wir nicht bereit sind, für Jesus alles aufzugeben und beiseite zu legen.
3. Verstehe diesen Ausspruch: „Wer Freude sucht, wird sie nicht finden. Wer aber den Herrn und seinen Willen sucht, wird die Freude finden, ohne sie zu suchen." Denke darüber nach. Wer Freude als ein Gefühl sucht, sucht sich selbst. Er wird nicht finden. Wer sich selbst vergißt, um im Herrn und in seinem Willen zu leben, wird lernen, sich am Herrn zu erfreuen. Es ist Gott, Gott selbst, der der Gott der Freude ist, der Gott unserer Fröhlichkeit. Suche Gott und du findest das Glück. Du mußt dann nur einfach zugreifen und dich im Glauben daran freuen.

4. Es gibt einen Weg, dieses Glück festzuhalten: Indem wir Gott ständig danken für alles, was er ist und was er tut; und wenn wir fest an das glauben, was Gott sagt und tun will.
5. „Das Licht der Augen erfreut das Herz." Gott hat nicht beabsichtigt, daß seine Kinder in Finsternis wandeln sollen. Der Satan ist der Fürst der Finsternis. Gott ist Licht. Christus ist das Licht der Welt. Wir sind Kinder des Lichts. Laßt uns im Licht wandeln! Laß uns an die Verheißung glauben: „Der Herr wird für dich ein ewiges Licht sein; deine Sonne wird nie mehr untergehen, denn der Herr wird dir ein ewiges Licht sein, und die Tage deiner Trauer sollen beendet sein."

Kapitel 33

Züchtigung

„Wohl dem, den du, Herr, in Zucht nimmst und lehrst ihn durch dein Gesetz, ihm Ruhe zu schaffen vor bösen Tagen..."
(Psalm 94, 12)
„Ehe ich gedemütigt wurde, irrte ich; nun aber halte ich dein Wort. Es ist gut für mich, daß du mich gedemütigt hast, damit ich deine Gebote lerne." Psalm 119, 67, 71)
„Dieser (Gott) aber züchtigt uns zu unserem Besten, auf daß wir an seiner Heiligkeit Teil erlangen." (Hebräer 12, 10)
„Achtet es für lauter Freude, wenn ihr in mancherlei Anfechtung fallet und wisset, daß euer Glaube, wenn er bewährt ist, Geduld erwirkt." (Jakobus 1, 2, 3)

Jeder Glaubende muß zu irgendeinem Zeitpunkt die Schule der Prüfungen betreten. Was uns die Heilige Schrift hierüber lehrt, wird durch die Erfahrung bestätigt. Und die

Bibel lehrt uns weiter, daß wir es als Freude erachten sollen, wenn Gott uns in seine Schule nimmt. Es ist ein Teil unserer himmlischen Glückseligkeit, vom Vater durch Züchtigung erzogen und geheiligt zu werden.

Prüfung an sich bringt noch keinen Segen.[268] So wie es der Erde keinen Nutzen bringt, vom Regen durchfeuchtet oder vom Pflug umgebrochen zu werden, wenn dann kein Same eingestreut wird, so gibt es auch Gotteskinder, die in Prüfungen geraten und wenig Nutzen daraus ziehen. Das Herz wird für eine Weile sanfter, aber sie erlangen dadurch keinen bleibenden Segen. Sie verstehen nicht, was der Vater in der Schule der Prüfungen für sie im Auge hat.

In einer guten Schule sind vier Dinge nötig: ein festgesetztes Ziel, ein gutes Unterrichtsbuch, ein fähiger Lehrer und ein williger Schüler.

1. Das Ziel der Prüfungen soll dir klar sein. Heiligkeit ist die höchste Ehre für den Vater und ebenso für den Glaubenden. Er züchtigt uns „zu unserm Nutzen, daß wir Teilhaber an seiner Heiligkeit werden."[269]

Der Glaubende möchte oft nur aus der Prüfung wieder herauskommen. Oder er versucht in einer bestimmten Züchtigung nur still zu halten und sich zu bescheiden. Dies ist tatsächlich erst der Anfang.

Doch der Vater wünscht etwas anderes, höheres. Er möchte ihn für sein ganzes Leben heilig machen. Als Hiob sagte: „Gesegnet sei der Name des Herrn", war dies erst der Anfang seiner Lehrzeit. Der Herr hatte ihm noch mehr zu zeigen. Gott möchte unseren Willen mit seinem heiligen Willen vereinigen, nicht nur in diesem einen Bereich, in dem wir geprüft werden, sondern in allem. Gott möchte uns mit seinem Heiligen Geist füllen, mit seiner Heiligkeit. Das ist das Ziel Gottes; es muß auch unser Ziel in der Schule der Prüfungen sein.

2. Mach zu dieser Zeit das Wort Gottes zu deinem Lesebuch. Schau, wie Gott uns in Anfechtungen aus seinem Wort unterrichtet. Das Wort wird dir offenbaren, warum der Vater dich züchtigt, wie tief er dich inmitten der Züchtigung liebt und wie reich die Verheißungen seines Trostes sind. Die Prüfung bringt den Verheißungen des Vaters neue Verherrlichung. Gehe in der Züchtigung zum Wort Gottes, um Kraft zu erhalten.[270]

3. Laß Jesus deinen Lehrer sein. Er wurde selbst durch Leiden geheiligt. Im Leiden lernte er völligen Gehorsam. Er hat ein wunderbar mitfühlendes Herz. Verbringe Zeit in Gemeinschaft mit ihm. Versuche nicht, dich von anderen trösten zu lassen. Gib Jesus die Gelegenheit, dich zu unterrichten. Geh mit ihm in die Einsamkeit.[271] Der Vater hat dir sein Wort gegeben, seinen Geist, seinen Sohn zu deiner Heiligung. Anfechtungen und Züchtigung sind dazu bestimmt, dich zum Wort, zu Jesus selbst, hinzuführen, damit er dich zum Teilhaber seiner Heiligkeit machen kann. In der Begegnung mit Jesus wirst du ganz von selbst getröstet.[272]

4. Sei ein williger Schüler. Gib deine Unwissenheit zu. Denke nicht, daß du den Willen Gottes verstehst. Frage und erwarte dann, daß der Herr dich lehrt, was du in dieser Anfechtung lernen sollst. Dem Sanftmütigen gilt die Verheißung der Belehrung und der Weisheit. Lausche mit offenem Ohr, laß dein Herz sehr still und auf Gott gerichtet sein. Wisse, daß es der Vater ist, der dich in die Schule der Prüfung geschickt hat. Gib dich selbst mit ganzer Bereitschaft hin, zu hören was er sagt, zu lernen, was er dir beibringen möchte. Er wird dich dabei reich segnen.[273]

„Gesegnet ist der Mann, den du züchtigst und lehrst ihn aus deinem Gesetz." „Erachtet es für Freude, wenn ihr in Anfechtungen fallt... daß ihr vollkommen werdet und nichts mehr bedürft..." Betrachte die Zeit der Prüfung als eine gesegnete Zeit, als eine Zeit enger Gemeinschaft mit dem Vater, in der du zum Teilhaber an seiner Heiligkeit bereitet wirst. Und du sollst auch erfreut sagen: „Es ist gut, daß du mich niedergebeugt hast."

Vater, wie soll ich dir danken für das herrliche Licht, das dein Wort auf die dunklen Prüfungen dieses Lebens wirft! Du willst mich belehren und mich zum Teilhaber deiner Heiligkeit machen. Du hast das Leiden und den Tod deines geliebten Sohnes nicht für zu viel erachtet, mir dadurch Heiligkeit nahezubringen, und ich sollte nicht bereit sein, deine Züchtigung zu ertragen, um ein Teilhaber daran zu werden? Nein, Vater, Dank sei dir für dein kostbares Werk. Erfülle nur deinen Ratschluß an mir. Amen.

1. In der Züchtigung ist es vor allem notwendig, daß wir von dem Gedanken erfüllt sind: Dies ist der Wille Gottes. Obwohl die Prüfung von unserer eigenen Torheit oder von der Verkehrtheit der Menschen verursacht sein kann, müssen wir anerkennen, daß es der Wille Gottes ist, daß wir in diesem Leiden stehen. Wir sehen das deutlich bei Josef und bei Jesus. Nichts gibt uns Ruhe als die willige Anerkennung, daß dies der Wille Gottes ist.
2. Der zweite Gedanke ist dies: Gottes Absicht ist nicht nur die Prüfung, sondern auch die Tröstung, die Kraft und der Segen, die in der Prüfung liegen.
Wer den Willen Gottes in der Züchtigung selbst anerkennt, sieht und erfährt auch die Begleiterscheinungen als den Willen Gottes.
3. Der Wille Gottes ist so vollkommen wie Gott selbst. Laß uns nicht ängstlich davor zurückschrecken, uns ihm auszuliefern. Niemand erleidet Schaden, wenn er den Willen Gottes bedingungslos für gut erachtet.

4. Dies ist Heiligkeit: Den Willen Gottes zu kennen und zu verehren und sich vollständig damit zu vereinigen.
5. Suche in deiner Prüfung nicht bei Menschen Trost. Laß dich nicht zuviel auf sie ein. Schau vielmehr darauf, daß du dich mit Gott und seinem Wort beschäftigst. Das Ziel der Prüfung ist, dich von allem Irdischen abzulenken, damit du dich zu Gott wendest und ihm Zeit schenkst, deinen Willen mit seinem vollkommenen Willen zu vereinen.

Kapitel 34

Gebet

„Wenn du aber betest, so gehe in dein Kämmerlein und schließe die Tür zu und bete zu deinem Vater, der im Verborgenen ist; und dein Vater, der in das Verborgene sieht, wird dir's vergelten." *(Matthäus 6, 6)*

Das Wachstum unseres geistlichen Lebens hängt in großem Maß vom Gebet ab. Je nachdem ob ich viel oder wenig bete, ob ich gerne oder aus Pflichtgefühl bete, ob ich gemäß dem Wort Gottes oder nach meiner eigenen Neigung bete, gedeiht oder verfällt mein Leben. In den oben zitierten Worten Jesu haben wir die wichtigsten Gedanken über wahres Gebet. Allein mit Gott – das ist der erste Gedanke. Die Türe muß geschlossen sein, die Welt und die Menschen müssen draußen bleiben, weil ich mit Gott ungestörte Gemeinschaft haben muß. Wenn in alten Zeiten Gott seinen Dienern begegnete, nahm er sie zur Seite.[274] Laß beim Beten dein erster Gedanke sein: Gott und ich sind jetzt in diesem Raum beisammen. Die Kraft deines Gebetes wird abhängig sein von deiner Überzeugung von der Nähe Gottes.

In der Gegenwart deines Vaters – das ist der zweite Gedanke. Du betrittst den inneren Raum, weil dein Vater mit seiner Liebe dich dort erwartet. Obwohl du vielleicht deine eigene Kälte und Dunkelheit spürst, obwohl du vielleicht zweifelst, ob du überhaupt beten kannst – komm, weil der Vater da ist und auf dich blickt. Setze dich nieder unter das Licht seiner Augen.

Glaube an seine zärtliche, väterliche Liebe und aus diesem Glauben wird das Gebet geboren.[275]

Rechne mit einer Antwort – das ist der dritte Punkt, den Jesu Worte uns klarmachen. „Dein Vater wird dich öffentlich belohnen." Es gibt nichts, worüber der Herr Jesus so positiv gesprochen hat wie über die Gewißheit der Gebetserhörung. Schau diese Verheißungen durch.[276] Beobachte, wie unentwegt in den Psalmen – jenem Gebetbuch der Heiligen Gottes – Gott angerufen wird als der Gott, der Gebet erhört und beantwortet.[277]

Vielleicht liegt manches in dir, das die Antwort verhindert. Verzögerung der Antwort ist ein sehr gesegneter Vorgang. Verzögerung führt dazu, daß wir uns selbst erforschen, ob wir unrichtig beten und ob unser Leben wirklich in Übereinstimmung mit unserm Gebet ist. Das erzieht uns zu einer reineren Ausübung unseres Glaubens.[278] Das führt zu einer engeren und ausdauernderen Gemeinschaft mit Gott. Das sichere Vertrauen in eine Antwort ist das Geheimnis machtvollen Gebets. Laß dies für uns immer die Hauptsache beim Gebet sein. Wenn du betest, halte mitten im Gebet inne und frage dich: „Glaube ich, daß ich empfange, um was ich bitte?" Laß deinen Glauben die Antwort annehmen und festhalten, als wäre sie schon erfolgt. Es wird dir nach deinem Glauben geschehen.[279]

Geliebter neuer Christ, eines mußt du besonders gewissenhaft einhalten: Private Gemeinschaft mit Gott. Dein Leben

ist mit Christus in Gott verborgen. Jeden Tag mußt du von oben erbitten und im Glauben empfangen, was du für diesen Tag brauchst. Jeden Tag muß die persönliche Gemeinschaft mit dem Vater und mit dem Herrn Jesus erneuert und gefestigt werden. Gott ist unsere Rettung und unsere Stärke. Christus ist unser Leben und unsere Heiligkeit. Nur in persönlicher Gemeinschaft mit dem lebendigen Gott finden wir unser Heil.
Glaubender, bete viel, bete ständig, bete unablässig. Geh in das Gebetskämmerlein gerade dann, wenn du *kein* Verlangen hast zu beten. Geh als einer, der dem Vater nichts zu bringen hat, setze dich vor ihm nieder im Glauben an seine Liebe. Dieses Hingehen zum Vater und Verweilen vor ihm ist bereits ein Gebet, das er versteht. Sei sicher, daß es immer Segen bringt, vor Gott hinzutreten, auch wenn du dort ganz passiv bist. Der Vater hört nicht nur. Er sieht auch im Verborgenen und wird dir öffentlich vergelten.

O mein Vater, du hast in deinem Wort so klar versprochen, das Gebet des Glaubens zu hören, gib mir den Geist des Gebetes, damit ich weiß, wie ich dieses Gebet dir darbringen kann. Offenbare mir gnädig deine wunderbare väterliche Liebe, das völlige Auslöschen meiner Sünden in Christus, wodurch jedes Hindernis in dieser Richtung hinweggenommen wird. Und offenbare die Fürbitte des Geistes in mir, damit meine Unwissenheit oder meine Schwachheit mich nicht des Segens berauben kann. Lehre mich, in Gemeinschaft mit dir zu beten. Und bestätige in mir die starke Gewißheit, daß ich das bekomme, um das ich gläubig bitte.

1. Im Gebet ist das wichtigste Element der Glaube. Die ganze Erlösung, das ganze neue Leben und deshalb auch das Gebet geschieht im Glauben. Es gibt viel zu viel Gebete, die nichts bringen, weil zu wenig Glauben darin ist. Bevor

ich bete, während ich bete und nachdem ich gebetet habe, muß ich mich fragen: Bete ich im Glauben? Ich muß sagen können: Ich glaube von ganzem Herzen.

2. Um bei diesem Glauben anzukommen, muß ich mir Zeit nehmen für das Gebet – Zeit, mich still und vertrauend vor Gott niederzusetzen und durch seine Gegenwart erfrischt zu werden. Ich brauche Zeit, meine Seele durch die Gemeinschaft mit Gott heiligen zu lassen. Ich brauche Zeit für den Heiligen Geist, der mich lehrt, das Wort der Verheißung festzuhalten und vertrauensvoll anzuwenden. Wir erhalten keine irdischen Kenntnisse, Besitztümer, Nahrungsmittel oder Freundschaften, ohne Zeit daran zu wenden. Wir sollten nicht erwarten, daß wir lernen, wie wir beten, wie wir die Macht und den Segen des Gebetes erfahren können, wenn wir uns keine Zeit nehmen für Gott. Wir brauchen Zeit dafür, in die Gewißheit hineinzuwachsen, daß wir dem Vater angenehm sind und daß unser Gebet Macht hat; wir brauchen Zeit, um Zuversicht zu gewinnen in dem Wissen, daß unser Gebet mit Gottes Willen übereinstimmt und erhört wird. Gebet ist Zwiesprache und Gemeinschaft mit Gott, wobei Gott Zeit und Gelegenheit hat, in uns zu wirken; wobei unsere Seele ihrem eigenen Willen und ihrer eigenen Kraft abstirbt und verbunden und vereinigt wird mit Gott.

3. Als Ermutigung zu anhaltendem Gebet mag das folgende Beispiel hilfreich sein. Georg Müller sagte, daß ihm im Jahr 1844 fünf Personen aufs Herz gelegt wurden, und daß er für ihre Bekehrung zu beten begann. Achtzehn Monate vergingen, ehe der erste sich bekehrte. Er betete fünf Jahre weiter, dann bekehrte sich der zweite. Nach zwölfeinhalb Jahren bekehrte sich wieder einer. Und nun hatte er weitere vierzig Jahre für die restlichen beiden gebetet, ohne einen einzigen Tag auszulassen. Sie waren zum

Zeitpunkt, als er das erzählte, noch nicht bekehrt; aber er war dennoch voll Zuversicht, daß diese beiden ihm auch als Gebetserhörung gegeben würden. Das ist ein vertrauensvolles Gebetsleben.

Kapitel 35

Die Gebetsversammlung

„Weiter sage ich euch: Wenn zwei unter euch eins werden auf Erden, worum sie bitten wollen, das soll ihnen widerfahren von meinem Vater im Himmel. Denn wo zwei oder drei versammelt sind in meinem Namen, da bin ich mitten unter ihnen."

(Matthäus 18, 19, 20)

Jesus sagte uns, wir sollen in das Kämmerlein gehen und im Verborgenen mit dem Vater sprechen und uns nicht von den Menschen dabei sehen lassen. Dieselbe Stimme aber sagt uns, daß wir in Gemeinschaft miteinander beten sollen.[280] Als er in den Himmel zurückgekehrt war, fand die Geburt der christlichen Gemeinde bei einer Gebetsversammlung statt, die hundertzwanzig Männer und Frauen zehn Tage lang abhielten.[281] Der Pfingsttag war die Frucht einmütigen und anhaltenden Gebetes. Jeder möge sich einer Gebetsversammlung anschließen, der den Herrn Jesus erfreuen will, der die Gabe des Geistes mit Machterweis für seine Gemeinde ersehnt, der den Segen der Gemeinschaft mit Gotteskindern haben will. So kann er prüfen, ob der Herr sein Wort bewahrheitet und eine besondere Segnung darauf legt.[282] Laß ihn aktiv daran teilnehmen, so daß die Gebetsversammlung nach dem Wunsch des Herrn verläuft.

Damit eine Gebetsversammlung wirksam wird, muß zu allererst Übereinstimmung herrschen über den Gegenstand unseres Verlangens. Es muß etwas sein, was wir wirklich von Gott ersehnen, und wir müssen darüber im Einklang sein.

Es muß innerlich Liebe und Einheit unter den Teilnehmern sein, denn alles, was Streit, Neid, Zorn, Lieblosigkeit bedeutet, macht kraftlos[283] – und dann muß Übereinstimmung herrschen über den bestimmten Gegenstand, den wir erbitten wollen.[284] Um dieses Ziel zu erreichen, ist es ganz in Ordnung, wenn den Leuten gesagt wird, wofür sie in der Gebetsversammlung beten sollen. Ob man für die besondere Not eines bestimmten Mitglieds betet oder ob man mehr allgemeine Nöte vor den Herrn bringen soll, zum Beispiel die Bekehrung der Verlorenen, die Erweckung der Kinder Gottes, die Salbung für den Lehrer, die Ausbreitung des Königreiches – die Ziele sollen vorher bekanntgegeben werden. Unterstelle nicht, daß Einstimmigkeit herrscht, wenn jemand bereit ist, sich dem Gebet für diese Ziele anzuschließen. Nein, wir müssen sie in unser Herz und Leben aufnehmen, sie ständig vor den Herrn bringen, innerlich voll Verlangen sein, daß der Herr sie gewähre. Dann erst sind wir auf dem Weg zu einem machtvollen Gebet.

Der zweite Wesenszug, der eine wirksame Gebetsversammlung charakterisiert, ist das Zusammenkommen im Namen Jesu und das Bewußtsein seiner Gegenwart. Die Schrift sagt: „Der Name des Herrn ist eine feste Burg. Der Gerechte läuft dorthin und wird beschirmt.“[285]

Der Name ist der Ausdruck für die Person. Glaubende müssen bei ihrem Zusammenkommen sich unter den Namen Jesus stellen, diesen Namen als ihre feste Burg und den Ort ihrer Geborgenheit benützen.

In diesem Namen verweilen sie gemeinsam vor dem Vater und in diesem Namen beten sie. In diesem Namen werden sie wirklich eins untereinander und wenn sie in diesem Namen sich versammeln, ist der lebendige Herr mitten unter ihnen. Er sagt, daß dies der Grund ist, weshalb der Vater sie sicherlich erhören wird.[286] Sie sind in ihm und er ist in ihnen, aus ihm heraus beten sie und ihr Gebet kommt in *seiner* Macht vor den Vater. O laßt den Namen Jesus den Mittelpunkt sein, den Begegnungsort in unsern Gebetsversammlungen und wir werden uns bewußt, daß er in unserer Mitte ist.

Da ist noch ein dritter Wesenszug des vereinten Gebetes, von dem uns der Herr gesagt hat; unsere Bitte soll vom himmlischen Vater erfüllt werden. Das Gebet wird sicher erhört werden. Vielleicht schreien wir in diesen Tagen: „Wo ist der Gott des Elija?", denn er war ein Gott, der Gebet erhörte. „Der Gott, der antworten wird – *er* soll Gott sein", sagte Elija zum Volk. „Erhöre mich, Herr, antworte mir! Damit dies Volk erkenne, daß du, o Herr, Gott bist."[287]

Wenn wir damit zufrieden sind, ohne Antwort zu beten, wird uns kaum Antwort zuteil werden. Aber wenn wir verstehen, daß die Erhörung Gottes Freude an unserm Gebet ausdrückt, sind wir ohne Erhörung nicht mehr zufrieden und wir werden entdecken, was an unserm Gebet fehlt und werden uns dafür einsetzen, so zu beten, daß Erhörung geschieht. Wir sollen glauben, daß der Herr sehr gerne antwortet. Es macht ihm Freude, wenn sein Volk so in den Namen Jesu eintritt und aus dem Namen Jesu betet, daß er ihnen geben kann, was sie begehren.[288]

Neuer Christ, wie jung und schwach du auch noch sein magst – die Gebetsversammlung ist eine Einrichtung Gottes, die dich mit Hilfe zum Gebet ausstatten soll. Möge jeder von der Gebetsversammlung Gebrauch machen. Möge jeder in eine betende und gläubige Gemütsverfassung kommen, in der er den Namen und die Gegenwart des Herrn sucht. Möge jeder danach trachten, mit anderen Glaubenden zu leben und zu beten. Und möge jeder erwarten, herrliche Gebetserhörungen zu sehen.

Herr Jesus, der du uns gelehrt hast, im Verborgenen und auch in öffentlicher Gemeinschaft miteinander zu beten, laß die eine Gewohnheit die andere wertvoll erscheinen als Ergänzung und Bestätigung. Laß das Gebetskämmerlein uns vorbereiten und das Bedürfnis wecken für Gebetsgemeinschaft mit deinem Volk. Laß deine Gegenwart uns zum Segen sein. Und laß die Gemeinschaft mit deinem Volk uns ermutigen, Gebetserhörung zu erwarten und zu erhalten. Amen.

1. Es gibt viele Orte, wo Gebetsversammlungen nötig sind. Jeder gläubige Leser möge nachforschen, ob in seiner Umgebung ein solches Bedürfnis besteht und er möge dann im Namen des Herrn eine solche Versammlung gründen. Ich möchte jedem Leser diese Frage stellen: Existiert in deiner Umgebung eine Gebetsversammlung? Nimmst du getreulich daran teil? Weißt du, was es heißt, mit Gotteskindern im Namen Jesu zusammenzukommen, um seine Gegenwart zu erfahren und seine Gebetserhörungen zu erleben?
2. Du könntest dieses Buch als einen Ausgangspunkt für eine Diskussion und dann für ein Gebet benützen. Ein Kapitel könnte vorgelesen werden, und einige der Textstellen dann wiederholt und durchgesprochen werden. Das ergibt Stoff für Gebet.
3. Beeinträchtigt die Gebetsversammlung nicht das Gebet im stillen Kämmerlein? Diese Frage wird manchmal gestellt. In meiner Erfahrung trifft genau das Gegenteil zu. Die Gebetsversammlung ist eine Schule des Gebetes. Die

Schwächeren lernen von den fortgeschrittenen Teilnehmern. Stoff für das Gebet ist gegeben. Es gibt Gelegenheit zur Selbstprüfung und Ermutigung, noch mehr zu beten.
4. Bitte die Leute, in ihren Gebeten bestimmte Gegenstände anzusprechen, für die man gezielt und vertrauensvoll eine Gebetserhörung erwarten kann, daß man es auch weiß, wann das Gebet erhört worden ist. Solche Ankündigungen fördern die Einmütigkeit und die gläubige Erwartung sehr.

Kapitel 36

Gottesfurcht

„Wohl dem, der den Herrn fürchtet... Vor schlimmer Kunde fürchtet er sich nicht... Sein Herz ist getrost und fürchtet sich nicht." *(Psalm 112, 1, 7, 8)*

„So hatte nun die Gemeinde Frieden... und wandelte in der Furcht des Herrn und mehrte sich durch den Beistand des Heiligen Geistes." *(Apostelgeschichte 9, 31)*

Die Bibel benützt das Wort „Furcht" auf zweifache Weise. An manchen Stellen spricht sie von Furcht als von etwas Schlechtem und Sündhaften, und verbietet uns aufs strengste, uns zu fürchten.[289] Die Worte „fürchte dich nicht!" kommen an fast hundert Stellen vor. An vielen andern Bibelstellen wird die Furcht gelobt als der wahre Ausdruck der Frömmigkeit, angenehm vor dem Herrn und segensreich für uns.[290] Das Volk Gottes trägt den Namen „die den Herrn fürchten". Der Unterschied zwischen den beiden Begriffen liegt einfach darin, daß die eine Furcht ungläubig ist und die andere gläubig.

Wo Furcht aus Mangel an Gottvertrauen besteht, ist sie sündhaft und sehr schädlich.[291] Andererseits ist die Furcht, die mit Vertrauen und Hoffnung auf Gott verbunden ist, ganz unerläßlich für das geistliche Leben. Die Furcht vor Menschen, die Furcht vor allem Vergänglichen, wird verdammt. Die Furcht, die mit kindlichem Vertrauen und mit Liebe den Vater ehrt, wird geboten.[292] Es ist die gläubige, die nicht sklavische, sondern kindliche Furcht des Herrn, die in der Heiligen Schrift als Quelle des Segens und der Kraft dargestellt wird. Wer den Herrn fürchtet, wird nichts sonst fürchten. Die Furcht des Herrn ist der Anfang aller Weisheit. Die Furcht des Herrn ist der sichere Weg, Gottes Gunst und Schutz zu genießen.[293]
Manche Glaubende wurden bei ihrer Erziehung zur Furcht des Herrn geführt, noch ehe sie zum Glauben gelangt waren. Das ist ein großer Segen. Eltern können für ein Kind nichts besseres tun, als es in der Furcht des Herrn zu erziehen. Wenn diese dann zum Glauben kommen, haben sie einen großen Vorteil: Sie sind schon darauf vorbereitet, in der Freude des Herrn zu wandeln. Wenn, im Gegensatz dazu, andere sich bekehren, die diese Vorbereitung nicht haben, brauchen sie eine besondere Belehrung und Wachsamkeit, um diese heilige Furcht zu entwickeln und im Gebet darum zu bitten.
Diese Furcht setzt sich aus verschiedenen Wesenszügen zusammen. In der Hauptsache sind es folgende: Heilige Ehrfurcht und Staunen vor der herrlichen Majestät Gottes, dem allein Heiligen. Das ist ein Schutz gegen die Oberflächlichkeit, die vergißt, wer Gott ist, und sich keine Mühe gibt, ihn als Gott zu verehren.[294]
Tiefe Demut, die vor sich selbst auf der Hut ist und ein starkes Vertrauen in Gott mit einem totalen Mißtrauen in sich selbst verbindet. Bewußte Schwachheit, die das Zartgefühl

des eigenen Herzens kennt, das sich fürchtet, irgendetwas gegen den Willen oder die Ehre Gottes gerichtetes zu tun. Weil er Gott fürchtet, klammert sich so jemand fest an ihn als seinen Beschützer. Und dieselbe Demut kennzeichnet alle seine mitmenschlichen Beziehungen.[295]

Vorsicht oder Wachsamkeit. Mit heiliger Vorsicht sucht diese Eigenschaft den rechten Weg, hütet sich vor dem Feind und bewahrt sich vor aller Flüchtigkeit und Hast im Gespräch, bei Entscheidungen und im Benehmen.[296]

Heiliger Eifer und Mut im Wachen und Ringen. Die Furcht, dem Herrn zu mißfallen, indem man sich nicht in allem als sein Diener verhält, führt dazu, im geringsten treu zu sein. Die Furcht des Herrn nimmt alle andere Furcht hinweg und verleiht unfaßbaren Mut in der Gewißheit des Sieges.[297]

Aus dieser Furcht wird Freude geboren. „Freut euch mit Zittern!“ Die Furcht des Herrn gibt der Freude ihre Tiefe und Festigkeit. Furcht ist die Wurzel, Freude ist die Frucht. Je tiefer die Furcht, desto größer die Freude. In dieser Hinsicht wird gesagt: „Die ihr den Herrn fürchtet, preist ihn!“ „Die ihr den Herrn fürchtet, lobet den Herrn!“[298]

Neuer Christ, höre die Stimme deines Vaters: „Fürchtet den Herrn, ihr seine Heiligen!“ Möge tiefe Gottesfurcht und Angst vor allem, was ihm mißfallen oder ihn betrüben könnte, dich erfüllen. Dann wirst du nie irgend ein Übel fürchten müssen. Für die, welche den Herrn fürchten und alles tun, was ihm wohlgefällt, tut Gott alles, was sie begehren. Die kindliche, gläubige Gottesfurcht wird dich in die Liebe und Freude Gottes führen, während die sklavische, ungläubige, feige Angst ausgetrieben wird.

O mein Gott, lehre mein Herz deinen Namen zu fürchten! Ich möchte immer unter denen sein, die den Herrn fürchten und auf seine Gnade hoffen. Amen.

1. Was sind einige der Segnungen, die aus der Gottesfurcht resultieren? (Psalm 31, 20; 115, 13; 127, 11; 45, 19; Sprüche 1, 7, 8, 13, 14, 27; Apostelgeschichte 10, 35)
2. Aus welchen Gründen müssen wir Gott fürchten? (5. Mose 10, 17; Josua 4, 24; 1. Samuel 12, 24; Jeremia 5, 22; 10, 6, 7; Matthäus 10, 28; Offenbarung 15, 4)
3. Es ist besonders die Erkenntnis Gottes in seiner Größe, Macht und Herrlichkeit, welche die Seele mit Furcht erfüllt. Aber zu diesem Zweck müssen wir uns still vor ihn hinsetzen und unserer Seele Zeit lassen, den Eindruck seiner Majestät in sich aufzunehmen.
4. „Er hat uns aus all unserer Furcht befreit." Läßt sich das auf jede Art von Furcht anwenden, durch die du behindert wirst? Da gibt es Menschenfurcht (Jesaja 2, 12, 13; Hebräer 13, 16); die Furcht vor schweren Prüfungen (Jesaja 40, 1, 2); die Furcht vor unserer eigenen Schwachheit (Jesaja 12, 10). Furcht vor der Arbeit für Gott (1. Chronik 28, 20); Furcht vor dem Tod (Psalm 23, 4).
5. Verstehst du nun das Wort: „Gesegnet ist der Mann, dessen Furcht in dem Herrn ist. Sein Herz ist fest, er muß sich nicht fürchten."?

Kapitel 37

Ungeteilte Hingabe

„Attai sprach: ...So wahr der Herr lebt... Wo immer mein Herr, der König ist, es gerate zum Tod oder zum Leben, da wird dein Knecht auch sein.“ *(2. Samuel 15, 21)*
„Also auch ein jeglicher unter euch, der nicht absagt allem, was er hat, kann mein Jünger nicht sein.“ *(Lukas 14, 33)*
„Gehet aus von ihnen und sondert euch ab, spricht der Herr, und rühret kein Unreines an, so will ich euch annehmen und euer Vater sein.“ *(2. Korinther 6, 17, 18)*
„Ja ich erachte alles für Schaden... um Jesu Christi, meines Herrn, willen...“ *(Philipper 3, 8)*

Wir haben schon gesagt, daß die Hingabe an den Herrn etwas ist, das immer weitere und tiefere Bedeutung für den Christen gewinnt. Er kommt dahin, zu verstehen, daß diese Auslieferung nichts geringeres als eine vollkommene und ungeteilte Hingabe bedeutet, ausschließlich, immer und völlig für Jesus zu leben.
So vollständig, wie der Tempel allein dem Dienst Gottes geweiht war, so daß jeder wußte, daß der Tempel nur zu diesem Zweck existierte; so gänzlich, wie das Opfer auf dem Altar nur nach dem Gesetz Gottes verwendet werden durfte und niemand ein Recht hatte, über einen Teil davon anders zu verfügen, als der Herr gesagt hatte –, so ganz gehörst du deinem Herrn, und so ungeteilt muß deine Weihe an ihn sein. Gott erinnerte Israel fortgesetzt daran, daß er sie erlöst hatte, damit sie sein Besitztum seien.[299] Laß uns sehen, was das umfaßt.
Da ist einmal die persönliche Verbindung mit Jesus und die persönliche Gemeinschaft mit ihm.

Er will und muß der Geliebte, die Sehnsucht und Freude unserer Seele sein. Wir müssen nicht so sehr dem Dienst Gottes hingegeben sein als vielmehr Jesus persönlich, unserm Freund, unserm König, unserm Erlöser und Gott.[300]

Nur der geistliche Impuls einer herzlichen persönlichen Liebe läßt uns imstand sein, ein Leben totaler Hingabe zu führen. Jesus verwendete immer wieder die Redewendung: „um meinetwillen –", „folge mir", „sei mein Jünger". Er muß der Mittelpunkt sein.[301] Er gab sich selbst hin. Der Wesenszug eines Jüngers ist es, nach ihm zu verlangen, ihn zu lieben, sich auf ihn zu stützen.

Dann gibt es das öffentliche Bekenntnis. Was jemandem gegeben wurde, wird jedermann als dessen Eigentum anerkennen. Sein Besitz ist seine Ehre. Wenn der Herr Jesus einer Seele seine große Gnade erweist, sie zu erretten, dann wünscht er, daß die Welt das sehen und wissen soll. Er möchte als ihr Eigentümer erkannt und geehrt werden. Er wünscht, daß jeder, der ihm gehört, ihn als König anerkennt.[302] Ohne dies öffentliche Bekenntnis ist die Übergabe nur eine halbherzige Sache.

Als ein Teil dieses öffentlichen Bekenntnisses ist es erforderlich, daß wir uns seinem Volk anschließen und es als unser Volk anerkennen. Brüderliche Liebe ist das eine neue Gebot, das der Herr uns gab; an der brüderlichen Liebe soll man erkennen, daß wir seine Nachfolger sind. Mögen die Gotteskinder an einem bestimmten Ort vielleicht nur wenige sein, oder verachtet, oder sehr unvollkommen – du mußt dich ihnen dennoch anschließen. Liebe sie; habe Gemeinschaft mit ihnen; verbinde dich mit ihnen bei Gebetstreffen und anderswo. Liebe sie glühend; brüderliche Liebe hat die wunderbare Kraft, das Herz der Liebe und dem Innewohnen Gottes zu öffnen.[303]

Um die Weihe vollständig zu machen, gehört dazu auch die Abwendung von der Sünde und der Welt. Berühre nichts Unreines! Wisse, daß die Welt unter der Macht des Bösen steht. Frage nicht, wieviel davon du festhalten kannst, ohne verloren zu gehen. Frage nicht, was Sünde und was gesetzlich erlaubt ist. Sogar an das, was gesetzlich erlaubt ist, muß der Christ oft eine freiwillige Absage machen, um ganz für seinen Gott leben zu können.[304] Enthaltung sogar von gesetzlich erlaubten Dingen ist oft unvermeidlich für die völlige Ebenbildlichkeit mit dem Herrn Jesus. Lebe als einer, der wirklich abgesondert ist, für Gott und seine Heiligkeit. Wer allem absagt und um Jesu willen alles andere für Verlust erachtet, wird noch in diesem Leben Hundertfaches empfangen.[305]

Und wer von allem andern abgesondert ist, läßt sich gebrauchen. Ganze Hingabe macht uns nützlich und brauchbar für Gott und seinen Dienst. Zweifle nicht daran, daß Gott dich braucht und dich zu einem großen Segen machen kann. Gib dich nur vorbehaltlos in seine Hände. Bringe dich ihm selbst dar, daß er dich mit seinem Segen füllen kann, mit seiner Liebe, mit seinem Geist. Du sollst ein Segen sein.[306]

Niemand soll befürchten, daß diese Anforderung völliger Hingabe ihn überfordert. Du stehst nicht unter dem Gesetz, das fordert, aber keine Kraft verleiht. Du stehst unter der Gnade, die bewirkt, was erforderlich ist.[307] Wie die erste Auslieferung, so ist jede neue Übergabe diesem Jesus zugedacht, den der Vater dir gegeben hat, um alles für dich zu vollbringen.

Hingabe ist eine Tat des Glaubens, ein Teil des herrlichen Glaubenslebens. Deshalb mußt du sagen: „Nicht ich selbst, sondern die Gnade Gottes in mir wird es vollbringen. Ich lebe nur im Glauben an ihn, der in mir das Wollen und das Vollbringen schafft.“[308]

Lieber Herr, öffne die Augen meines Herzens, damit ich sehen kann, wie völlig du mich für dich selbst haben willst. Sei du in den verborgenen Tiefen meines Herzens die eine Kraft, die mich im Gang hält und mich zu eigen hat. Laß jedermann wissen, daß du mein König bist, daß ich nur nach deinem Willen frage. In meiner Trennung von der Welt, in meiner Hingabe an dein Volk und deinen Willen laß es deutlich werden, daß ich ganz, ja ganz, des Herrn bin. Amen.

1. Da gibt es keinen Aspekt des Christenlebens, den Gott dir klarer machen will als sein Verlangen nach deiner totalen Hingabe. Ich entdecke in mir und anderen die Unfähigkeit, gedanklich ganz zu erfassen, wie vollständig Gott von unserm Willen Besitz ergreifen möchte und in uns wohnen möchte. Der Heilige Geist muß uns dies offenbaren. Nur dann wird uns klar, wie wenig wir dies verstehen. Wir dürfen nicht denken: „Ich erkenne, wie völlig ich für Gott leben soll, aber ich schaffe das nicht.“ Nein, wir müssen sagen: „Ich bin noch blind. Ich habe noch nicht die Herrlichkeit eines Lebens gesehen, in dem Gott ein und alles ist.“ Wenn ich es gesehen hätte, würde ich mich sehr danach sehnen, und daran glauben, daß nur Gott es in mir bewirken kann.
2. Es sollte in deinem Sinn nicht der geringste Zweifel bestehen, ob du dich selbst Gott geschenkt hast, um ganz und einzig als sein Eigentum zu leben. Drücke diese Überzeugung oft vor ihm aus. Gib zu, daß du jetzt noch nicht siehst oder verstehst, was es bedeutet, aber bleibe dabei, daß du danach verlangst, es möge so sein. Verlaß dich auf den Heiligen Geist, daß er dich versiegelt, dich als Gottes Eigentum abstempelt. Auch wenn du strauchelst und Eigensinn in dir entdeckst, halte unzweideutig daran fest, und bestätige dir erneut, daß es die feste Entscheidung deines Herzens ist, in allen Dingen für Gott zu leben.

3. Halte dir immer vor Augen, daß die Kraft der Hingabe an den Herrn aus der Tatsache erwächst, daß er alles für dich gegeben hat. Wie du ganz für ihn da bist, ist er ganz für dich da. Der Glaube daran, was er für dich tat, ist die Kraft für das, was du für ihn tust.

Kapitel 38

Glaubensgewißheit

„Denn er (Abraham) zweifelte nicht durch Unglauben an der Verheißung Gottes, sondern war stark im Glauben und gab Gott die Ehre und wußte aufs allergewisseste: was Gott verheißt, das kann er auch tun.“ *(Römer 4, 20, 21)*
„Meine Kindlein, lasset uns nicht lieben mit Worten noch mit der Zunge, sondern mit der Tat und mit der Wahrheit. Und daran erkennen wir, daß wir aus der Wahrheit sind, und können unser Herz vor ihm damit stillen.“ *(1. Johannes 3, 18, 19)*
„Und daran erkennen wir, daß er in uns bleibt: an dem Geist, den er uns gegeben hat.“ *(1. Johannes 3, 24)*

Jeder Glaubende braucht Glaubensgewißheit – die volle Gewißheit des Glaubens, daß der Herr ihn angenommen und zu seinem Kind gemacht hat. Die Heilige Schrift spricht zu Glaubenden immer als zu denen, die um ihre Erlösung wissen, die wissen, daß sie Kinder Gottes sind und ewiges Leben empfangen haben.[309] Wir haben darüber schon in einem vorhergehenden Kapitel gesprochen. Aber manchmal kommt durch Unwissenheit oder Mißtrauen ein Christ erneut in Finsternis. Darum wollen wir uns nochmals damit befassen.

Die Bibel benennt drei Dinge, durch die wir Gewißheit haben können: zuerst Glaube an das Wort, sodann Werke, und in und mit diesen beiden den Heiligen Geist.

Zuerst: Glaube an das Wort. Abraham ist für uns das große Vorbild des Glaubens und auch der Glaubensgewißheit. Was sagt die Schrift über die Gewißheit, die er hatte? Er war völlig überzeugt, daß Gott das, was er versprochen hatte, auch erfüllen konnte. Seine Erwartungen bezogen sich nur auf Gott und seine Verheißung. Er verließ sich darauf, daß Gott tun würde, was er gesagt hatte. Die Verheißung Gottes war seine einzige, aber ausreichende Glaubensgewißheit.[310]

Es gibt viele Neubekehrte, die denken, daß der Glaube an das Wort nicht ausreicht. Sie möchten noch mehr. Sie stellen sich vor, daß Gewißheit, ein sicheres inneres Gefühl oder eine Überzeugung, uns zusätzlich oder außerhalb des Glaubens noch gegeben wird. Das ist falsch. So wie ich nichts weiter brauche als das Wort eines vertrauenswürdigen Mannes, um mir vollständiges Vertrauen einzuflößen, so muß auch das Wort Gottes meine Sicherheit sein. Menschen täuschen sich, wenn sie etwas in sich selbst und in ihren Gefühlen suchen. Nein, die ganze Rettung kommt von Gott. Die Seele muß sich nicht mit sich selbst und ihrer Tat beschäftigen, sondern mit Gott. Wer sich selbst vergißt, um zu hören, was Gott sagt und sich auf seine Verheißung als auf etwas Vertrauenswürdiges verläßt, hat in der Tat die vollste Glaubensgewißheit.[311] Er bezweifelt die Verheißung nicht, sondern ist stark im Glauben, indem er Gott die Ehre gibt und fest überzeugt ist, daß Gott das, was er versprochen hat, auch erfüllen kann.

Dann erwähnt die Bibel auch Werke. Durch echte Liebe, die Werke vollbringt, sollen wir Sicherheit im Herzen haben.[312]

Betrachte dies sorgfältig. Zuerst kommt die Gewißheit aus dem Glauben an die Verheißung – ohne Werke. Der fromme Mensch, der Gnade empfängt, weiß dies einzig aus dem Wort. Aber dann, später erfolgt auch die Gewißheit aus den Werken. „Durch Werke wurde der Glaube vervollkommnet.“[313] Im Glauben wird der Baum ohne Früchte gepflanzt. Aber wenn die Zeit der Früchte herbeikommt, und keine Frucht erscheint, dann kann ich zweifeln. Wenn ich vom Anfang an die Glaubensgewißheit ohne Werke habe, allein auf das Wort hin, werden um so sicherer Werke folgen.

Und beide – Gewißheit durch den Glauben und durch Werke – kommen durch den Geist.

Nicht durch das Wort allein und nicht durch Werke als etwas, das ich selbst tue, sondern durch das Wort als das Instrument des Geistes und durch Werke als die Frucht des Geistes hat ein Kind Gottes das himmlische Beglaubigungsschreiben, daß es dem Herrn gehört.[314]

O laß uns an Jesus als unser Leben glauben und in ihm bleiben, und es wird uns nie an Glaubensgewißheit mangeln.

O mein Vater, lehre mich, meine Glaubensgewißheit in einem Leben mit dir zu erkennen, in liebendem Vertrauen in deine Verheißungen und in liebendem Gehorsam deinen Geboten gegenüber. Laß deinen Heiligen Geist meinem Geist bezeugen, daß ich ein Kind Gottes bin. Amen

1. Die Wichtigkeit der Glaubensgewißheit liegt darin, daß ich – wie ein Kind – Gott nicht lieben und ihm nicht dienen kann, wenn ich nicht *weiß,* daß er mich liebt und mich als sein Kind anerkennt.
2. Die ganze Bibel ist ein großartiger Beweis für Glaubensgewißheit. Abraham und Moses wußten genau, daß Gott sie angenommen hatte. Sonst hätten sie ihm nicht dienen und vertrauen können. Israel wußte, daß Gott sie errettet hatte; aus diesem Grund mußten sie Gott dienen. Wie viel mehr

muß dies der Fall sein bei der größeren Errettung im Neuen Testament! Alle Apostelbriefe waren an Menschen gerichtet, die wußten und bekannten, daß sie errettet waren, heilige Kinder Gottes.

3. Glaube und Gehorsam sind unzertrennlich wie Wurzel und Frucht. Zuerst muß die Wurzel da sein und die Wurzel muß einige Zeit ohne Frucht bleiben. Doch später kommen die Früchte – zuerst Gewißheit ohne Früchte durch den lebendigen Glauben an das Wort. Dann die Gewißheit aus den Früchten. In einem Leben mit Jesus wird die Glaubensgewißheit fest über allen Zweifeln errichtet.

4. Glaubensgewißheit wird durch das Bekennen gefördert. Was ich aussage, wird für mich deutlicher. Ich bin dadurch gebunden und bestärkt.

5. Alle zweiflerische Gesinnung verschwindet, wenn wir zu Jesu Füßen sitzen, in sein liebevolles Gesicht aufblicken, seinen Verheißungen lauschen und im Gebet mit ihm Zwiesprache halten. In seiner Gegenwart ist volle Glaubensgewißheit.

Kapitel 39

Ebenbildlichkeit mit Jesus

„... verordnet, daß sie gleich sein sollten dem Ebenbilde seines Sohnes ...“ *(Römer 8, 29)*

„Ein Beispiel habe ich euch gegeben, damit ihr tut, wie ich euch getan habe.“ *(Johannes 13, 15)*

Die Bibel spricht von einer zweifachen Ebenbildlichkeit, einer zweifachen Ähnlichkeit, die wir tragen. Wir können der Welt angeglichen sein oder Jesus. Das eine schließt das andere aus und verdrängt es. Wo Gleichförmigkeit mit Jesus gesucht wird, dort wird die Gleichförmigkeit mit der Welt mehr als alles andere hinderlich sein. Und die Anpassung an die Welt kann durch nichts überwunden werden als durch die Anpassung an Jesus.

Neuer Christ, das neue Leben, dessen du teilhaftig geworden bist, ist das Leben Gottes im Himmel. In Christus ist dieses Leben geoffenbart und sichtbar geworden. Was die Werke und Früchte des ewigen Lebens in Jesus waren, sollen sie auch in dir sein. In seinem Leben siehst du, was ewiges Leben in dir bewirken will. Es kann nicht anders sein. Wenn du dich zu diesem Zweck vorbehaltlos an Jesus auslieferst und dich dem ewigen Leben öffnest, wird das in dir einen Wandel in wunderbarer Gleichförmigkeit mit Jesus hervorbringen.[315]

Für die wahre Nachahmung Jesu als unserm Vorbild und das Wachstum der inneren Ähnlichkeit mit ihm sind zwei Dinge besonders nötig. Das ist eine klare Einsicht, daß ich wirklich dazu berufen bin, und ein festes Vertrauen, daß mir das auch möglich ist.

Eines der größten Hindernisse geistlichen Lebens ist, daß wir nicht wissen und nicht sehen, was wir nach dem Willen Gottes sein sollen.[316]

Unser Verstehen ist noch so wenig erleuchtet, wir haben noch viele unserer eigenen menschlichen Gedanken und Vorstellungen über den wahren Dienst Gottes. Wir wissen so wenig über das Warten auf den Heiligen Geist, der allein uns belehren kann. Wir geben nicht zu, daß sogar die klarsten Worte Gottes für uns nicht die Bedeutung und Kraft haben, wie Gott es wünscht. Und solange wir nicht geistlich unterscheiden, was Ebenbildlichkeit mit Jesus ist und daß wir berufen sind, unser Leben vollständig ihm anzupassen, kann nur wenig von echter Gleichförmigkeit die Rede sein.

Wir brauchen in diesem Punkt eine besondere himmlische Anleitung.[317]

Laßt uns ernstlich die Bibel studieren, um zu erfahren, was Gott sagt und wünscht in Beziehung auf unsere Ebenbildlichkeit mit Christus.[318] Laßt uns ununterbrochen solche Bibelworte durchdenken und laßt unser Herz mit ihnen in Berührung bleiben. Laßt das für uns ganz feststehen, daß wir uns völlig dem Herrn überlassen haben, um so zu sein, wie er uns will. Laßt uns vertrauensvoll beten, daß der Heilige Geist uns innerlich erleuchtet und uns zu einer vollständigen Kenntnis des Lebens bringt, das Jesus in einem Glaubenden bewirkt.[319] Der Geist wird uns überzeugen, daß wir – nicht weniger als Jesus selbst – berufen sind, nur für den Willen und die Verherrlichung des Vaters zu leben – in der Welt zu sein wie er.

Was wir noch brauchen ist der Glaube, daß es uns wirklich möglich ist, bis zu einem gewissen Grad der Genauigkeit das Bildnis unseres Herrn darzustellen. Unglaube ist die Ursache für Unfähigkeit. Weil wir kraftlos sind, können wir nicht glauben, daß wir unserm Herrn ähnlich werden können. Dieser Gedanke ist aber ein Widerspruch zum Wort Gottes. Es liegt nicht in unserer eigenen Kraft, uns dem Bilde Jesu anzugleichen. Nein, er ist unser Haupt und unser Leben. Er lebt in uns und läßt sein Leben mit göttlicher Kraft durch den Heiligen Geist von innen nach außen wirken.[320]

Doch dies geht nicht abseits von unserm Glauben vor sich. Glaube ist die Zustimmung des Herzens, die Auslieferung an ihn, damit er wirken kann, und das Sich-öffnen für sein Wirken.

„Es geschehe dir gemäß deines Glaubens“, ist eines der grundlegenden Gesetze im Königreich Gottes.[321] Es ist unglaublich, welche Macht der Unglaube hat, das Wirken und den Segen des allmächtigen Gottes zu behindern. Der Christ, der an der Ebenbildlichkeit Christi teilhaben will, muß fest darauf vertrauen, daß dieser Segen in seiner Reichweite ist, daß er wirklich im Bereich des Möglichen liegt. Er muß lernen auf Jesus zu schauen als dem Einen, dem er, in seinem Maß, tatsächlich ähnlich werden kann. Er muß glauben, daß der gleiche Geist, der in Jesus war, auch in ihm ist; daß der gleiche Vater, der Jesus leitete und stärkte, auch über ihm wacht; daß derselbe Jesus, der auf Erden lebte, auch in ihm lebt. Er muß die starke Gewißheit hegen, daß Gott am Werk ist, ihn in das Ebenbild seines Sohnes zu verwandeln.[322]

Wer dies glaubt, wird es empfangen. Das geht nicht ohne viel Gebet; es erfordert ununterbrochene Gemeinschaft mit Gott und mit Jesus. Aber wer es ersehnt und bereit ist, Zeit zu investieren und Opfer zu bringen, wird es sicherlich erhalten.

Sohn Gottes, du Abglanz der Herrlichkeit Gottes, du wahres Abbild seines Wesens, ich muß in dein Ebenbild verwandelt werden. In dir sehe ich das Bild und die Ähnlichkeit Gottes, in der wir erschaffen wurden, in der wir neu erschaffen werden. Herr Jesus, laß das einzige Verlangen, die einzige Hoffnung meiner Seele sein, dir gleich zu werden. Amen.

1. Ebenbildlichkeit mit Jesus – wir denken, wir verstehen dies Wort, aber wie wenig begreifen wir doch, daß Gott wirklich erwartet, daß wir wie Jesus sein sollen. Das erfordert, daß wir viel Zeit mit ihm verbringen, daß wir betend über sein Vorbild nachdenken und anfangen, es in uns aufzunehmen. Ich habe über dieses Thema ein Buch geschrieben und oft darüber gesprochen. Und doch ist es mir manchmal, als ob ich ausrufen müßte: „Ist es wirklich wahr? Hat Gott uns tatsächlich dazu berufen, wie Jesus zu leben?“

2. Anpassung an die Welt geschieht durch Gemeinschaft mit der Welt. In Gemeinschaft mit Jesus nehmen wir seine Denkweise an, seine Haltung, sein Benehmen.
3. Der wichtigste Wesenszug im Leben Jesu ist dies: Er unterstellte sich völlig dem Vater – um des Menschen willen. Dies ist auch der Hauptwesenszug der Gleichheit mit ihm: daß wir uns selbst Gott als Opfer darbringen für die Rettung und das Heil der Verlorenen.
4. Der hauptsächliche Wesenszug seiner inneren Gesinnung war das Kindsein – die absolute Abhängigkeit vom Vater, die große Willigkeit, belehrt zu werden, die freudige Bereitschaft, den Willen des Vaters zu tun. Sei besonders in dieser Hinsicht ihm ähnlich!

Kapitel 40

Anpassung an die Welt

„Ich ermahne euch nun, liebe Brüder... daß ihr eure Leiber gebet zum Opfer, das da lebendig, heilig und Gott wohlgefällig sei... Und stellt euch nicht dieser Welt gleich, sondern verändert euch durch Erneuerung eueres Sinnes, auf daß ihr prüfen möget, was Gottes Wille ist, nämlich das Gute und Wohlgefällige und Vollkommene." (Römer 12, 1, 2)

Seid nicht dieser Welt angepaßt. Was ist Gleichförmigkeit mit der Welt? Das Gegenteil von Gleichförmigkeit mit Jesus, denn Jesus und die Welt sind direkte Gegensätze. Die Welt hat ihn gekreuzigt. Er und seine Jünger waren nicht von dieser Welt. Der Geist dieser Welt und der Geist Gottes schließen einander aus. Die Welt kann den Geist

Gottes nicht empfangen, denn sie sieht ihn nicht und kennt ihn nicht.[323]
Und was ist der Geist dieser Welt? Der Geist dieser Welt ist die Gesinnung, welche die Menschheit in ihrem natürlichen Zustand hegt, wenn der Geist Gottes sie noch nicht erneuert hat. Der Geist dieser Welt stammt von dem Bösen, der der Fürst dieser Welt ist und Herrschaft hat über alle, die nicht vom Geist Gottes erneuert sind.[324]
Und wie zeigt sich dieser Geist der Welt oder der Gleichheit mit der Welt? Das Wort Gottes gibt die Antwort darauf: „Alles was in der Welt ist, des Fleisches Lust und der Augen Lust und hoffärtiges Leben, ist nicht vom Vater, sondern von der Welt.“ Die Gier nach Vergnügen oder das Verlangen, die Welt zu genießen, das Streben nach Besitz oder der Wunsch, die Welt zu besitzen, die Sucht nach Ehre und der Wunsch, in der Welt geehrt zu werden – dies sind die drei hauptsächlichen Ausdrucksformen des Geistes dieser Welt.[325]
Diese drei stammen aus einer Wurzel und einem Wesen. Der Geist dieser Welt bewirkt, daß der Mensch sich zum Selbstzweck wird. Er macht sich selbst zum Mittelpunkt der Welt. Alle Schöpfung, soweit er darüber Macht hat, muß ihm dienen. Er sucht sein Leben im Sichtbaren. Das ist der Geist der Welt: Sich selbst und die sichtbaren Dinge zu suchen.[326]
Im Geist Jesu zu leben, bedeutet nicht für sich selbst und nicht für das Sichtbare, sondern für Gott und die unsichtbaren Dinge zu leben.[327]
Es ist ein schrecklicher und sehr ernster Gedanke, daß man ein geschäftiges Leben führen kann, das frei ist von augenscheinlicher Sünde oder Ungerechtigkeit, und doch in der Freundschaft mit der Welt bleibt und deshalb in der Feindschaft gegen Gott lebt.[328]

Wir sind an diese Welt angepaßt, wenn die Sorge dieser Welt das Hauptelement in unserm Leben ist: Was wir essen oder was wir trinken sollen, was wir besitzen oder noch erwerben wollen, was wir aus der Erde hervorgebracht haben und noch vermehren wollen... Das ist ein schrecklicher und sehr ernster Gedanke, daß jemand den Anschein eines christlichen Lebens bewahren kann und denkt, daß er Christus glaubt, während er doch in der Welt für sich selbst und das Sichtbare lebt.[329]

Deshalb ergeht an alle Christen mit großem Nachdruck das Gebot: Gleicht euch nicht dieser Welt an, sondern gleicht euch Jesus an!

Und wie komme ich dahin, nicht dieser Welt angepaßt zu sein? Lies unsere obige Bibelstelle nochmals mit Überlegung. Hier entdecken wir zwei Dinge.

Beobachte, was zuerst kommt: Es sind jene, die ihren Leib als Opfer vor Gott auf den Altar gelegt haben, zu denen nun gesagt wird: „Seid nicht eines Sinnes mit der Welt." Opfere dich selbst Gott auf – das ist Gleichförmigkeit mit Jesus. Lebe jeden Tag als einer, der Gott geopfert ist, der in Christus der Welt gekreuzigt ist; dann wirst du nicht gleichförmig mit der Welt sein.[330]

Beobachte auch, was nachfolgt: Seid verwandelt durch Erneuerung eueres Sinnes, daß ihr prüfen könnt, was der vollkommene Wille Gottes ist. Es muß eine fortgesetzte Erneuerung unseres Sinnes stattfinden. Das geschieht durch den Heiligen Geist, wenn wir uns von ihm führen lassen. Dann lernen wir, geistlich zu beurteilen, was mit dem Willen Gottes übereinstimmt und was mit dem Geist der Welt übereinstimmt. Ein Christ, der nach der fortschreitenden Erneuerung seiner ganzen Gesinnung strebt, soll nicht der Welt angepaßt sein. Der Geist Gottes macht ihn gleichförmig mit Jesus.[331]

Christen, glaubt daß Jesus für euch die Macht erworben hat, die Welt zu überwinden; die Welt mit der großen Verführung, für uns selbst zu leben. Glaube an ihn als den Sieger, und auch du wirst Sieg haben.[332]

Teurer Herr, wir haben uns dir als lebendiges Opfer dargebracht. Wir haben uns selbst Gott geopfert. Wir sind nicht von der Welt, wie auch du nicht von der Welt bist. Herr, laß unsern Sinn erleuchtet sein durch die Erneuerung im Heiligen Geist, daß wir richtig sehen, was der Geist dieser Welt ist. Laß es an uns sichtbar werden, daß wir nicht von dieser Welt sind, sondern daß wir Jesus ebenbildlich sind. Amen.

1. Weltliche Vergnügen. Ist Tanzen Sünde? Welchen Schaden tut Trinken in Gesellschaft? Darf ein Christ am Sonntag zum Fußballspielen gehen? Man möchte manchmal wünschen, daß in der Heiligen Schrift ein bestimmtes Gesetz solche Dinge verbieten würde. Aber Gott hat absichtlich kein solches Gesetz gegeben. Wenn so ein Gesetz existieren würde, dann würde es die Menschen nur äußerlich religiös machen. Gott interessiert sich für den inneren Menschen – ob seine innere Gesinnung weltlich oder himmlisch ist. Lerne Römer 12, 1, 2 auswendig und bitte den Geist Gottes, diese Bibelstelle in dir lebendig zu machen. Der Christ, der sich selbst Gott darbietet und durch die Erneuerung seines Sinnes verwandelt wird und nun prüfen kann, was der vollkommene Wille Gottes ist, der weiß bald selbst, ob er tanzen darf oder zu sonntäglichen Fußballspielen gehen darf. Der Christ muß sehen lernen, was der Geist Gottes seinen Kindern zeigt.
2. Es ist bemerkenswert, daß nach dem Johannesbrief die Dreiheit des Gottes dieser Welt sowohl in der Versuchung im Paradies als auch bei den Versuchungen Jesu sichtbar wird.

Versuchung	Fleisches-lust	Augen-lust	hoffärtiges Leben
Adam und Eva	Die Frau sah, daß der Baum gute Früchte zum Essen hat,	und daß er ein Entzücken für das Auge war,	und daß der Baum dazu bestimmt war, einen weise zu machen.
Jesus Christus	Befiehl diesen Steinen, Brot zu werden.	Der Teufel zeigt alle Königreiche der Erde.	Wirf dich hinab.

3. Bedenke: Nur Wesensgleichheit mit Jesus kann Wesensgleichheit mit der Welt verhindern. Laß Wesensgleichheit mit Jesus das Studium und das Streben deiner Seele sein.

Kapitel 41

Der Tag des Herrn

„Und Gott segnete den siebenten Tag und heiligte ihn, weil er an ihm ruhte von allen seinen Werken, die Gott geschaffen und gemacht hatte.“ *(1. Mose 2, 3)*

„Am Abend aber desselben ersten Tages der Woche, ... kam Jesus und trat mitten ein und spricht zu ihnen: Friede sei mit euch!“ *(Johannes 20, 19)*

„Der Geist kam über mich am Tage des Herrn...“
(Offenbarung 1, 10)

Der Mensch lebt unter dem Gesetz der Zeit. Er muß Zeit haben für das, was er tut oder erwirbt. Auf wunderbare Art gibt ihm Gott auch Zeit zu Gemeinschaft mit ihm selbst. Einen von sieben Tagen reserviert Gott für die Gemeinschaft mit ihm.
Gottes Geschenk dieses Tages an uns hat ein großes Ziel: Man sagt, dieser Tag dient als ein Ausdruck der Sehnsucht Gottes, den Menschen zu heiligen.[333] Bemühe dich, dieses Wort „heilig" gut zu verstehen. Es ist eines der wichtigsten Wörter der Bibel.
Gott ist der Heilige. Gott teilt seine Heiligkeit mit, indem er sich uns offenbart. Wir wissen, daß der Tempel heilig war, weil Gott dort wohnte. Gott hatte davon Besitz ergriffen. So möchte Gott auch den Menschen heiligen, Besitz von ihm ergreifen, ihn mit sich, mit seinem eigenen Leben füllen, mit seiner Gesinnung und seiner Heiligkeit. Aus diesem Grund nahm Gott Besitz vom siebenten Tag und eignete ihn sich selbst zu. Er heiligte ihn. Er ruft den Menschen auf, diesen Tag ebenfalls zu heiligen und ihn als Tag des Herrn anzuerkennen, als den Tag der Gegenwart und des besonderen Wirkens des Herrn. Wer das tut, wer diesen Tag heiligt, soll, wie Gott versprochen hat, von ihm selbst geheiligt werden. (Lies aufmerksam 2. Mose 31, 12–17, besonders Vers 13!)
Gott segnete den siebenten Tag, indem er ihn heiligte. Gottes Segen ist die Lebenskraft, die er in etwas legt, wobei das Ergebnis Fülle des Heils ist. Gras, Rinder und Menschen hat er mit der Kraft gesegnet, sich zu vermehren.[334] Und so legte er in den siebenten Tag Segenskraft hinein: Die Verheißung, daß jeder, der diesen Tag heiligt, selbst dadurch geheiligt und gesegnet werden soll. Wir müssen an den Sabbath als an einen gesegneten Tag denken, der sicher Segen bringt. Der Segen, der damit verknüpft ist, ist sehr groß.[335]

Da wird noch ein drittes Wort für die Einsetzung des Sabbath verwendet: „Gott ruhte am siebenten Tag“, oder, wie es in Exodus steht: „war erquickt“ oder erfreut. Gott möchte uns heiligen und segnen, indem er uns in seine Ruhe aufnimmt. Er möchte uns dahin bringen, zu sehen, daß wir nicht die Lasten unserer Sorge und Schwachheit selbst tragen müssen. Wir dürfen in ihm ruhen, in seiner vollbrachten Tat, in seiner Ruhe, die er hält, weil alles in Ordnung ist. Diese Ruhe bedeutet nicht das äußere Aufhören mit Beschäftigungen, nein, es ist die Glaubensruhe, in der wir von unseren Werken ablassen, wie Gott von seinen Werken abließ, weil sie alle vollbracht waren. In diese Ruhe treten wir ein durch den Glauben an die vollbrachte Tat Jesu, in der Hingabe an Gott, um geheiligt zu werden.[336]

Weil Jesus in seiner Auferstehung die zweite Schöpfung vollendete, und weil wir durch seine Auferstehungskraft in das Leben und in die Ruhe eintreten, wird der siebente Tag zum ersten Tag der Woche erklärt. In dieser Hinsicht gibt es keine bestimmte Feststellung. Im Neuen Testament nimmt der Geist den Platz des Gesetzes ein. Der Geist des Herrn leitete seine Jünger an, diesen Tag zu feiern, als den Tag, an dem der Herr auferstand und an dem in aller Wahrscheinlichkeit der Geist ausgegossen wurde, nicht nur als der Tag, an dem der Herr sich während der vierzig Tage zeigte, sondern an dem auch der Heilige Geist ganz besonders wirkte.[337]

Die wichtigsten Lektionen, die wir über diesen Tag lernen müssen, sind folgende:

Das Hauptziel des Sabbaths ist, uns heilig zu machen, wie Gott heilig ist. Gott möchte, daß du heilig bist. Das ist Herrlichkeit, das ist Glückseligkeit, das ist sein Segen, das ist seine Ruhe. Gott möchte, daß du heilig bist, daß du erfüllt bist mit ihm selbst und seiner Heiligkeit.[338]

Um dich heiligen zu können, muß Gott dich in seiner Gegenwart und Gemeinschaft haben. Du mußt von all deinem Ringen und Wirken ablassen, um bei ihm auszuruhen – still zu ruhen, ohne Anstrengung oder Angst, in der Gewißheit, daß der Sohn alles vollbracht hat, daß der Vater in allem für dich sorgt und daß der Heilige Geist alles in dir bewirken wird. In der heiligen Ruhe einer Seele, welche still ist vor Gott, welche schweigend in seiner Gegenwart verweilt, um zu hören was Gott zu ihr spricht, die sich in allem auf Gott verläßt – dort kann Gott sich selbst offenbaren.[339] Auf diese Weise heiligt er uns.

Wir heiligen den Tag der Ruhe zunächst dadurch, daß wir uns von aller äußeren Geschäftigkeit und Ablenkung zurückziehen, aber im besonderen dadurch, daß wir ihn als Tag des Herrn gestalten, als Tag, der Gott gehört, als einen Tag, der von Gott zur Gemeinschaft mit ihm bestimmt ist.

Hüte dich andererseits davor, daß du diesen Ruhetag nicht nur für den öffentlichen Gottesdienstbesuch verwendest. Gott kann dich ganz besonders in der privaten, persönlichen Begegnung mit ihm segnen und heiligen. In der Kirche wird der Verstand aktiviert und du hast die Einrichtungen der Predigt, des Gemeinschaftsgebetes und des Lobpreises, die dich beschäftigen. Aber wir wissen nicht immer, ob sich das Herz wirklich mit Gott beschäftigt und in ihm selig ist. Das findet im Alleinsein statt. O gewöhne dich daran, mit deinem Herrn und Gott allein zu sein! Sprich nicht nur zu ihm – laß ihn zu dir sprechen. Laß dein Hez der Tempel sein, in dessen heiliger Stille seine Stimme gehört wird. Ruhe in Gott. Dann wird Gott von deinem Herzen sagen: „Dies ist meine Ruhe; hier will ich wohnen.“[340]

Neuer Christ, versäume nicht die Fülle dieses gesegneten Ruhetages! Danke Gott dafür! Halte ihn sehr heilig. Und laß es vor allem ein Tag innerer Gemeinschaft mit deinem Gott sein, einer lebendigen Gemeinschaft mit seiner Liebe.

Heiliger Gott, ich danke dir für den heiligen Tag, den du mir als Unterpfand gegeben hast, daß du mich heiligen willst. Mein Herr und Gott, du hast diesen Tag geheiligt, indem du ihn für dich selbst bewahrt hast. Heilige mich auf gleiche Weise, indem du mich für dich selbst bewahrst. Lehre mich, in deine Ruhe einzutreten, um meine Ruhe in deiner Liebe zu finden, daß meine ganze Seele vor dir stille sei, damit du dich selbst und deine Liebe mir zeigen kannst. Und laß jeden Sabbath für mich ein Vorgeschmack auf die ewige Ruhe mit dir sein. Amen.

1. Der Sabbath war das erste aller Gnadenmittel, und wurde sogar noch vor dem Sündenfall eingesetzt. Du kannst ihn gar nicht hoch genug schätzen.
2. Schau, wie sich besonders der dreieinige Gott an diesem Tag der Ruhe geoffenbart hat. Der Vater ruhte an diesem Tag. Der Sohn erstand an diesem Tag von den Toten. Der Geist heiligte diesen Tag durch sein besonderes Wirken. Du darfst an diesem Tag seine Gegenwart und sein machtvolles Handeln erwarten.
3. Was bedeutet das Wort „heilig“? Was drückt dieser Tag der Ruhe aus, nach 2. Mose 31, 13? Wie hat Gott den Tag der Ruhe geheiligt? Wie heiligt er uns?
4. Es gibt Schwierigkeiten in der Art der stillen Feier dieses Ruhetages. Aber man kann einfach alles Unnötige beiseitelassen und dem Sabbath erlauben, sich auszuwirken.
5. Es ist sehr wichtig, die Kinder zur Heiligung des Sabbaths zu erziehen, indem man ihnen diesen Tag richtig vorlebt, daß sie ein Vorbild haben. Kinder sollten die Sonntagsschule besuchen und am Gottesdienst teilnehmen. Sie werden dem Verhalten ihrer Eltern folgen.

6. Kein Tag ist so geeignet wie der Tag des Herrn, Leib und Seele wohlzutun. Laßt an diesem Tag die Werke Satans beendet sein und das Werk für die Verlorenen und Unwissenden gefördert werden.
7. Die Hauptsache ist dies: Der Tag der Ruhe ist der Tag der Ruhe *Gottes,* der Ruhe in und mit Gott, und der Gemeinschaft mit ihm. Gott will uns heiligen. Er tut dies, indem er von uns Besitz ergreift.

Kapitel 42

Die heilige Taufe

„Darum gehet hin und machet zu Jüngern alle Völker. Taufet sie auf den Namen des Vaters und des Sohnes und des Heiligen Geistes und lehret sie halten alles, was ich euch befohlen habe.“ *(Matthäus 28, 19)*

„Wer da glaubt und getauft wird, der wird selig werden.“ *(Markus 16, 16)*

In diesen Worten der Einsetzung der Taufe finden wir ihre Bedeutung in einer Zusammenfassung. Das Wort „lehret“ meint: Macht Jünger aus allen Nationen, indem ihr sie tauft. Wie der gläubige Jünger im Wasser getauft wird, so muß er auch getauft oder hineingetaucht werden in den Namen des dreieinigen Gottes.
Im Namen des Vaters ist ihm die neue Geburt und das neue Leben als Kind in der Liebe des Vaters zugesichert.[341] Im Namen des Sohnes erhält er Anteil an der Sündenvergebung und dem Leben, das in Christus ist.[342] Im Namen des Heiligen Geistes verwirklicht sich das Innewohnen des Heiligen Geistes und fortschreitende Erneuerung unseres Gei-

stes.[343] Jeder getaufte Glaubende muß seine Taufe als den Eintritt in einen Bund mit dem dreieinigen Gott anschauen und als ein Unterpfand, daß der Vater, der Sohn und der Heilige Geist im Laufe der Zeit alles für ihn tun werden, was sie verheißen haben. Es erfordert ein lebenslanges Studium, all die Segnungen zu erkennen und zu genießen, die in der Taufe geschenkt werden.

In anderen Bibelstellen wird dieser Segen eigens bekanntgemacht. So finden wir verknüpft damit die neue Geburt, die erforderlich ist, um ein Kind Gottes zu werden. „Es sei denn, daß jemand geboren werde aus Wasser und Geist, so kann er nicht in das Reich Gottes kommen." Der getaufte Jünger hat Gott zum Vater und er lebt als Kind in der Liebe seines Vaters.[344]

Dann wiederum wird die Taufe in direkte Verbindung gebracht mit der Erlösung, die in Christus ist. Folglich ist das Erste und Einfachste, was die Taufe darstellt, die Vergebung oder das Abwaschen der Sünden. Vergebung ist immer der Zutritt oder Eingang zu allem Segen. So ist also die Taufe das Sakrament des Eintritts in ein Christenleben, aber dieser Schritt muß ein ganzes Leben hindurch aufrechterhalten werden.

Deshalb wird in Römer 6 die Taufe als das Geheimnis der Heiligung aufgezeigt, der Eintritt in ein Leben der Gemeinschaft mit Christus. „Oder wisset ihr nicht, daß alle, die wir in Jesus Christus getauft sind, die sind in seinen Tod getauft?" (Johannes 3, 3) Dann folgt in den Versen 4–11 die genauere Erklärung, was es bedeutet, in den Tod Jesu hineingetauft zu sein und mit ihm daraus aufzuerstehen zu einem neuen Leben mit ihm. Anderswo ist dies sehr kraftvoll in die Worte gefaßt: „So viele von euch in Christus getauft sind, haben Christus angezogen."[345] Dies allein ist das rechte Leben eines getauften Jüngers: Er hat Christus angezogen. Der gläubige Bekenner ist in den Tod Christi getauft, um zu leben und in das neue Leben Christi gekleidet zu sein.

Es gibt noch andere Bibelstellen, wo mit der Taufe die Verheißung des Geistes verbunden ist, nicht nur als Geist der Erneuerung, sondern als Gabe, die vom Himmel her den Glaubenden geschenkt wird zum Innewohnen, zur Versiegelung, zur fortschreitenden Erneuerung. „Er rettete uns durch das Bad der Wiedergeburt und Erneuerung im Heiligen Geist, den er reichlich auf uns ausgoß.“ Erneuerung ist hier die Tätigkeit des Geistes, wobei das neue Leben, das in der neuen Geburt gepflanzt wurde, unser ganzes Sein durchdringt, so daß all unser Denken und Handeln durch *ihn* geheiligt wird.[346]

All dieser reiche Segen, der in der Taufe liegt, wird durch Glauben empfangen. „Wer da glaubt und läßt sich taufen, wird errettet.“

Die Taufe ist nicht nur ein Bekenntnis von seiten des Menschen, ein Bekenntnis des Glaubens, den er schon hat, sondern ebenso auf Gottes Seite ein Siegel zur Bestätigung des Glaubens, ein Bundespfand, durch welches der ganze Schatz der Gnade offengelegt wird, damit man sich das ganze Leben lang daran erfreuen kann.

So oft ein getaufter Glaubender einer Taufe beiwohnt oder über die Taufe nachdenkt, soll es für ihn eine Ermutigung sein, weiter einzudringen in einen stetig wachsenden Glauben an das volle Leben der Erlösung, das Gott in ihm bewirken möchte. Der Heilige Geist ist gegeben, um in uns die ganze Liebe des Vaters und die Gnade des Sohnes bereitzustellen. Der gläubige Täufling, der in den Tod Christi getauft ist, hat Christus angezogen. Der Heilige Geist ist in ihm, um ihm all dies zu einer täglichen Erfahrung werden zu lassen.[347]

Mein Herr und Gott, laß deine heilige Taufe in meiner Seele immer wirken als Erfahrung, daß ich in den Tod Christi hineingetauft bin.
Und laß überall dein Volk durch deinen Geist verstehen, welch reicher Segen in der Taufe für sie bereitliegt. Amen.

Kapitel 43

Das Abendmahl

„Der gesegnete Kelch, welchen wir segnen, ist der nicht die Gemeinschaft des Blutes Christi? Das Brot, das wir brechen, ist das nicht die Gemeinschaft des Leibes Christi?"
(1. Korinther 10, 16)
„Wer mein Fleisch isset und trinket mein Blut, der bleibt in mir und ich in ihm. So wird, wer mich isset, leben um meinetwillen." (Johannes 6, 56, 57)

Alle Lebewesen brauchen Nahrung. Leben wird durch die Nahrung erhalten, die es von außen in sich aufnimmt. Das himmlische Leben bedarf himmlischer Nahrung. Niemand geringerer als Jesus selbst ist das Brot des Lebens: „Wer mich isset wird leben um meinetwillen."[348]
Jesus, diese himmlische Nahrung, wird uns durch zwei Gnadenmittel nahegebracht: das Wort und das Abendmahl.
Das Wort stellt uns Jesus von der Seite unseres Intellektes her vor – durch unsere Gedanken. Das Abendmahl will uns Jesus gleichermaßen darstellen, aber von der Seite des Gefühlslebens her – durch unsere körperlichen Sinne. Der Mensch hat sowohl einen Geist als auch einen Leib. Die

Erlösung beginnt im Geist, soll aber auch den Körper durchdringen.[349] Die Erlösung ist nicht vollständig, bis dieser sterbliche Leib auch an der Verherrlichung teilhat.
Das Abendmahl ist das Pfand, daß der Herr auch unseren irdischen Leib verwandeln wird und ihn seinem eigenen verklärten Leib ähnlich machen wird durch die Tat, durch die er alle Dinge sich selbst unterwirft. Nicht nur, weil alles Körperliche deutlicher und verständlicher für uns ist, gibt sich der Herr im Mahl in Brotgestalt. Nein, mit dem Körper meint die Heilige Schrift oft den ganzen Menschen.
Im Abendmahl möchte Jesus vom ganzen Menschen Besitz ergreifen – Leib und Seele –, um ihn durch die Kraft seines eigenen heiligen Leibes und Blutes zu erneuern und zu heiligen. Sogar sein Leib wird durch den Heiligen Geist vermittelt. Unser Leib wird ernährt durch seinen heiligen Leib und erneuert durch das Wirken des Heiligen Geistes.[350]
Diese Ernährung mit dem Leib Christi hat zwei Gesichtspunkte: Von Seiten des Herrn durch den Geist, auf unserer Seite durch den Glauben.
Auf Seiten des Herrn durch den Geist: Der Geist teilt uns die Macht des verklärten Leibes mit, wobei unser Körper – gemäß der Schrift – Glied seines Leibes wird.[351] Der Geist veranlaßt uns, von der Lebensenergie seines Blutes zu trinken, so daß das Blut das Leben und die Freude unserer Seele wird. Das Brot ist Teilhabe am Leib. Der Kelch ist Teilhabe am Blut.
Und das findet auf unserer Seite durch den Glauben statt: Durch einen Glauben, der jenseits all dessen, was gesehen oder verstanden werden kann, sich auf die wunderwirkende Macht des Heiligen Geistes verläßt, der uns wirklich, gleichermaßen mit Seele und Leib, mit unserm Herrn vereinigt, indem er ihn uns inwendig mitteilt.[352]

So definiert das der Heidelberger Katechismus: „Was bedeutet es, den verklärten Leib Christi zu essen und sein vergossenes Blut zu trinken?
Das bedeutet nicht nur, mit glaubendem Herzen das ganze Leiden und Sterben Christi zu empfangen und dadurch Sündenvergebung und ewiges Leben zu erhalten, sondern auch darüber hinaus durch den Heiligen Geist, der gleichermaßen in Christus und in uns wohnt, auf diese Weise mehr und mehr mit seinem heiligen Leib vereinigt zu werden, daß wir, obwohl er im Himmel ist und wir auf Erden sind, dennoch Fleisch von seinem Fleisch und Bein von seinem Bein werden und so leben und ewig von dem *einen* Geist geleitet werden, wie die Glieder unseres Leibes durch die Seele geleitet werden."
Diese tiefe innere Vereinigung mit Jesus, ja mit seinem Leib und Blut, ist das große Ziel des Abendmahls. Alles, was es uns lehrt und gibt – die Vergebung der Sünde, das Gedächtnis an Jesus, die Bestätigung des göttlichen Bundes, die Gemeinschaft untereinander, die Verkündigung des Todes des Herrn bis zu seinem Kommen –, all das muß zum vollständigen Einssein mit Jesus durch den Geist führen.[353] „Wer mein Fleisch ißt und mein Blut trinkt, der bleibt in mir und ich in ihm. Wer mich ißt, wird mit mir leben."
Es ist leicht zu verstehen, daß der Segen des Abendmahls sehr von der Vorbereitung darauf im Gebetskämmerlein abhängt und von dem Hunger und Durst, mit dem man nach dem lebendigen Gott verlangt.[354] Stelle dir aber nicht vor, daß das Abendmahl nichts weiter ist als ein symbolischer Ausdruck dessen, was wir durch den Glauben an das Wort bereits besitzen. Nein, der erhöhte Herr im Himmel vermittelt uns in einer tatsächlichen, geistlichen Vereinigung etwas von seiner Lebenskraft, doch geschieht dies nur

nach dem Maß des Verlangens und des Glaubens. Bereite dich deshalb auf das Abendmahl mit sehr strenger Absonderung und mit Gebet vor. Und dann erwarte, daß der Herr mit seiner himmlischen Kraft dein Leben in einer für dich unfaßlichen, aber gewissen Weise erneuern wird.

Geliebter Herr, der du das Abendmahl eingesetzt hast, um dich selbst deinen Erlösten mitzuteilen als ihre Nahrung und ihre Lebenskraft – o lehre uns, das Abendmahl recht zu gebrauchen. Lehre uns, bei jeder Gelegenheit mit großem Hunger und Durst nach dir selbst und nach voller Vereinigung mit dir, zu essen und zu trinken in dem Glauben, daß der Heilige Geist uns mit deinem Leib ernährt und uns dein Blut zu trinken gibt. Amen.

1. Hüten wir uns vor der Idee, daß das Abendmahl einfach bloß ein erweiterter Gottesdienst ist oder ein Gottesdienst, wo auf Gefühle abgezielt wird. Predigten und Zeugnisse mögen einen auferbauenden Eindruck hinterlassen, während sie vielleicht nur wenig Kraft oder Segen enthalten.
2. Für eine Mahlzeit ist die erste Voraussetzung Hunger. Ein starker Hunger und Durst nach Gott ist unerläßlich.
3. Im Abendmahl verlangt es Jesus danach, sich uns hinzugeben und er möchte, daß wir uns ihm hingeben. Das sind große und heilige Dinge.
4. Das Abendmahl hat viele Deutungen. Es ist eine Gedächtnisfeier, ein Versöhnungsfest, ein Bundesfest, ein Fest der Liebe und der Hoffnung. Aber alle diese verschiedenen Betrachtungsweisen sind dem Hauptelement untergeordnet: Der lebendige Jesus möchte sich selbst uns schenken in der innigsten Vereinigung. Der Sohn Gottes möchte in unser innerstes Wesen hinabsteigen. Er kommt zu uns, um das Mahl mit uns zu feiern. „Wer mein Fleisch ißt und mein Blut trinkt, der bleibt in mir und ich in ihm."

5. Und dann ist Vereinigung mit Jesus zugleich auch Vereinigung mit seinem Volk in Liebe und Zuneigung.
6. Das Einleitungsgebet im Gottesdienst genügt nicht als Vorbereitung; es ist nur eine Hilfe für die private Vorbereitung, die man in Gemeinschaft mit Jesus treffen muß.
7. Mit Gott an seinem Tisch ein Fest zu feiern, ist etwas unaussprechlich Wichtiges. Vermute nicht, daß es für dich leicht ist, hinzugehen und dich an die Festtafel zu setzen, bloß weil du ein Christ bist. Nein, ziehe dich in das Alleinsein mit Jesus zurück, daß er zu dir sprechen und dir sagen kann, wie du dein Herz darauf vorbereiten kannst, um mit ihm, ja mit ihm selbst zu essen.

Kapitel 44

Gehorsam

„Wenn ihr nun meiner Stimme gehorchet... so sollt ihr mein Eigentum sein vor allen Völkern.“ (2. Mose 19, 5)
„Denn der Herr wird dich segnen... wenn du nur der Stimme des Herrn, deines Gottes, gehorchst.“ (5. Mose 15, 4, 5)
„Im Glauben gehorchte Abraham“ (Hebräer 11, 8)
„So hat er, wiewohl er Gottes Sohn war, doch an dem, was er litt, Gehorsam gelernt. Und da er vollendet war, ist er geworden denen, die ihm gehorsam sind, der Urheber ihres ewigen Heils...“ (Hebräer 5, 8, 9)

Gehorsam ist eines der wichtigsten Wörter im Leben des Glaubenden. Durch Ungehorsam verlor der Mensch die Gunst und das Leben Gottes. Nur auf dem Weg des Gehorsams kann diese Gunst und dieses Leben wieder erworben werden.[355] Gott kann unmöglich Wohlgefallen an denen haben, die nicht gehorsam sind, noch kann er seinen Segen auf sie legen. „Wenn ihr wirklich auf meine Stimme hören würdet, wenn ihr aufmerksam auf die Stimme des Herrn, eures Gottes, horchen würdet..." Das sind ewige Prinzipien, die aufzeigen, wie der Mensch in den Genuß der Gnade und des Segens Gottes kommen kann.

Wir sehen das am Herrn Jesus. Er sagt: „Wenn ihr meine Gebote haltet, dann bleibet ihr in meiner Liebe. So wie ich meines Vaters Gebote gehalten habe und in seiner Liebe geblieben bin." Er war in der Liebe des Vaters, aber er konnte dort nur durch Gehorsam bleiben. Und er sagt, daß dies ebenso für uns der einzige Weg ist, in seiner Liebe zu bleiben: Wir müssen seine Gebote halten. Er kam, um uns den Rückweg zu Gott zu öffnen. Dies war der Weg des Gehorsams und nur wer durch den Glauben an Jesus diesen Weg beschreitet, kann zu Gott gelangen.[356]

Dieser Zusammenhang zwischen dem Gehorsam Jesu und unserem eigenen wird in Hebräer 5 ausgedrückt: „Er lernte Gehorsam... und wurde der Urheber ewigen Lebens für alle, die ihm gehorchen." Das ist das Band der Einheit zwischen Jesus und seinem Volk, der Punkt der Ebenbildlichkeit und inneren Übereinstimmung. Er war dem Vater gehorsam; sie ihrerseits sind ihm gehorsam. Er und sein Volk sind beide gehorsam. Sein Gehorsam sühnt nicht nur ihren Ungehorsam, sondern treibt ihn auch aus. Er und sein Volk haben *eine* Haltung: Gehorsam Gott gegenüber.[357]

Dieser Gehorsam ist charakteristisch für das Leben im Glauben. Er wird der Glaubensgehorsam genannt.[358] Es gibt nichts unter den irdischen Dingen, was den Menschen so zur Arbeit ansporn wie der Glaube – der Glaube, daß ein Vorteil oder eine Freude zu entdecken ist, ist das Geheimnis aller Arbeit. „Im Glauben gehorchte Abraham, als er gerufen wurde." Meine Werke richten sich nach meinem

Glauben. Der Glaube, daß Jesus mich von der Macht der Sünde zum Gehorsam befreit und mich zu einem Leben im Gehorsam ausgerüstet hat, hat eine große Kraft in sich, mich gehorsam zu machen. Glaube an den überfließenden Segen, den der Vater dazu gibt, Glaube an die Verheißungen der Liebe und des Innewohnens Gottes, an die Fülle des Geistes, der auf diesem Weg kommt, stärkt den Gehorsam.[359]
Die Kraft dieses Glaubens und auch des Gehorsams kommt besonders aus der Gemeinschaft mit dem lebendigen Gott selbst. Es gibt im Hebräischen nur ein einziges Wort für „eine Stimme hören“ und „einer Stimme gehorchen.“ Genau hinzuhorchen bereitet das Gehorchen vor. Wenn ich den Willen Gottes nicht von menschlichen Worten erfahre oder aus einem Buch, sondern von Gott selbst – wenn ich die Stimme Gottes höre –, dann werde ich sicherlich glauben, was verheißen ist, und tun, was geboten wird.
Der Heilige Geist ist die Stimme Gottes. Wenn wir die lebendige Stimme sprechen hören, dann wird uns der Gehorsam leicht.[360] O laßt uns doch in der Stille auf Gott warten und unsere Seele vor ihm öffnen, daß er durch seinen Geist sprechen kann.
Wenn wir lernen, beim Lesen der Bibel und beim Beten auf Gott zu warten, so daß wir sagen können: „Mein Gott hat dies zu mir gesagt, er hat mir dieses Versprechen oder jene Verheißung gegeben“, dann werden wir auch gehorchen. Ernsthaft und aufmerksam auf die „Stimme“ zu hören, ist der sichere Weg zum Gehorsam.

O Vater, der du uns in Christus zu deinen Kindern gemacht hast, du machst uns in ihm zu gehorsamen Kindern, wie auch er gehorsam war. Möge der Heilige Geist den Gehorsam Jesu so herrlich und mächtig in uns machen, daß Gehorsam zur höchsten Freude unseres Lebens wird. Lehre uns in allem nur danach streben, daß wir wissen, was du willst und es dann tun. Amen.

Für ein Leben des Gehorsams ist folgendes erforderlich:

1. Entschlossene Übergabe. Ich muß nicht mehr in jedem einzelnen Fall fragen: „Soll ich oder soll ich nicht, muß ich, kann ich gehorsam sein?“ Nein, das muß absolut fraglos sein, daß ich nichts anderes wissen will als gehorsam zu sein. Wer solch einen Charakter hat und Gehorsam als etwas Feststehendes betrachtet, wird ihn leicht finden – ja er wird buchstäblich große Freude dabei erfahren.
2. Die Erkenntnis des Willens Gottes durch den Heiligen Geist. Denke nicht, weil du die Bibel irgendwie kennst, kennst du schon den Willen Gottes. Die Erkenntnis des Willens Gottes ist etwas Geistliches. Laß dich durch den heiligen Geist mit dem Willen Gottes bekanntmachen.
3. Alles zu tun, was wir als recht erkennen. Alles Handeln lehrt den Menschen. Das rechte Handeln lehrt den Menschen Gehorsam. Tu wirklich alles, was das Wort oder dein Gewissen oder der Heilige Geist dir als richtig empfiehlt. So wird dein Handeln zu einer heiligen Gewohnheit umgeformt und ist eine Übung, die zu mehr Kraft und mehr Erkenntnis führt. Tue was recht ist aus Gehorsam zu Gott und du wirst gesegnet.
4. Glaube an die Kraft Christi. Du hast die Kraft zu gehorchen; sei dessen gewiß. Obwohl du sie vielleicht nicht spürst, hast du sie doch in Christus, deinem Herrn, im Glauben.
5. Die frohe Gewißheit, daß im Gehorsam Segen liegt. Gehorsam vereinigt uns mit unserem Gott. Gehorsam gewinnt sein Wohlgefallen und seine Liebe. Gehorsam stärkt unser Leben und bringt die Seligkeit des Himmels in unser Herz.

Kapitel 45

Der Wille Gottes

„Dein Wille geschehe im Himmel wie auf Erden."
(Matthäus 6, 10)

Die Herrlichkeit des Himmels, wo der Vater wohnt, besteht darin, daß sein Wille dort geschieht. Wer die Glückseligkeit des Himmels schmecken möchte, muß den Vater kennen, der dort wohnt, und seinen Willen tun, wie er im Himmel getan wird.[361]

„Der Himmel ist ein unendliches heiliges Königreich, dessen Mittelpunkt der Thron Gottes ist. Um diesen Thron versammelt sind unzählige Mengen reiner, freier Wesen, in Mächte und Herrschaften unterteilt. Eine unbeschreiblich reiche und vielseitige Aktivität erfüllt ihr Leben. Das Höchste und Edelste, was den Menschen beschäftigt, ist nur ein blasser Schatten von dem, was in der unsichtbaren Welt geschieht. Alle diese Wesen haben ihren eigenen freien persönlichen Willen. Ihr Wille ist jedoch in bewußter Freiheit und aus eigener Entscheidung eins geworden mit dem heiligen Willen des heiligen Vaters, so daß bei aller Verschiedenheit, die sich in Millionen Arten erweist, nur ein Wille vollzogen wird – der Wille Gottes. Die ganze reiche und gesegnete Bewegung der Himmelsbewohner hat ihren Ursprung und ihr Ziel im Willen Gottes."

Doch warum betrachten dann seine Kinder auf Erden seinen Willen nicht als ihre höchste Freude? Warum erscheint für die meisten die Bitte: „Dein Wille geschehe wie im Himmel" nur mit Gedanken an den strengen, harten Willen Gottes verbunden, mit der Unmöglichkeit, daß wir uns immer an dem Willen Gottes erfreuen? Der Grund ist dies:

Wir bemühen uns nicht, den Willen Gottes in seiner Herrlichkeit und Schönheit zu erkennen, als ein Ausdruck der Liebe Gottes, als Quelle von Kraft und Freude, als Ausdruck der Vollkommenheit Gottes.
Wir denken, daß Gottes Wille nur in dem Gesetz liegt, das er uns gab und das wir nicht halten können, oder in den Prüfungen, in denen dieser Wille im Widerspruch zu unserem eigenen ist. O laßt uns nicht länger so denken, sondern uns bemühen zu verstehen, daß der Wille Gottes alle seine Liebe und Glückseligkeit umfaßt und von uns empfangen werden kann.[362]
Höre, was das Wort über den Willen Gottes sagt und über all die Herrlichkeiten, die in seinem Willen für uns vorherbestimmt sind.
„Dies ist der Wille meines Vaters, daß jeder, der den Sohn hat und an ihn glaubt, ewiges Leben habe.“ Der Wille Gottes ist die Rettung der Sünder durch den Glauben an Christus. Wer sich diesem glorreichen Willen Gottes unterwirft, um Seelen zu suchen, darf die Gewißheit haben, daß Gott seine Arbeit für andere segnen wird; denn er führt Gottes Willen aus, wie Jesus es tat.[363]
„Es ist der Wille eures Vaters im Himmel, daß keiner dieser Geringsten verloren gehe.“ Der Wille Gottes ist die Erhaltung, Stärkung und Bewahrung auch des Schwächsten seiner Kinder. Welchen Mut wird der erhalten, der sich mit diesem Willen eins macht![364]
„Dies ist der Wille Gottes – eure Heiligung.“ Mit seinem ganzen Herzen und aller Macht seines Willens möchte Gott uns heilig machen. Wenn wir nur unsere Herzen öffnen und glauben, daß es nicht das Gesetz, sondern der Wille Gottes ist – etwas, das er schenkt und tut, wenn wir es nur zulassen –, dann dürfen wir uns über unsere Heiligung als feste und sichere Tatsache freuen.[365]

„In allem sagt Dank, denn das ist der Wille Gottes in Christus Jesus für euch." Ein freudiges, dankerfülltes Leben hat Gott für uns bestimmt und will er in uns bewirken. Und was er möchte, das vollbringt er sicher in denen, die ihm nicht widerstreben, sondern es zulassen, daß sein Wille in ihnen wirken darf.[366]

Was wir also brauchen, ist die Hingabe unseres Geistes, damit er mit dem Gedanken erfüllt werde, daß Gott das, was er will, auch wirklich zustande bringt, wenn wir ihm nicht Widerstand leisten; und wenn wir weiterhin in Betracht ziehen, wie herrlich, gut und vollkommen der Wille Gottes ist, werden wir uns dann nicht selbst mit ganzem Herzen hingeben, damit dieser Wille sich in uns vollenden kann?[367]

Deshalb laßt uns glauben, daß der Wille Gottes seine Liebe ist. Laßt uns sehen, welche Segnungen im Wort Gottes damit verbunden sind, daß sein Wille getan wird.[368] Laßt uns an die Herrlichkeit des Himmels denken, die darin besteht, daß sein Wille geschieht und laßt uns die Entscheidung treffen, daß dies in unserm Leben auf Erden ebenso sein soll. Laßt es zu, daß in Gebet und Betrachtung der Heilige Geist uns dahin führt, diesen Willen zu verstehen.[369]

Wenn wir so gelernt haben, den Willen Gottes auf diese herrliche himmlische Art im Wort zu verstehen und zu tun, wird es für uns nicht mehr schwer sein, diesen Willen auch dort zu ertragen, wo er unserer Natur entgegengesetzt zu sein scheint. Wir werden so erfüllt mit der Anbetung Gottes und seines Willens sein, daß wir uns entschließen werden, seinen Willen in allen Situationen zu sehen, ihm zuzustimmen und ihn zu lieben. Und es wird der herrlichste Gedanke unseres Lebens sein, daß es nichts, gar nichts gibt, worin der Wille Gottes nicht erkannt und verehrt werden muß.[370]

O mein Vater, das war die Herrlichkeit Jesu: Daß er nicht seinen eigenen Willen tat, sondern den Willen seines Vaters. Diese seine Herrlichkeit wünsche ich mir als meine eigene. Vater, öffne meine Augen und mein Herz, um die Vollkommenheit und Herrlichkeit deines Willens zu erkennen und die Schönheit eines Lebens in diesem Willen. Lehre mich, deinen Willen zu verstehen und dann bereitwillig und freudig zu vollziehen; und wo ich gehorchen muß, dies mit liebender Verehrung zu tun. Amen.

1. Den Willen Gottes in Zeiten des Wohlergehens von Herzen gern zu erfüllen ist der einzige Weg dahin, diesen Willen auch in Zeiten des Leidens von Herzen gern zu ertragen.
2. Um den Willen Gottes zu tun, muß ich ihn geistlich erkennen. Das Licht und die Kraft des Geistes wirken gemeinsam: Was er lehrt als Gottes Willen anzusehen, das lehrt er auch zu tun. Denke intensiv über Römer 12, 2 nach und bete ernsthaft darum, Gottes Willen richtig zu erkennen.
3. Lerne den Willen Gottes auch im Schlimmsten zu verehren, das Menschen dir antun können. Es ist nicht der Wille Gottes, daß Menschen etwas Sündhaftes tun. Aber wenn ein Mensch sündigt, ist es der Wille Gottes, daß sein Kind dadurch geprüft wird. Sage immer, in den geringfügigsten wie auch in den größten Prüfungen: „Es ist der Wille Gottes, daß ich in diesen Schwierigkeiten bin." Dies bringt der Seele Ruhe und Stille und lehrt sie, Gott auch in der Prüfung zu ehren.
4. Als Gott dem Menschen seinen freien Willen gab, gab er ihm dadurch die Macht, den Willen Gottes anzunehmen oder abzulehnen. Neuer Christ, öffne deinen Willen, um den Willen Gottes anzunehmen in der Fülle seiner Kraft und damit erfüllt zu werden. Das ist himmlische Herrlich-

keit und Glückseligkeit, sich jeden Tag bewußt zu sein, „daß mein Wille in Einklang mit Gottes Willen ist. Gottes Wille lebt in mir.“ Es ist der Wille Gottes, dies in dir zu bewirken.

Kapitel 46

Selbstverleugnung

Da sprach Jesus zu seinen Jüngern: „Will mir jemand nachfolgen, der verleugne sich selbst und nehme sein Kreuz auf sich und folge mir.“ *(Matthäus 16, 24)*

Selbstverleugnung ist eine Übung, von welcher der Herr Jesus oft sprach. Er erwähnte sie mehrmals als ein unerläßliches Merkmal wahrer Jüngerschaft. Er bringt sie mit Kreuztragen und dem Verlieren des Lebens in Zusammenhang.[371] Unser altes Leben war so sündig, daß es mit Christus gekreuzigt werden mußte. Es muß deshalb verleugnet und abgetötet werden, damit das neue Leben, das Leben Gottes, freie Herrschaft über uns erlangen kann.[372] Möge der Neubekehrte sich von Anfang an entscheiden, sich selbst völlig zu verleugnen in Übereinstimmung mit dem Wort seines Herrn. Am Anfang scheint das hart zu sein, aber er wird bald herausfinden, daß es die Quelle unvorstellbaren Segens ist.

Laß Selbstverleugnung unseren fleischlichen Verstand erreichen. Als Petrus nach den Gedanken des natürlichen Verstandes geredet hatte, mußte der Herr ihm sagen: „Du denkst nicht die Gedanken Gottes, sondern die Gedanken des Menschen.“ Du mußt dich und deine eigenen Gedanken verleugnen. Wir müssen sorgsam darauf achten, daß die Tätigkeit unseres Verstandes, der in Wortbetrachtung und

Gebet danach strebt, den Willen Gottes zu erkennen, uns nicht betrügt mit einer Auffassung von Gott, die nicht dem Geist und der Wahrheit entspricht. Verleugne dein fleischliches Verstehen und bringe es zum Schweigen. In heiliger Stille gib dem Geist Gottes Raum. Laß die Stimme Gottes in deinem Herzen zu vernehmen sein.[373]

Verleugne auch deinen eigenen Willen mit all seinen Lüsten und Begierden. Stelle es ein für allemal außer Frage, daß der Wille Gottes in allem deine Entscheidung ist, und daß deshalb jedes Verlangen, das mit diesem Willen nicht übereinstimmt, abgetötet werden muß. Glaube, daß im Willen Gottes himmlische Glückseligkeit liegt und daß deshalb Selbstverleugnung nur zu Anfang schwer erscheint. Aber wenn du dich eifrig darin übst, wird dir sein Wille zur großen Freude werden. Laß den Leib und das Leben des Leibes unter dem Gesetz der Selbstverleugnung bleiben.[374]

Verleugne auch deine eigene Ehre. Suche nicht diese Ehre, sondern die Ehre Gottes. Das bringt der Seele solch eine Ruhe! „Wie könnt ihr glauben“, sagt Jesus, „die ihr voneinander Ehre annehmt?“ Auch wenn deine Ehre verletzt oder geschmäht wird, überlaß es Gott, darüber zu wachen. Sei damit zufrieden, wenig oder gar nichts zu sein. „Glückselig sind die Armen im Geiste, denn ihrer ist das Himmelreich.“[375]

Verleugne gleicherweise deine eigene Kraft. Verstehe die tiefe Überzeugung, daß Gott gerade jene gebrauchen kann, die schwach sind, die nichts sind. Hüte dich vor eigenen Unternehmungen im Dienst Gottes, so gutgemeint sie auch sein mögen. Auch wenn du dich fühlst, als hättest du Kraft, bekenne vor Gott, daß du keine Kraft hast, daß deine Kraft nichts wert ist. Fortgesetztes Verleugnen deiner eigenen Kraft bringt uns in den Genuß der Kraft Gottes. Gerade in dem Herzen, das seiner eigenen Kraft abgestorben ist,

nimmt der Heilige Geist Wohnung und bringt die Kraft Gottes mit sich.[376]
Verleugne besonders deinen eigenen Vorteil. Lebe nicht dir selbst zu Gefallen, sondern für deinen Nächsten. Wer sein eigenes Leben sucht, wird es verlieren. Wer für sich selber leben möchte, wird das Leben nicht finden. Aber wer wirklich Jesus nachahmen und seine Freude teilen möchte, möge sein Leben hingeben wie *er* es tat und seine eigenen Vorteile kreuzigen.[377]
Bei deiner Bekehrung mußtest du wählen, wem du gehorchen willst – dir selbst oder Christus.
Du sagtest damals: „Nicht mir will ich gehorchen, sondern Christus." Nun mußt du diese Entscheidung jeden Tag bekräftigen. Je öfter du das tust, desto freudiger und besser gelingt es dir, dem sündigen Ich abzusagen, von unheiligen eigenen Werken abzulassen und Jesus zu erlauben, dein Ein und Alles zu sein. Der Weg der Selbstverleugnung ist ein Weg großer himmlischer Glückseligkeit.
Es gibt sehr viele Christen, die nicht so leben. Sie möchten, daß Jesus sie von der Strafe befreit, aber nicht, daß er sie von sich selbst befreit, von ihrem eigenen Willen. Aber die Einladung zur Jüngerschaft klingt immer noch so: „Wer mir nachfolgen will, der verleugne sich selbst, nehme sein Kreuz auf sich und folge mir."
Die Ursache und die Kraft für die Selbstverleugnung wird in dem kleinen Wort *mir* gefunden. „Wer *mir* nachfolgen will, der verleugne *sich selbst* und folge *mir."* Das alte Leben ist in uns selbst, das neue Leben ist in Jesus. Das neue Leben kann nicht herrschen, ohne das alte Leben auszutreiben. Hatte einst das eigene Ich alles zu sagen, so ist es jetzt ein Nichts. Diesem Zweck dient die tägliche Selbstverleugnung und Nachahmung Jesu. Er, mit seiner Lehre, seinem Willen, seiner Ehre, seinem Ziel, muß das Herz erfüllen. Wer

ihn hat und ihn kennt, verleugnet gern sich selbst. Christus ist ihm so kostbar, daß er alles opfert, sogar sich selbst, um ihn zu gewinnen.[378]

Das ist das echte Leben im Glauben. Ich lebe nicht mehr gemäß dem, was meine Natur für annehmbar hält, sondern gemäß dem, was Jesus sagt und möchte. Jeden Tag und jede Stunde bestätige ich den wundervollen Austausch: „Nicht ich, sondern Christus" – ich bin nichts, Christus ist alles. „Du bist gestorben" und hast keine Kraft, keinen Willen und keine Ehre mehr: „Dein Leben ist mit Christus verborgen in Gott." Allein die Kraft und der Wille Christi herrschen vor. O Seele, verleugne freudig das elende sündige Ich, damit der herrliche Christus in dir wohnen möge!

Teurer Heiland, lehre mich, was Selbstverleugnung bedeutet. Lehre mich, meinem Herzen zu mißtrauen, daß ich nicht seinen Gelüsten nachgebe. Laß mich dich so gut kennen lernen, daß ich nicht umhin kann, mich dir aufzuopfern, um dich und dein Leben zu besitzen. Amen.

1. Über das Verleugnen des natürlichen Verstehens sagt Tersteegen: „Gott und seine Wahrheit werden recht verstanden nur von dem, der durch das Sterben seiner fleischlichen Natur, seiner Neigungen, seiner Leidenschaften und seines Willens sehr ernst und still geworden ist, der durch das Ablassen von den mannigfachen Verstandeserwägungen sehr einfach und kindlich geworden ist. Wir müssen unser Herz und unseren Willen völlig Gott übergeben, unsern eigenen Willen in allen Dingen vollständig verlassen und uns besonders von den vielfachen Vorstellungen und Aktivitäten des Verstandes befreien – sogar in geistlichen Dingen. Nicht im Kopf, sondern im Herzen entfaltet sich das wahre Verstehen der Erkenntnis Gottes. Im Kopf sind trockene Begriffe über Wahrheit; im Herzen befindet

sich die lebendige Wahrheit selbst, die Salbung, die uns alle Dinge lehrt. Im Herzen befindet sich der lebendige Ursprung des Lichtes. Wer mit einem Herzen lebt, das mit Gott erfüllt ist, wird oft in einem Augenblick mehr Wahrheit unterscheiden als ein anderer mit der größten Anstrengung."

2. Lies die obige Bibelstelle sorgfältig. Du wirst dabei den Grund herausfinden, warum wir mehrmals gesagt haben, daß du beim Lesen oder Beten auf alle Fälle ein wenig innehalten und dich in völliger Stille vor Gott niedersetzen sollst. Dies ist nötig, um die Aktivität der natürlichen Gedankenwelt zum Schweigen zu bringen und das Herz vor Gott zu öffnen, damit er sprechen kann. Im Herzen ist der Tempel, wo die Anbetung im Geist und in der Wahrheit stattfindet. Mißtraue dir und verleugne dein Verstehen geistlicher Dinge. Das natürliche Verstehen ist im Kopf. Das geistliche Verstehen ist im Herzen, im Tempel Gottes. O bewahre im Tempel Gottes eine heilige Stille vor seinem Angesicht. Dann wird er sprechen.

3. „Das besondere Kennzeichen christlicher Selbstverleugnung ist innerliche Fröhlichkeit und Freude inmitten von Entbehrungen. Das Wort Gottes macht ständige Freude zur Pflicht. Diese frohe Haltung, die aus der Ewigkeit herübergrüßt, läßt sich von den Wechselfällen des Schicksals nicht unterkriegen und behauptet das Feld nicht nur in Zeiten schweren Leidens, sondern auch in der täglichen und stündlichen Selbstverleugnung, die vom christlichen Leben untrennbar ist."

4. Was muß ich verleugnen? Verleugne dich selbst. Wie kann ich wissen, wann und wo ich mich selbst verleugnen muß? Verleugne dich immer und bei jeder Gelegenheit. Und wenn du diese Antwort nicht richtig verstehst, wisse, daß niemand dir die richtige Erklärung geben kann als Jesus

selbst. Ihn nachzuahmen, sich von ihm belehren zu lassen, ist der einzige Weg zur Selbstverleugnung. Nur wenn Jesus bei uns eintritt, geht das *Ich* hinaus.

Kapitel 47

Besonnenheit

„Denn Weisheit wird in dein Herz eingehen und Erkenntnis wird deiner Seele lieblich sein. Besonnenheit wird dich bewahren und Einsicht dich behüten." (Sprüche 2, 10, 11)
„Mein Sohn... bewahre Umsicht und Besonnenheit... das wird Leben sein für dein Herz..." (Sprüche 3, 21, 22)
„Ihr sollt stille sein und nichts Unbedachtes tun."
(Apostelgeschichte 19, 36)

Unbesonnenheit ist nicht nur die Sünde der Unbekehrten. Auch unter dem Volk Gottes ist sie oft Ursache für Übel und Elend. Wir lesen von Mose: „Sie erzürnten ihn so sehr an den Wassern von Meribah, daß es Mose um ihretwillen schlecht erging: weil sie gegen seinen Geist rebellisch waren, sprach er unbedacht mit seinen Lippen." Wir lesen auch, wie Uzzah die Bundeslade berührte: „Und Gott schlug ihn für seinen Irrtum (seine Unbedachtsamkeit, Unbesonnenheit)."[379]

Was Besonnenheit ist und warum sie so notwendig ist, kann leicht erklärt werden. Wenn eine Armee in Feindesland hineinmarschiert, hängt ihre Sicherheit von den Wachen ab, die aufgestellt werden, die immer auf der Hut sein und bei Annäherung des Feindes eine Warnung geben müssen. Eine Vorhut wird in das Gelände ausgeschickt, um die

Feindesmacht auszukundschaften. Diese Vorsicht, die zuerst Ausschau und Umschau hält, ist unerläßlich.
Der Christ lebt im Feindesland. Alles was ihn umgibt, kann eine Falle oder eine Gelegenheit zur Sünde sein. Deshalb muß sich sein ganzer Lebenswandel in heiliger Zurückhaltung und Wachsamkeit vollziehen, damit er nichts Unbesonnenes tut.
Er wacht und betet, daß er nicht in Versuchung falle.[380] Die Vorsehung wacht über ihm.[381]
Besonnenheit bewacht die Lippen. O welchen Verlust kann ein Gotteskind erleiden, das denkt, wenn es nur nichts Falsches sagt, kann es sonst reden, was es will! Es weiß nicht, daß durch zuvieles Reden die Seele in die Zerstreuungen der Welt verwickelt wird, denn in der Flut der Worte fehlt es auch meist nicht an Übertretungen. Besonnenheit strebt danach, nichts zu sagen, was nicht zur Ehre Gottes und zum Wohl des Nächsten gesagt ist.[382]
Besonnenheit wacht auch über das Ohr. Durch das Ohr kommen alle Neuigkeiten der Welt, alles unbedachte Gerede anderer, das mich anstecken kann. Neugierde schadet der Seele sehr. Korinth war viel gottloser als Athen; aber in letzterer Stadt, wo sie „ihre Zeit mit nichts anderem verbrachten, als Neuigkeiten zu erzählen oder zu hören", wurden nur sehr wenige bekehrt. Achte darauf, sagt Jesus, was du hörst.[383]
Deshalb wacht die Besonnenheit auch über die Gesellschaft, mit der ein Christ sich abgibt. „Wer sich absondert, sucht sein eignes Verlangen." Das Kind Gottes hat nicht die Freiheit, sich der Gesellschaft dieser Welt so lange und so oft es will auszusetzen. Es muß den Willen seines Vaters kennen.[384]
Besonnenheit wacht über alle rechtmäßigen Beschäftigungen und Besitztümer. Sie weiß, wie allmählich und verstoh-

len die Liebe zum Geld, weltliche Gesinnung, die heimliche Macht des Fleisches die Oberhand gewinnt und daß sich niemand selbst aus der Versuchung befreien kann.[385]

Vor allem wacht Besonnenheit über das Herz, denn dort ist das Wesentliche des Lebens, da ist die Quelle, aus der alles entspringt. Erinnere dich an das Wort: „Wer seinem eigenen Herzen traut, ist ein Tor." Besonnenheit wandelt in tiefer Demut und wirkt unser Heil mit Furcht und Zittern.[386]

Und woher hat die Seele die Kraft zur Wachsamkeit, um auf ihrer Hut zu sein gegen die tausend Gefahren, die sie von allen Seiten umgeben? Ist es nicht ermüdend, erschöpfend, aufreibend, immerzu wachsam zu sein und nie Ruhe zu finden in der Gewißheit, daß keine Gefahr zu befürchten ist? Nein, absolut nicht. Besonnenheit bringt schönste Geruhsamkeit mit sich. Sie hat ihre Sicherheit und Kraft in ihrem himmlischen Behüter, der weder schläft noch schlummert. Im Vertrauen auf ihn, und unter der Inspiration seines Geistes tut die Besonnenheit ihr Werk. Der Christ wandelt als ein Weiser; die Würde heiliger Besonnenheit schmückt ihn bei allen seinen Handlungen. Die Ruhe des Glaubens, daß Jesus schützt und wacht, bindet uns liebend an ihn, und heilige Besonnenheit entspringt wie von selbst aus einer Liebe, die ihn nicht betrüben noch verlassen möchte, aus einem Glauben, der seine Stärke in jeder Lage in ihm hat.

O Herr, mein Gott, beschütze mich, daß ich nicht zu den Menschen unbesonnenen Herzens gehöre. Möge mich immer die Besonnenheit des Gerechten auszeichnen, daß ich in jeder Lage davon abgehalten werde, Ärgernis zu geben. Amen.

1. Zu jemand, der sich große Mühe gab, sein Pferd und seinen Wagen in bester Ordnung zu halten, wurde einst

gesagt: „Komm, das ist doch gar nicht nötig, sich immer so viel Mühe damit zu machen.“ Seine Antwort war: „Ich habe immer gefunden, daß meine Vorsicht sich auszahlt.“ Wie viele Christen haben diese Lektion nötig! Wie mancher Neubekehrte mag wohl darum beten, daß seine Bekehrung, gemäß Gottes Wort, „der Vernunft des Gerechten“ dienen möge.

2. Besonnenheit ist die Wurzel der Selbsterkenntnis. Je tiefer meine Erkenntnis über meine Unfähigkeit und die Selbstsucht meines Herzens ist, desto größer ist die Notwendigkeit, wachsam zu sein. So wird sie ein Element echter Selbstverleugnung.

3. Die Kraft der Besonnenheit liegt im Glauben. Der Herr ist unser Hüter und er bewahrt uns dadurch, daß der Geist uns an ihn erinnert. Von ihm kommt unsere Besonnenheit.

4. Die Aktivität der Besonnenheit ist nicht auf uns selbst beschränkt. Sie erreicht besonders unsern Nächsten, indem sie ihm kein Ärgernis bereitet und keinen Stolperstein in seinen Weg legt. (Römer 14, 13; 1. Korinther 8, 9; 10, 32; Philipper 1, 10)

5. Besonnenheit findet große Freude an der Stille, um so ihren Weg dem Herrn anzuempfehlen mit Gelassenheit und Überlegung. Sie schätzt das Wort des Stadtbeamten von Ephesus hoch ein: „Ihr sollt ruhig sein und nichts überstürzt tun!“

6. An großen Generälen und ihren Siegen sehen wir, daß Besonnenheit nicht gleichbedeutend mit Zaghaftigkeit ist. Sie stimmt mit dem höchsten Mut und der freudigsten Siegesgewißheit überein. Die Besonnenheit bewahrt uns vor Überstürzungen, aber sie steigert den Glaubensmut.

Kapitel 48

Geld

„Das Geld muß alles zuwege bringen." *(Prediger 10, 19)*
„Ich weihe nun das Geld dem Herrn. Es kommt aus meiner Hand..." *(Richter 17, 3)*
„So solltest du mein Geld zu den Wechslern getan haben und wenn ich gekommen wäre, hätte ich das Meine zu mir genommen mit Zinsen." *(Matthäus 25, 27)*

In seiner Beziehung zur Welt und ihren Besitztümern findet der Christ Gelegenheiten, seine Selbstverleugnung und den Geist der Besonnenheit zu zeigen.[387] Da alle Wertgegenstände oder Besitztümer auf Erden in Geld ausgedrückt werden können, so kann er besonders in seinem Umgang mit Geld beweisen, ob er frei von Weltlichkeit ist. Um das zu verstehen, müssen wir betrachten, was über Geld gesagt wird.

Wovon ist das Geld ein Erscheinungsbild? Es ist das Ergebnis der Arbeit, durch die es verdient wird, Ausdruck des Fleißes, des Eifers, der Fähigkeit, die der Mensch in diese Arbeit investiert hat, Ausdruck seines persönlichen Erfolges und der Fürsorge Gottes über ihm.

Es ist auch das Zeichen für all das, was ich mit Geld tun kann, die Auswirkung der Arbeit, die andere für mich tun können, der Ausdruck der Macht, die ich durch das Geld habe, um damit zu vollbringen, was ich möchte, Mittel des Einflusses, den ich auf solche ausüben kann, die von meinem Geld abhängig sind, ein Zeichen aller Besitztümer oder Vergnügungen, die man mit Geld erwerben kann, ein Unterpfand für all das, was das irdische Leben wünschenswert machen kann – ja ein Ausdruck des Lebens selbst, das

ohne den Kauf unentbehrlicher Nahrungsmittel nicht bestehen kann.
So ist das Geld eines der wünschenswertesten und sinnvollsten aller irdischen Dinge. Kein Wunder, daß es von allen so hoch geschätzt wird.
Was ist die Gefahr beim Geld? Welche Sünde wird damit vollbracht, vor der uns die Bibel und die Erfahrung warnt, daß wir vorsichtig sein sollen? Es gibt die Sorge, daß das Geld nicht ausreichen könne.[388] Da ist die Habgier, die zu sehr danach verlangt.[389] Da ist die Unehrlichkeit, die ohne grobe Betrügerei oder Diebstahl dennoch einem Nächsten nicht gibt, was ihm zusteht.[390] Da ist die Lieblosigkeit, die alles an sich selber raffen möchte und des anderen nicht achtet.[391] Da ist Liebe zum Geld, die gierig nach Reichtum und Ländereien verlangt.[392] Da ist Raub an Gott und an den Armen, indem man ihnen den Anteil vorenthält, der ihnen zusteht.[393]
Was ist der Segen des Geldes? Wenn die Gefahr der Sünde so groß ist, wäre es da nicht besser, es würde gar kein Geld geben? Ist es nicht besser, kein Geld zu besitzen? Nein, sogar für das geistliche Leben kann Geld ein großer Segen sein, als eine Übung von Fleiß und Aktivität,[394] in Vorsorge und Sparsamkeit, als ein Ausdruck, daß der Segen Gottes auf unserer Arbeit ruht.[395] Geld gibt uns Gelegenheit zu zeigen, daß wir es besitzen und es Gott hinlegen können, ohne es zurückzuhalten oder uns daran zu klammern. Geld ist ein Mittel, uns den Armen gegenüber großzügig zu zeigen und unsere überströmende Liebe für die Sache Gottes zu beweisen.[396] Geld ist ein Mittel, Gott durch unsere Wohltätigkeit zu verherrlichen und unter den Menschen das Geld himmlischen Segens zu verbreiten.[397] Geld ist etwas, das wir – wie Jesus versichert – gegen einen Schatz im Himmel austauschen können.[398]

Und wie geht es zu, daß wir aus der Gefahr des Geldes befreit werden und beim Segen des Geldes angelangen?
Mach Gott zum Herrn über dein Geld! Empfange all dein Geld mit Danksagung als eine Gebetserhörung von Gott, auf die Bitte „gib uns unser tägliches Brot."[399]
Leg all dein Geld Gott zu Füßen als ihm gehörig. Sage mit David: „Alle Dinge kommen von dir, und von deinem Eigentum haben wir dir gegeben".[400]
Laß deinen Umgang mit deinem Geld ein Teil deines geistlichen Lebens sein. Empfange, besitze und gib dein Geld aus als einer, der selbst zu einem hohen Preis erkauft ist, erlöst nicht mit Silber und Gold, sondern mit dem kostbaren Blut.[401]
Studiere speziell, was das Wort Gottes über Geld und weltliche Güter sagt. Das Wort des Vaters allein lehrt, wie das Kind des Vaters den Segen des Geldes verwenden muß.
Denke besonders über die Tatsache nach, daß das Geld dir nicht für dich allein gegeben ist, sondern für dich und für deine Geschwister zusammen. Der Segen des Geldes besteht darin, daß man anderen Gutes tun kann und sie erfreuen kann.[402]
Denke ganz besonders daran, daß es dem Vater gegeben werden kann zum Dienst an seinem Königreich und zum Aufbau seines geistlichen Tempels, für die Ausbreitung seiner Herrschaft. Jede Zeit geistlicher Segnungen, die in der Bibel erwähnt wird, war auch eine Zeit freudigen Gebens für die Sache Gottes. Sogar die Ausgießung des Heiligen Geistes äußerte sich in Geldspenden für den Herrn.[403]
Glaubender, verstehe dies: Die tiefsten Überlegungen des Herzens und seine geistlichen Aktivitäten erweisen sich in der Art, wie wir mit unserem Geld umgehen. Die Liebe zu Gott, die Liebe zum Nächsten, der Sieg über die Welt durch den Glauben, die Hoffnung auf ewige Schätze, Treue als

Verwalter, Freude am Dienst für Gott, freudige Selbstverleugnung, heilige Besonnenheit, die herrliche Freiheit der Kinder Gottes – all das kann am Gebrauch des Geldes gesehen werden. Geld kann das Mittel der herrlichsten Gemeinschaft mit Gott sein im Genuß der Seligkeit, daß du ihn ehren und ihm dienen kannst.

Herr und Gott, laß mich erkennen, in welch engem Zusammenhang mein Geld mit meinem geistlichen Leben steht. Möge der Heilige Geist mich leiten und heiligen, so daß ich mit all meinem Verdienen und Empfangen, Sparen und Ausgeben von Geld dir immer wohlgefallen möge und es zum Segen für meine Seele sei. Amen.

1. John Wesley sagte immer, daß es drei Regeln über den Gebrauch des Geldes gebe, das er geschäftlich an Menschen weitergab. Er war sicher, daß sie daraus Nutzen ziehen konnten.
a) Mach so viel aus dem Geld, wie du nur kannst. Sei fleißig und ausdauernd.
b) Spare so viel Geld, als dir möglich ist. Sei kein Verschwender, lebe einfach und vorsorglich.
c) Gib so viel Geld her, als du kannst. Das ist die göttliche Bestimmung des Geldes, daß es zu einem ewigen Segen für dich und andere werden kann.
2. Mach dich mit dem prächtigen Gebet Davids in 1. Chronik 29 bekannt. Nimm es in deine Seele auf. Es belehrt uns über die Glückseligkeit und die Verherrlichung Gottes, die aus freudigem Geben entspringt.

Kapitel 49

Die Freiheit des Christen

„Denn nun ihr frei geworden seid von der Sünde, seid ihr Knechte geworden der Gerechtigkeit. Nun ihr aber von der Sünde frei, ... habt ihr eure Frucht, daß ihr heilig werdet.“

(Römer 6, 18, 22)

„Nun aber... sind wir vom Gesetz los...“ *(Römer 7, 6)*

„Denn das Gesetz des Geistes, der da lebendig macht in Christus Jesus, hat mich frei gemacht von dem Gesetz der Sünde und des Todes.“ *(Römer 8, 2)*

Freiheit wird in der Heiligen Schrift als eines der größten Vorrechte der Kinder Gottes gewertet. Für nichts in der Geschichte haben Völker größere Opfer gebracht als für die Freiheit. Sklaverei ist der niedrigste Zustand, auf den ein Mensch absinken kann, denn als Sklave kann er nicht mehr sein eigenes Leben gestalten. Freiheit ist die tiefste Notwendigkeit der menschlichen Natur.

Freiheit ist der Zustand, in dem alles sich dem Gesetz seiner Natur gemäß entwickeln kann – das heißt, gemäß seiner Bestimmung.

Ohne Freiheit kann niemand seine Bestimmung erfüllen oder das werden, was er sein soll. Das stimmt für das Tier und den Menschen, im körperlichen und im geistlichen Bereich.

Aus diesem Grund beschloß Gott die Befreiung Israels aus der Sklaverei von Ägypten in die herrliche Freiheit des Volkes Gottes als ewiges Bild auf die Befreiung aus der Sklaverei der Sünde in die Freiheit der Kinder Gottes.[404]

Deshalb sagte Jesus auf Erden: „Wenn der Sohn euch frei macht, seid ihr wirklich frei.“

Die Schrift lehrt uns, in dieser Freiheit fest zu stehen, zu der Jesus uns befreit hat. Die Einsicht in diese Freiheit eröffnet uns eine der größten Herrlichkeiten des Lebens, welche die Gnade Gottes uns bereitet hat.[405]
In den drei Aussagen des Römerbriefes, die sich mit Heiligung beschäftigen, wird von einer dreifachen Freiheit gesprochen. Das sechste Kapitel redet von der Freiheit von Sünde, das siebente von der Freiheit vom Gesetz, das achte von der Freiheit vom Gesetz der Sünde.
Es gibt Freiheit von der Sünde (Römer 6, 7, 18, 22). Die Sünde wird als eine Macht dargestellt, die den Menschen beherrscht. Der Mensch ist der Sünde unterworfen, von ihr gefangen und als ihr Sklave zum Bösen hingedrängt.[406] Der Glaube ist durch den Tod Christi und durch sein Leben in Vereinigung mit Christus ganz freigesetzt von der Herrschaft der Sünde. Sie hat keine Macht mehr über ihn. Wenn er dann immer noch sündigt, so deshalb, weil er selbst der Sünde erlaubt, noch über ihn zu herrschen, weil er seine Freiheit im Glauben nicht kennt. Aber wenn er im Glauben ganz ergreift, was das Wort Gottes hier zusagt, dann hat die Sünde keine Macht über ihn. Er überwindet sie im Glauben, weil er davon befreit worden ist.[407]
Dann gibt es da noch die Freiheit vom Gesetz. Dies führt uns noch tiefer in das Gnadenleben als die Freiheit von Sünde. Gemäß der Schrift gehören Gesetz und Sünde immer zusammen. „Die Macht der Sünde ist das Gesetz." Das Gesetz macht das Ärgernis nur noch größer.[408] Das Gesetz zeigt unsere Sündhaftigkeit auf und kann uns keine Hilfe gegen die Sünde sein. Doch mit seiner Forderung nach vollkommenem Gehorsam überläßt es uns hoffnungslos der Macht der Sünde.
Der Christ, der nicht unterscheidet, daß er vom Gesetz befreit wurde, wird immer unter der Sünde bleiben.[409] Chri-

stus und das Gesetz können nicht zugleich über uns herrschen. In jedem Streben, als Glaubende das Gesetz zu erfüllen, werden wir von der Sünde gefangen genommen.[410] Der Christ muß wissen, daß er völlig frei vom Gesetz ist, von dem „du mußt“, das ohne uns existiert und über uns droht. Dann erst wird er zum erstenmal erleben, was es bedeutet, von der Sünde frei zu sein. Dann gibt es auch Freiheit vom Gesetz der Sünde – tatsächliche Befreiung von der Macht der Sünde in unseren Gliedern. Was wir in Christus besitzen – nämlich Freiheit von der Sünde und vom Gesetz – wird in unserm Innern für uns durch den Geist Gottes verwirklicht. „Das Gesetz des Geistes des Lebens in Christus hat mich frei gemacht vom Gesetz der Sünde und des Todes.“ Der Heilige Geist in uns nimmt den Platz des Gesetzes, das über uns steht, ein. „Wenn ihr vom Geist geleitet seid, seid ihr nicht unter dem Gesetz.“ Die Befreiung vom Gesetz ist nicht irgend etwas äußerliches, sondern findet statt nach dem Ausmaß der Herrschaft und Führung, die der Heilige Geist in uns gewinnt. „Wo der Geist des Herrn ist, da ist Freiheit.“ Wenn das Gesetz des Geistes in uns herrscht, sind wir frei vom Gesetz der Sünde. Dann sind wir frei, Gott zu dienen.[411]

„Frei“ drückt einen Zustand aus, in dem nichts mich hindert, zu sein, was ich sein möchte und sein soll. Mit anderen Worten, frei sein heißt fähig sein zu tun, was ich möchte. Daran hindert uns die Macht der Sünde, die über uns liegt, die Macht des Gesetzes, das uns entgegensteht, und die Macht des Gesetzes der Sünde. Aber den, der in der Freiheit des Heiligen Geistes steht – den, der wirklich frei ist – kann nichts zurückhalten oder hindern, das zu sein, was er sein möchte und sein soll. Wie es in der Natur eines Baumes liegt, sich nach oben auszustrecken, wenn sein Wachstum nach oben nicht behindert wird, so wächst ein Gotteskind zu dem heran, was es sein möchte und sein soll. Und wie der Heilige Geist das Gotteskind in diese Freiheit hineinführt, wacht in ihm das freudige Bewußtsein seiner Stärke auf, ein Leben des Glaubens zu führen. Fröhlich ruft es aus: „Ich vermag alles durch Christus, der mich stärkt." „Dank sei Gott, der uns immer überwinden läßt in Christus."

Sohn Gottes, der du mit dem Geist gesalbt bist, um den Gefangenen Freiheit zu verkünden, mach auch mich wahrhaft frei. Laß den Geist des Lebens in dir, mein Herr, mich frei machen von dem Gesetz der Sünde und des Todes. Ich bin durch dich losgekauft. O laß mich als dein Befreiter leben, der durch nichts gehindert wird, dir zu dienen. Amen.

1. Die Freiheit des Christen erstreckt sich auf alle Lebensbereiche. Er ist frei in bezug auf die Einrichtungen und Lehren von Menschen. „Ihr seid teuer erkauft. Werdet nicht der Menschen Knechte." (1. Korinther 7, 23; Kolosser 2, 20) Er ist frei im bezug auf die Welt und im Gebrauch dessen, was Gott gibt. Er hat die Macht, es zu besitzen oder es loszulassen, es zu genießen oder es zu opfern. (1. Korinther 8, 8; 9, 4, 5)
2. Diese Freiheit ist nicht gesetzlos. Wir sind von der Sünde und dem Gesetz befreit, um Gott im Geist zu dienen. Wir sind nicht unter dem Gesetz, aber wir geben uns selbst freiwillig und aus Liebe ihm, der uns zuerst geliebt hat. (Römer 6, 18; Galater 5, 13; 1. Petrus 2, 16) Nicht unter dem Gesetz, sind wir auch nicht ohne Gesetz. Wir stehen in einem neuen, höheren Gesetz, „dem Gesetz des Geistes des Lebens", „dem Gesetz der Freiheit", „dem Gesetz, das in unsere Hezen geschrieben ist", als unsere Ordnung und unser Maßstab. (Römer 8, 2; Jakobus 1, 25; Römer 2, 15) Bei dieser letzteren Bibelstelle müßte die Übersetzung heißen: „.. durch ein Gesetz an Christus gebunden."

3. Diese Freiheit hat ihre Existenz durch das Wort und im Wort: Je mehr das Wort in mir wohnt und die Wahrheit in mir lebt, desto freier werde ich. (Johannes 8, 31, 32, 36)
4. Freiheit erweist sich in Liebe. Ich bin vom Gesetz, von Menschen und Institutionen frei, um mich wie Christus für andere hingeben zu können. (Römer 14, 13, 21; Galater 5, 13; 6, 1)
5. Diese herrliche Freiheit, Gott und dem Nächsten in Liebe zu dienen, ist etwas Geistliches. Wir können sie keinesfalls ergreifen und an uns reißen. Sie wird nur in einem Leben im Heiligen Geist erfahren. „Wo der Geist des Herrn ist, da ist Freiheit." „Wenn ihr vom Geist geleitet seid, dann seid ihr nicht unter dem Gesetz." Der Heilige Geist ist es, der frei macht. Lassen wir uns durch ihn in die herrliche Freiheit der Kinder Gottes einführen! „Der Geist des Lebens in Christus Jesus hat mich frei gemacht vom Gesetz der Sünde und des Todes."

Kapitel 50

Wachstum

„Das Reich Gottes ist so, wie wenn ein Mensch Samen aufs Land wirft; und schläft und steht auf Nacht und Tag; und der Same geht auf und wächst, ohne daß er's weiß. Denn die Erde bringt von selbst Frucht, zuerst den Halm, danach die Ähre, danach den vollen Weizen in der Ähre." (Markus 4, 26–28)
„Das Haupt, ... der ganze Leib ... wächst so, wie Gott es will." (Kolosser 2, 19)
„... und wachsen in allen Stücken zu dem hin, der das Haupt ist, Christus, von welchem der ganze Leib ... wächst ..." (Epheser 4, 15, 16)

Der Tod ist immer ein Stillstand, das Leben immer eine Bewegung, ein Fortschreiten. Zunehmen oder Wachstum ist das Gesetz alles geschaffenen Lebens. Folglich ist auch das neue Leben im Menschen dazu bestimmt, zuzunehmen und immer kraftvoller zu werden. So wie im Samen und in der Erde Leben und Wachstumskraft liegen, durch welche die Pflanze zu ihrer vollen Höhe und Fruchtbarkeit heranwachsen muß, so ist auch im Samen ewigen Lebens eine zwingende Kraft, durch die auch dieses Leben immer weiter zunimmt und wächst in einem göttlichen Wachstum, bis wir zu einem vollkommenen Menschen gelangen, zum vollen Maß der Fülle Christi.[412]
In dem Gleichnis von dem Samen, der von selbst aufgeht, groß wird und Frucht trägt, lehrt uns der Herr zwei der wichtigsten Lektionen über das Wachstum des geistlichen Lebens. Die eine handelt von seiner Selbständigkeit und die andere von seiner Allmählichkeit.
Die erste Lektion über die Selbständigkeit ist für jene bestimmt, die fragen, was sie tun müssen, um zu wachsen und an Gnade zuzunehmen. So wie der Herr über den Leib sagte: „Wer von euch kann durch all seine Sorge seiner Gestalt auch nur eine Spanne zusetzen? Betrachtet die Lilien auf dem Felde, wie sie wachsen!" – so sagt er uns hier, daß wir nichts tun können und nichts zu tun brauchen, um das geistliche Leben wachsen zu lassen.[413] Siehst du nicht, daß die Saat aufging und hoch wuchs, während der Mensch schlief – (er wußte nicht wie) und wie das Land die Frucht von selbst hervorbrachte? Wenn der Mensch einmal gesät hat, muß er sich bezüglich des Wachstums auf Gott verlassen. Er muß sich nicht sorgen; er muß vertrauen und ruhen. Muß der Mensch also gar nichts tun? Er kann gar nichts tun! Die Lebenskraft muß von innen heraus wachsen, aus dem Leben, aus dem Geist, der in das Leben eingepflanzt ist.

Zum Wachstum selbst kann er nichts beitragen. Es wird ihm gegeben werden, zu wachsen.[414]
Alles, was er tun kann, ist das Leben wachsen zu lassen. Alles, was dies Leben hindern kann, muß er wegtun und fernhalten. Wenn es da Dornen und Disteln gibt, welche den Platz und die Kraft der Erde, die der Pflanze zustehen, für sich beanspruchen, muß er sie ausreißen.[415] Die Pflanze muß allein und ungeteilt ihren Platz in der Erde haben. Dafür kann der Landmann sorgen, dann wächst sie von selbst weiter. So muß der Christ das ablegen, was das Wachstum des neuen Lebens hindert. Er muß das Herz ganz und ungeteilt für das neue Leben hingeben, damit es allein das Herz besitzen und füllen kann, so daß es frei und ungehindert wachsen kann.[416]
Der Landmann muß auch für das sorgen, was die Pflanze an Nahrung und Getränk braucht. Er kann den Boden düngen und bewässern nach Bedarf. So muß der Glaubende sehen, daß für das neue Leben Nahrung aus dem Wort und das lebendige Wasser des Geistes durch das Gebet bereit ist. In Christus ist das neue Leben gepflanzt worden. Von ihm her nimmt es in göttlichem Wachstum zu.
Bleibe in ihm verwurzelt durch die Ausübung des Glaubens, dann wird das Leben von selbst wachsen.[417] Gib ihm, was es braucht, nimm weg, was es behindert. Das Leben wird von selbst wachsen und zunehmen.
Die zweite Lektion des Gleichnisses ist die Allmählichkeit des Wachstums. „Erst der Halm, dann die Ähre, dann das volle Korn in der Ähre.“ Erwarte nicht alles auf einmal. Laß Gott Zeit. Durch Glaube und Ausdauer erben wir die Verheißung – durch den Glauben, der weiß, daß er in Christus alles hat, durch die Ausdauer, die alles erwartet zu seiner Zeit nach der Regel und Ordnung der göttlichen Herrschaft. Laß Gott Zeit. Laß dem neuen Leben Zeit. Die Pflanze

wächst, indem sie lange genug in der Erde bleibt. Das neue Leben wächst, indem es ständig in der Gnade bleibt, in Christus, in den Gott uns eingepflanzt hat.[418]
Ja, laß dem neuen Leben genügend Zeit – Zeit im Gebet, Zeit in der Gemeinschaft mit Gott, Zeit in der fortgesetzten Übung des Glauben; Zeit in der anhaltenden Trennung von der Welt. Laß ihm Zeit. Langsam aber sicher, verborgen aber real, in augenscheinlicher Schwachheit aber mit himmlischer Kraft wird das göttliche Wachstum den vollkommenen Menschen in Christus hervorbringen.

Mein Herr und Gott, stärke gnädig den Glauben deiner Kinder, daß ihr Wachstum und Fortschritt in deinen Händen liegt. Befähige sie, zu sehen, welch kostbares, kraftvolles Leben durch dich in sie eingepflanzt wurde, ein Leben, das auf göttliche Weise wächst. Befähige sie, durch Glauben und Geduld die Verheißungen zu erben. Und lehre sie, in diesem Glauben alles abzulegen, was das neue Leben hindern kann, und alles zu tun, was es fördern kann, so daß du herrlich in ihnen wirken kannst. Amen.

1. Für eine Pflanze ist die Sonne der wichtigste Versorger, die sie bescheint und von der sie ihre Kraft erhält. Für den Christen ist dies auch das Wichtigste: Daß er in Christus ist. Er muß in ihm aufwachsen, denn aus ihm erhält der Leib sein Wachstum. Im Glauben in Christus zu bleiben – das ist die Hauptsache.
2. Denke daran, daß der Glaube in Stille und Gelassenheit gedeiht, daß das Wachstum sich genau so vollzieht wie das der Lilien in Gottes Hand, und daß er sehen will, daß wir zunehmen und stark werden.
3. Durch diesen festen und freudigen Glauben „werden wir gestärkt mit aller Kraft durch seine herrliche Macht zu aller Geduld und Langmut“. (Kolosser 1, 11)

4. Dieser Glaube, daß Gott für unser Wachstum sorgt, nimmt alle Sorge hinweg und gibt Mut, zwei Dinge zu tun, die wir tun müssen: das ablegen, was für das neue Leben blockierend wirkt, und das fördern, was ihm dienlich ist.
5. Beachte genau den Unterschied zwischen Pflanzen und Wachsen. Pflanzen ist das Werk eines Augenblicks – in einem Augenblick empfängt die Erde den Samen. Danach aber erfolgt das langsame Wachstum. Ohne Verzögerung – sofort – muß der Sünder das Wort annehmen. Ohne Verzögerung soll die Bekehrung stattfinden. Dann erfolgt mit der Zeit das Wachstum des Samens.
6. Die Hauptsache ist Christus: Von ihm und in ihm ist unser Wachstum. Er ist der Boden, der selbst die Frucht hervorbringt – wir wissen nicht wie. Sei täglich in Gemeinschaft mit ihm.

Kapitel 51

Studium der Heiligen Schrift

„Wie habe ich dein Gesetz so lieb! Täglich sinne ich ihm nach.“
(Psalm 119, 97)

„Ihr suchet in der Schrift … und sie ist es, die von mir zeuget.“
(Johannes 5, 39)

„… aber das Wort der Predigt half jenen nichts, da die nicht glaubten, die es hörten.“ (Hebräer 4, 2)

Am Anfang dieses Buches steht mehr als ein Abschnitt über den Gebrauch des Wortes Gottes im Leben der Gnade. Ich möchte noch einmal auf diesen allgemein so wichtigen Punkt zurückkommen. Ich kann gar nicht zu ernst und dringend diesen Ruf an die Neubekehrten richten: Dein geistliches Leben hängt in hohem Maß von deinem Gebrauch des Wortes Gottes ab. Der Mensch lebt von dem Wort, das aus dem Munde Gottes kommt. Bemühe dich deshalb von ganzem Herzen, das Wort Gottes richtig zu gebrauchen. Nimm zu diesem Zweck folgende Vorschläge an:

Lies das Wort Gottes mehr mit dem Herzen als mit dem Verstand. Mit dem Verstand erkenne und begreife ich; mit dem Herzen wünsche, liebe und behalte ich. Laß den Verstand der Diener des Herzens sein. Hüte dich vor dem Verstehen aus fleischlicher Natur heraus, das geistliche Dinge nicht erfassen kann.[419] Verleugne dein Verstehen und warte demütig auf den Geist Gottes. Halte bei jeder Gelegenheit still inne beim Lesen des Wortes und sage zu dir selbst: „Dieses Wort nehme ich jetzt in mein Herz auf, daß ich es lieb gewinne und in mir wohnen lasse."[420]

Lies das Wort immer in Gemeinschaft mit dem lebendigen Gott. Die Macht einer Aussage hängt von der Meinung ab, die ich von dem Mann habe, der sie ausspricht. Zuerst bringe dich in liebenden Kontakt mit dem lebendigen Gott unter dem Eindruck seiner Nähe und Liebe. Beschäftige dich mit dem Wort in der vollen Überzeugung, daß er, der ewige Gott, mit dir spricht. Und laß dein Herz stille werden, um auf Gott, auf Gott selbst, zu horchen.[421] Dann wird dir das Wort sicher zum reichen Segen.

Lies das Wort als ein lebendiges Wort, in dem der Geist Gottes wohnt und das bestimmt in denen wirkt, die daran glauben. Das Wort ist ein Same. Der Same hat Leben und Wachstum und bringt von selber Frucht.[422] Wenn du es nicht ganz verstehst, wenn du seine Macht nicht spürst, dann trage es in deinem Herzen und denke darüber nach. Es wird von selbst beginnen, Wachstum in dir zu bewirken.[423] Der Geist Gottes ist mit und in dem Wort.

Lies es mit dem Entschluß, nicht nur ein Hörer, sondern auch ein Täter des Wortes zu sein. Das sei die entscheidende Frage für dich: Was möchte Gott, daß ich mit diesem Wort tue? Wenn die Antwort lautet: Er möchte, daß ich es glaube und mich auf ihn verlasse, daß er es erfüllen wird, tu dies sofort und von Herzen. Wenn das Wort ein Gebot ist, was du tun sollst, dann handle sofort danach.[424] O es liegt eine unaussprechliche Seligkeit darin, Gottes Wort zu befolgen und mich ihm zu unterstellen und so zu handeln, wie das Wort es sagt und haben möchte. Seid nicht Hörer, sondern Täter des Wortes.

Laß dir Zeit beim Lesen des Wortes! Mehr und mehr erkenne ich, daß man nichts auf Erden erreicht, ohne Zeit zu investieren. Laß dem Wort Zeit! Laß dem Wort Zeit, bei jeder Gelegenheit, wenn du dasitzt und es liest, in dein Herz zu kommen. Widme ihm Zeit durch die Ausdauer, mit der du Tag für Tag und Monat für Monat weitermachst.[425] Durch Ausdauer wirst du geübt und mehr mit dem Wort vertraut. Das Wort beginnt zu wirken. Sei nicht entmutigt, wenn du das Wort nicht verstehst. Mach weiter, fasse Mut, laß dem Wort Zeit. Später wird das Wort sich selbst erklären. David mußte es Tag und Nacht betrachten, um es zu verstehen.

Lies das Wort mit einem Forschen in den Schriften. Die beste Erklärung der Bibel ist die Bibel selbst. Nimm dir drei oder vier Texte über ein Thema vor. Lege sie nebeneinander und vergleiche sie. Schau, wo sie übereinstimmen und wo sie abweichen. Wo sie das gleiche aussagen oder wieder etwas anderes. Laß das Wort Gottes erklärt und bestätigt werden durch das, was er zu einem anderen Zeitpunkt über denselben Gegenstand sagte. Das ist die sicherste und beste Erklärung. Sogar die Schreiber der Bibel benützen diese Methode der Belehrung durch die Schrift selbst: „... und

wiederum …“[426] Beklage dich nicht, daß diese Methode zuviel Zeit braucht und zuviel Mühe macht. Es ist der Mühe wert; deine Anstrengungen werden belohnt werden. Auf Erden bekommst du nichts ohne Mühe.[427] Sogar das Brot zu unserem Leben müssen wir im Schweiße unseres Angesichts essen. Wer in den Himmel kommen möchte, dem gelingt das nicht, ohne daß er sich anstrengt. Erforsche die Schriften, es wird sich reichlich für dich lohnen.
Neuer Glaubender, laß dies eines meiner letzten und ernsthaftesten Worte an dich sein: Von deiner Beschäftigung mit dem Wort Gottes hängt dein Wachstum, deine Kraft, dein Leben ab. Liebe also das Wort Gottes! Schätze es süßer als Honig und wertvoller als alles Gold und Silber. Im Wort kann und will Gott dir sein Herz offenbaren. Im Wort teilt sich Jesus selbst mit all seiner Gnade mit. Im Wort kommt der Heilige Geist, um dein Herz und alle deine Gedanken gemäß der Gesinnung und dem Willen Gottes zu erneuern. O lies doch nicht nur gerade genug vom Wort, um dich vom Abgleiten zu bewahren, sondern betrachte es als deine wichtigste Beschäftigung auf Erden, dich zu öffnen, daß Gott dich mit seinem Wort füllen kann, daß er an dir sein Wort erfüllen kann.

Mein Herr und Gott, welch eine Gnade ist es, daß du in deinem Wort zu uns gesprochen hast, daß wir in deinem Wort Zugang haben zu deinem Herzen, zu deinem Willen, zu deiner Liebe. O vergib uns unsere Sünden gegen dein kostbares Wort!
Und, Herr, laß das neue Leben durch den Geist in uns so erstarken, daß es unser ganzes Verlangen ist, in deinem Wort zu bleiben. Amen.

In der Mitte der Bibel steht Psalm 119, der das Lob und die Liebe für Gottes Wort so treffend ausdrückt. Es ist für uns nicht genug, die Abschnitte dieses Psalms nacheinander zu lesen, sondern wir müssen seine Hauptgedanken herausgreifen und einen um den andern erforschen, was in den verschiedenen Abschnitten über diese Gedanken ausgesagt wird. Laß uns zum Beispiel folgende Gesichtspunkte herausgreifen, die Hinweise auf die Antworten betrachten und auf diese Weise versuchen, unter den vollen Eindruck dessen zu kommen, was über die Herrlichkeit des Wortes Gottes gelehrt wird.

1. Der Segen, den das Wort bringt. (vgl. Verse 1, 2, 6, 9, 11, 14, 24, 45, 46, 47 usw.)
2. Die Bezeichnungen, die in diesem Psalm für Gottes Wort verwendet werden.
3. Wie wir Gottes Wort handhaben müssen. (beobachten, darin wandeln, es halten, es sich merken, usw.)
4. Gebete und göttliche Belehrung. (Verse 5, 10, 12, 18, 19, 26)
5. Sich in Gehorsam dem Wort fügen. (Verse 93, 105, 106, 112, 128, 133)
6. Gottes Wort als Grundlage unserer Gebete. (Verse 41, 49, 58, 76, 107, 116, 170)
7. Beachtung (der Gebote) als Grundlage der Zuversicht beim Beten. (Verse 77, 159, 176)
8. Befolgung des Wortes als Versprechen für Gebetserhörung. (Verse 8, 17, 33, 34, 44)
9. Die Kraft, das Wort zu befolgen. (Verse 32, 36, 41, 42, 117, 135, 146)
10. Der Lobpreis für Gottes Wort. (Verse 54, 72, 97, 129, 130, 144)
11. Das zuversichtliche Bekenntnis des Gehorsams. (Verse 102, 110, 121, 168)
12. Die persönliche Verbindung mit Gott, wie sie in dem Gebrauch der Wörtlein Du und Ich, dein und mein gesehen werden kann.

Ich habe nur einige wenige Gesichtspunkte und einige Verse erwähnt. Suche noch mehr heraus und merke sie dir, bis dein Sinn erfüllt ist von Gedanken über das Wort, die der Geist Gottes dir eingeben möchte.

Lies mit viel Überlegung die Worte dieses Mannes des Glaubens, Georg Müller:

„Die Kraft unseres geistlichen Lebens hängt ab von dem Maß, in dem wir dem Wort Gottes Raum geben in unsern Gedanken und in unserm Leben. Das kann ich nach einer Erfahrung von 54 Jahren feierlich versichern. Nach meiner Bekehrung benützte ich drei Jahre lang das Wort nur wenig. Von da an erforschte ich es mit Eifer und der Segen war wunderbar. Seither habe ich die Bibel hundertmal der Reihe nach durchgelesen und jedesmal mit wachsender Freude. Immer wenn ich von vorn wieder anfange, erscheint sie mir als ein neues Buch. Ich kann nicht ausdrücken, wie groß der Segen treuen, täglichen, regelmäßigen Studiums der Bibel ist. Der Tag scheint mir verloren, an dem ich nicht eine bestimmte Zeit darauf verwendet habe, mich am Wort Gottes zu erfreuen.

Freunde sagen manchmal: ‚Ich habe so viel zu tun, daß ich keine Zeit für regelmäßiges Bibelstudium habe.‘ Ich glaube, es gibt wenig Menschen, die härter arbeiten müssen als ich. Doch ich habe es mir zur Regel gemacht, meine Arbeit nie anzufangen, ehe ich nicht wunderbare Gemeinschaft mit Gott hatte. Danach gebe ich mich mit ganzem Herzen den Geschäften des Tages hin – das heißt, dem Werk Gottes, mit Unterbrechungen von einigen Minuten für das Gebet.“

Kapitel 52

Der Herr ist der Vollender

„Ich rufe zu Gott, dem Allerhöchsten, zu Gott, der meine Sache zum guten Ende führt." *(Psalm 57, 3)*
„Der Herr wird meine Sache hinausführen." *(Psalm 138, 8)*
„Ich bin in guter Zuversicht, daß, der in euch angefangen hat das gute Werk, der wird's auch vollführen bis an den Tag Jesu Christi." *(Philipper 1, 6)*
„Denn von ihm und durch ihn und zu ihm sind alle Dinge. Ihm sei Ehre in Ewigkeit!" *(Römer 11,36)*

Wir lesen, daß David einmal durch seinen Unglauben entmutigt war und sagte: „Ich werde eines Tages durch die Hand des Sauls vernichtet." Ebenso kann auch der Christ fürchten, daß er eines Tages umkommt. Dies ist deshalb, weil er auf sich selbst schaut und auf das, was in ihm ist, und sein Vertrauen nicht vollständig auf Gott setzt. Es ist, weil er Gott als den Vollender noch nicht kennt. Er weiß noch nicht, was dieser sein Name bedeutet: „ICH BIN das Alpha und Omega, der Anfang und das Ende, der Erste und der Letzte."
Wenn ich wirklich an Gott als den Anfang glaube, dann muß ich ihm auch vertrauen als dem, der fortführt, was er begann.
Gott ist der Anfang: „Er, der ein gutes Werk in euch begann." „Ihr habt nicht mich erwählt, sondern ich habe euch erwählt." Es ist Gottes freier Entschluß vor Grundlegung der Welt, dem wir verdanken, daß wir Glaubende geworden sind und neues Leben haben.[428]
Die, welche noch unbekehrt sind, sind in diese Erwählung noch nicht eingetreten. Für sie gilt das Angebot der Gnade

und der Ruf zur Umkehr. Die, welche eintreten, finden den ganzen Segen, Geliebte Gottes zu sein.
Es ist sehr wichtig, an dieser Wahrheit festzuhalten: Er hat das gute Werk begonnen. Dann wird jeder Gedanke an Gott das Vertrauen stärken, daß er es auch vollenden wird. Seine Liebe, seine Treue und seine Macht verbürgen, daß er das gute Werk, das er begann, auch vollenden wird. Lies, wie Gott mehr als einen Eid bezüglich seiner unwandelbaren Treue geschworen hat. Deine Seele wird darin zur Ruhe kommen und Mut fassen.[429]
Und wie wird er sein Werk beenden? Das, was *in* ihm seinen Ursprung hat, wird *von* ihm erhalten und soll eines Tages seiner Verherrlichung dienen. Es gibt nichts in deinem Leben, Zeitliches oder Geistliches, worum der Vater sich nicht kümmert, denn es hat auf dich Einfluß für die Ewigkeit.[430]
Es gibt Tag und Nacht keinen Augenblick, an welchem das stille Wachstum deiner Seele nicht vor sich geht. Wenn du daran glaubst, wird der Vater sich darum kümmern. Es gibt nichts an deinem Schicksal als Gotteskind – auch in Bereichen, an die du vielleicht noch nicht im geringsten gedacht hast –, was der Vater nicht fortsetzen und vollenden würde.[431] Es gibt jedoch eine Bedingung: Du mußt ihm dies zutrauen. Im Glauben mußt du ihm erlauben, zu wirken. Vertrauensvoll mußt du sagen: „Der Herr wird alles, was mich angeht, vollenden." Du mußt vertrauensvoll beten: „Ich will zu Gott rufen, der alles für mich vollbringt." Christ, laß deine Seele erfüllt sein von dem Gedanken, daß die ganze Fürsorge – die Fortsetzung und Vollendung von Gottes Werk in dir – in seinen Händen ist.[432]
Und wie herrlich wird die Vollendung sein! Gott ist bereit, in unserem geistlichen Leben seine Macht zu erweisen, um uns zu Teilhabern an seiner Herrlichkeit zu machen und

zum Ebenbild seines Sohnes. Er wird uns ausrüsten und uns befähigen für all die segensreiche Arbeit in seinem Königreich, die er von uns getan haben möchte. Unsern Leib wird er dem verklärten Leib seines Sohnes ähnlich machen. Wir dürfen das Kommen des Sohnes aus dem Himmel erwarten, der die Seinen zu sich holt.
Er wird uns mit all seinen Erwählten zu einem Leib vereinen und wird uns aufnehmen in seine Herrlichkeit und für immer in ihr wohnen lassen. O wie können wir nur denken, daß Gott sein Werk nicht vollenden wird? Er wird es sicher tun, er wird es auf herrliche Weise tun, er wird es für jeden tun, der ihm das zutraut.
Neuer Christ, sage in tiefer Glaubensgewißheit: „Der Herr wird alles vollenden, was mich angeht." In jeder Not sage ständig mit großer Kühnheit: „Ich will den Herrn anrufen, der alles für mich vollbringt." Und laß die freudige Doxologie zum Loblied deines Lebens werden: „In ihm und durch in und zu ihm sind alle Dinge, ihm sei die Herrlichkeit für immer!" Amen.

Mein Herr und Gott, der alles was mich angeht vollenden wird, lehre mich, dich zu kennen und dir zu vertrauen. Und laß jeden Gedanken an das neue Leben Hand in Hand gehen mit der freudigen Zuversicht, daß der, welcher ein gutes Werk in mir begann, es auch vollenden wird. Amen.

1. „Wer bis zum Ende ausharrt, wird gerettet werden." Ein guter Anfang bringt nur geringen Nutzen. Wir müssen den Beginn unserer Hoffnung bis zum Ende festhalten. (Matthäus 10, 27; 24, 13; Hebräer 3, 14, 16; 11, 12)
2. Wie weiß ich, ob ich ein Teilhaber an der Neugeburt bin? „So viele vom Geist getrieben werden, sind Söhne Gottes" (Römer 8, 14). Der Glaube, daß Gott mich angenommen

hat, reift und wird bestätigt durch Werke, durch einen Wandel unter der Führung des Geistes.

3. Wie kann irgend jemand sicher wissen, daß er bis zum Ende durchhält? Durch Glauben an Gott den Vollender. Wir dürfen den allmächtigen Gott als unseren Hüter betrachten. Wer sich ihm aufrichtig hingibt und völlig darauf vertraut, daß er sein Werk vollendet, erlangt eine göttliche Gewißheit, daß der Herr ihn hält und bis ans Ende halten wird.

Kind Gottes, lebe in Gemeinschaft mit deinem Vater, lebe ungeteilten Herzens das Glaubensleben in deinem Jesus, und alle Angst, vielleicht abzufallen, wird dir genommen werden. Das lebendige Siegel des Heiligen Geistes soll deine Sicherheit sein, daß du bis ans Ende ausharrst.

Fußnoten

[1] Johannes 1, 12, 13; 3, 5, 7; 5, 24; 1. Johannes 3, 14; 5, 1
[2] Johannes 3, 15, 16, 36; 6, 40, 51; 11, 25, 26; Römer 6, 11, 23; 8, 2; 1. Johannes 5, 12, 13
[3] 1. Johannes 1, 3; 3, 1; 5, 11
[4] Johannes 10, 10, 28; Hebräer 7, 16, 28; 11, 25, 26; 2. Korinther 12, 9; 13, 4; Kolosser 3, 3, 4; Philipper 4, 13
[5] Josua 3, 4; Jesaja 4, 5, 6; Matthäus 16, 23
[6] Psalm 25, 5, 8, 9; 143, 8; Jesaja 42, 16; 64, 4; Matthäus 11, 25; 1. Korinther 1, 18, 19; 2, 7, 10, 12; Hebräer 11, 8
[7] Psalm 18, 2; 27, 1; 36, 8, 9; Johannes 14, 19; Galater 2, 20; Kolosser 3, 3, 4
[8] Habakuk 2, 4; Matthäus 6, 27; Römer 1, 17; Galater 3, 11; Hebräer 10, 38
[9] 1. Petrus 1, 23; 2, 2, 10, 25
[10] Römer 8, 16; 1. Korinther 3, 1, 16; Galater 4, 6, 7; 1. Johannes 3, 2, 14, 24; 4, 13; 5, 10, 13
[11] Epheser 5, 8; Kolosser 2, 6; 1. Petrus 1, 14, 18, 19
[12] 1. Korinther 3, 1, 13; Hebräer 5, 13, 14
[13] Matthäus 5, 3; Römer 12, 3, 10; Epheser 4, 2; Philipper 2, 3, 4; Kolosser 3, 12
[14] Matthäus 8, 8, 15, 27, 28
[15] Richter 5, 31; Psalm 84, 7; 92, 13, 14; Sprüche 4, 18; Jesaja 40, 31; Epheser 4, 14; 1. Thessalonicher 4, 1; 2. Petrus 3, 18
[16] Psalm 19, 8, 11; 119, 97, 100; Jesaja 55, 2, 3; 1. Korinther 12, 11
[17] Johannes 6, 63; 1. Thessalonicher 2, 13; Hebräer 4, 12
[18] Johannes 10, 4
[19] Psalm 119, 18; Johannes 14, 26; Epheser 1, 17, 18
[20] Psalm 119, 14, 47, 48, 111, 127
[21] 5. Mose 30, 14; Psalm 1, 2; 119, 34, 36; Jesaja 51, 7; Johannes 5, 38; 8, 31; 15, 7; Römer 10, 8, 9; Kolosser 3, 16
[22] Psalm 119, 34; Matthäus 13, 19; Apostelgeschichte 8, 30
[23] Psalm 119, 15, 16

[24] Johannes 5, 38; Apostelgeschichte 8, 37; Römer 10, 10, 17
[25] 2. Mose 25, 16; Psalm 37, 31; 40, 8; Kolosser 3, 16
[26] 1. Mose 21, 1; Josua 23, 14
[27] 5. Mose 11, 10; 28, 1, 2; Psalm 1, 2, 3; 119, 14, 45, 98, 165; Johannes 17, 6, 8, 17
[28] Psalm 119, 69; Johannes 15, 3, 7; 17, 6, 8, 17
[29] Johannes 14, 21, 23; 1. Johannes 2, 14, 24; Offenbarung 3, 8, 10
[30] 2. Chronik 20, 20; Markus 9, 23; Hebräer 11, 33, 35; 1. Johannes 5, 4, 5
[31] 1. Mose 21, 1; 32, 12; 4. Moses 14, 17, 18, 20; 23, 19; Josua 21, 45; 23, 14; 2. Samuel 7, 25, 29; Psalm 119, 49
[32] Lukas 1, 38, 45; Johannes 3, 33; 4, 50; 11, 40; 20, 29; Hebräer 11, 11, 18
[33] Römer 1, 17; 4, 5; 5, 1; Galater 3, 27; Epheser 1, 19, 3, 17
[34] Johannes 3, 16, 17, 36; 1. Johannes 5, 12, 13
[35] Römer 8, 38; Philipper 3, 21; 1. Thessalonicher 5, 24; 1. Petrus 1, 4, 5
[36] Galater 2, 20; 3, 2, 5; 5, 5, 6; Hebräer 10, 35; 1. Petrus 1, 3
[37] Lukas 17, 5, 6; Römer 10, 6–8
[37a] Römer 10, 17; Hebräer 4, 12
[38] 1. Thessalonicher 2, 13; Jakobus 1, 21; 1. Petrus 1, 23
[39] 5. Mose 32, 46, 47; Josua 1, 7, 9
[40] Galater 6, 6; 1. Thessalonicher 1, 3; Jakobus 1, 21
[41] Johannes 1, 14, 16; 14, 23; Römer 5, 8; 8, 32, 34; Epheser 1, 22; 3, 17; Kolosser 2, 9, 10; Hebräer 7, 24, 26; 1. Johannes 4, 9, 10
[42] Matthäus 11, 27; Johannes 17, 23, 25; Römer 8, 38, 39; Hebräer 2, 11
[43] Psalm 73, 24; 142, 6; Johannes 20, 28; Hebräer 3, 14
[44] Johannes 1, 12; 2. Korinther 3, 5; Kolosser 2, 6; 1. Johannes 5, 12
[45] Johannes 15, 5; Römer 8, 37; 1. Korinther 1, 30; Epheser 1, 3; 2, 10; Philipper 4, 13; 2. Timotheus 1, 12
[46] Johannes 1, 12; 1. Johannes 5, 9, 13
[47] 1. Johannes 4, 4, 19
[48] 2. Korinther 5, 15; Philipper 3, 8
[49] Galater 1, 4; 2, 20; Epheser 5, 2, 25; 1. Timotheus 2, 6; Titus 2, 14
[50] Epheser 1, 4; 5, 27; Kolosser 1, 22; 1. Thessalonicher 2, 10; 3, 13; 5, 23, 24
[51] Titus 2, 14

[52] 2. Mose 19, 4, 5; 5. Mose 26, 17, 18; Jesaja 41, 9, 10; 1. Korinther 6, 19, 20; 1. Petrus 2, 10

[53] Johannes 6, 29, 35; 7, 38; 10, 10, 38; Galater 2, 20

[54] Matthäus 8, 10; 9, 2, 22; Markus 11, 24; Lukas 7, 50; 8, 48; 17, 19; 18, 42; Römer 4, 20, 21; 5, 2; 11, 20; Galater 3, 25, 26; Epheser 1, 19; 3, 17

[55] 2. Korinther 10, 15; 1. Thessalonicher 1, 8; 3, 10; 2. Thessalonicher 1, 3

[56] Matthäus 5, 3; 1. Korinther 3, 10, 13, 16; Epheser 4, 14, 15; Kolosser 2, 6

[57] Johannes 1, 16; Kolosser 2, 9, 10; 3, 3

[58] Matthäus 5, 9, 16, 44, 45; Römer 8, 14; Epheser 1, 4, 5; 5, 1, 2; Philipper 2, 15; Hebräer 2, 10; 1. Petrus 1, 14, 17; 1. Johannes 3, 1, 10; 5, 1, 3

[59] Matthäus 4, 22; 10, 24, 25, 37, 38; Lukas 18, 22; Johannes 12, 25, 26; 2. Korinther 5, 15

[60] Matthäus 28, 20

[61] Johannes 21, 17; Galater 6, 1; 1. Thessalonicher 5, 24; 2. Timotheus 2, 13; 1. Johannes 5, 16

[62] Lukas 18, 28; Philipper 3, 7, 8

[63] Matthäus 7, 21, 27; Johannes 3, 20, 21; 2. Timotheus 2, 19, 21

[64] Römer 6, 13, 22; 12, 1; 2. Korinther 5, 15; Hebräer 13, 15; 1. Petrus 2, 5

[65] Johannes 10, 28; 2. Thessalonicher 3, 3; 2. Timotheus 1, 12

[66] 5. Mose 27, 26; Jesaja 59, 1, 2; Jeremia 44, 4; Römer 1, 18

[67] Galater 2, 4; Epheser 5, 25, 27; 1. Petrus 2, 24; 1. Johannes 3, 3, 8

[68] Jeremia 27, 9; 1. Petrus 1, 2, 15, 16; 2, 14; 1. Johannes 3, 8

[69] 1. Mose 27, 34; Jesaja 58, 5, 6; Johannes 6, 26; Jakobus 8, 11

[70] Psalm 32, 5; Lukas 7, 38; 19, 7, 8, 10; Johannes 4, 3

[71] Hebräer 9, 26

[72] Römer 7, 4, 9; 8, 2; 2. Korinther 12, 9; 2. Thessalonicher 2, 3

[73] 5. Mose 8, 17, 18; Psalm 44, 4, 8; Johannes 16, 33; 1. Johannes 5, 4, 5

[74] 1. Korinther 15, 10; Galater 2, 20; Philipper 4, 13; Kolosser 3, 3–5

[75] 2. Mose 29, 43; Johannes 15, 4, 5; Römer 8, 10; Epheser 3, 17, 18

[76] 1. Mose 6, 5, 6; Jesaja 43, 24; Hesekiel 33, 6; Offenbarung 6, 16, 17

[77] Richter 10, 10, 15, 16; Esra 9, 6; Nehemia 9, 2, 33; Jeremia 3, 21, 25; Daniel 9, 4, 5, 20

[78] 3. Mose 6, 21; 4. Mose 5, 7; 2. Samuel 12, 13; Psalm 32, 5; 38, 18; 51, 5, 19

[79] 1. Mose 3, 12; 2. Mose 32, 22, 24; Jesaja 1, 11, 5; Lukas 13, 26

[80] 4. Mose 12, 11; 21, 7; 2. Samuel 24, 10, 17; Jesaja 59, 12, 13; Lukas 23, 41; Apostelgeschichte 19, 18, 19; 22, 19, 20; 1. Timotheus 1, 13, 15

[81] Sprüche 28, 13; 3. Mose 26, 40, 41; Jeremia 31, 18, 19

[82] 2. Samuel 12, 13; Psalm 32, 5; Jesaja 55, 7

[83] 1. Johannes 5, 5

[84] Psalm 103, 12; Jesaja 38, 17; 55, 7; Micha 7, 18, 19; Hebräer 10, 16–18

[85] Jeremia 31, 34; Hebräer 8, 12; 10, 7

[86] Hosea 14, 5; Lukas 15, 22; Apostelgeschichte 26, 18; Römer 5, 1, 5

[87] Psalm 103, 3; Jesaja 12, 1, 3; Römer 5, 10; 8, 32; Epheser 1, 7; 3, 5

[88] Johannes 13, 14, 15; Römer 12, 1; 1. Korinther 6, 20; Epheser 5, 25, 26; Titus 2, 14; 1. Petrus 1, 17, 18

[89] 2. Mose 34, 6, 7; Matthäus 18, 21; Lukas 1, 77, 78

[90] Epheser 2, 13, 18; Philipper 3, 9; Kolosser 1, 21, 22

[91] 3. Mose 13, 13; 14, 7, 8; 4. Mose 19, 12; 31, 23, 24; 2. Samuel 22, 21, 25; Nehemia 13, 30; Maleachi 3, 3

[92] Psalm 51, 12; 73, 1; Matthäus 5, 8; 1. Timotheus 1, 5; 2. Timotheus 2, 22; 1. Petrus 1, 22

[93] Johannes 13, 10, 11; Hebräer 9, 14; 10, 22; 1. Johannes 1, 7

[94] Johannes 15, 3

[95] Psalm 51, 3; Hesekiel 30, 25; Johannes 13, 2; 2. Korinther 7, 1; 1. Timotheus 5, 22; 2. Timotheus 2, 21; Jakobus 4, 8; 1. Johannes 3, 8

[96] Psalm 19, 13; Matthäus 5, 6

[97] Epheser 5, 26; Titus 2, 14

[98] 2. Mose 19, 6; 3. Mose 11, 44; 19, 2; 20, 6, 7

[99] 2. Mose 15, 11; Jesaja 12, 6; 41, 14; 43, 15; 49, 7; Hosea 11, 9

[100] Jesaja 10, 17; Hebräer 12, 14

[101] 1. Korinther 1, 2; Epheser 5, 27

[102] 2. Korinther 7, 1; Epheser 5, 26, 27; 2. Timotheus 2, 21

[103] 2. Mose 29, 43; 1. Korinther 1, 2; 3, 16, 17; 6, 19

[104] Römer 1, 4; 8, 2, 13; 1. Petrus 1, 2

[105] 2. Thessalonicher 2, 13

[106] 2. Korinther 7, 1

[107] Johannes 1, 14, 16; 1. Korinther 2, 9, 10

108 Galater 2, 21; Epheser 2, 10; Philipper 2, 13; 4, 13

109 Jesaja 6, 3; Offenbarung 4, 8; 15, 3, 4

110 Psalm 14, 3; 143, 2; Römer 3, 10, 20

111 Römer 3, 22, 24; 10, 3, 10; 1. Korinther 1, 30; 2. Korinther 5, 21; Galater 2, 16; Philipper 3, 9

112 Römer 5, 17, 18; 6, 13, 18, 19; 8, 3; Titus 1, 3; 2, 12; 1. Johannes 2, 29; 3, 9, 10

113 1. Mose 6, 9; 7, 1; Matthäus 1, 19; Lukas 1, 6; 2, 25; 2. Petrus 2, 7

114 Psalm 1, 6; 5, 12; 14, 5; 34, 16, 20; 37, 17, 39; 92, 13; 97, 11; 146, 8

115 Psalm 32, 11; 33, 1; 58, 11; 64, 10; 68, 4; 97, 12

116 Sprüche 10, 3, 6, 7, 11, 16, 20, 21, 24, 25, 28, 30, 31, 32

117 Prediger 3, 17; Jesaja 3, 10; Hesekiel 3, 18, 20; 18, 21, 23; 33, 12; Maleachi 3, 18; Matthäus 5, 45; 12, 49; 25, 46

118 Matthäus 5, 6, 20; 6, 33

119 Römer 3, 31; 6, 13, 22; 7, 4, 6; 8, 4; 2. Korinther 9, 9, 10; Philipper 1, 11; 1. Timotheus 6, 11

120 1. Johannes 2, 4, 11, 29; 3, 10; 5, 2

121 Psalm 119, 166, 168; Lukas 1, 6, 75; 1. Thessalonicher 2, 10

122 Matthäus 5, 6, 17, 20, 6, 33

123 Johannes 13, 34; Römer 5, 5; Galater 5, 22; 1. Thessalonicher 4, 9; 1. Johannes 4, 11

124 Römer 5, 5; 1. Johannes 4, 19

125 Epheser 4, 2, 6; 5, 1, 2; 1. Johannes 3, 1; 4, 7, 20; 5, 1

126 Matthäus 5, 44, 45; Galater 2, 20; 1. Thessalonicher 3, 12, 13; 5, 24; Philipper 4, 13; 1. Petrus 1, 22

127 Lukas 22, 26, 27; Johannes 13, 14, 15, 34; Kolosser 2, 13

128 Matthäus 12, 50; 25, 40; Römer 13, 10; 1. Korinther 7, 19; Galater 5, 6; Jakobus 2, 15, 16; 1. Johannes 3, 16, 17, 18

129 Galater 5, 22; Epheser 4, 2, 32; Philipper 2, 2, 3; Kolosser 3, 12; 2. Thessalonicher 1, 3

130 Lukas 6, 32, 35; 1. Petrus 1, 22; 2. Petrus 1, 7

131 2. Chronik 26, 5, 16; 32, 26, 31; Jesaja 65, 5; Jeremia 7, 4; 2. Korinther 12, 7

132 Jesaja 43, 7, 21; Johannes 12, 28; 13, 31, 32; 17, 1, 4, 5; 1. Korinther 10, 31; 2. Thessalonicher 1, 11, 12

133 Römer 1, 21, 23

134 Johannes 8, 50; Philipper 2, 7

[135] Römer 8, 2; Philipper 2, 5

[136] Psalm 31, 23; Sprüche 16, 5; Matthäus 23, 12; Lukas 1, 51; Jakobus 4, 6; 1. Petrus 5, 5

[137] Psalm 34, 19; Sprüche 11, 2; Jesaja 57, 15; Lukas 9, 48; 14, 11; 18, 14

[138] Römer 12, 3, 16; 1. Korinther 13, 4; Galater 5, 22, 23, 26; Epheser 4, 2; Philipper 2, 3

[139] Matthäus 20, 26, 28; Lukas 22, 27; Johannes 13, 14, 15; Philipper 2, 7, 8

[140] 1. Thessalonicher 2, 13; Hebräer 4, 12; Jakobus 1, 21

[141] 1. Mose 1, 27; 1. Korinther 11, 7

[142] Hiob 42, 6; Jesaja 6, 5; Lukas 5, 8

[143] Römer 7, 18; 1. Korinther 15, 9, 10; Galater 2, 20

[144] 1. Mose 32, 10; 2. Samuel 7, 18; 1. Petrus 5, 6–10

[145] Römer 7, 14, 23; Galater 6, 1

[146] 2. Korinther 1, 9; 1. Thessalonicher 5, 24; 2. Thessalonicher 2, 16, 17; 3, 3

[147] Matthäus 26, 41; Lukas 12, 35; 1. Petrus 1, 13; 5, 8–10

[148] Hebräer 3, 6, 14; 10, 35

[149] Römer 6, 1; Galater 2, 18; 3, 3

[150] Matthäus 5, 48; 2. Timotheus 3, 17; Hebräer 13, 20, 21; Jakobus 1, 4; 1. Petrus 5, 10

[151] Matthäus 14, 31; 17, 20

[152] Psalm 38, 18; 69, 6; 1. Johannes 1, 9; 2, 1

[153] Sprüche 28, 14; Philipper 2, 12; 1. Petrus 1, 17, 18

[154] 2. Chronik 20, 15; Psalm 18, 30, 37; 44, 5, 9; Johannes 5, 4, 5; Römer 11, 20; 2. Korinther 1, 24; Philipper 2, 13

[155] 1. Mose 28, 15; 5. Mose 7, 9; 32, 10; Psalm 17, 8; 89, 33, 34; Römer 11, 2, 29

[156] Psalm 51, 17; Jeremia 31, 33

[157] Psalm 31, 6; 141, 3

[158] Psalm 119, 165; Jeremia 26, 3, 4; Johannes 14, 27; Philipper 4, 6, 7; 2. Thessalonicher 3, 16

[159] Jesaja 1, 7; Jeremia 1, 9; Matthäus 10, 19, 20

[160] 2. Mose 14, 14; 5. Mose 3, 22; 20, 4; 2. Chronik 20, 15

[161] Matthäus 9, 28; 1. Johannes 5, 3, 4

[162] 1. Mose 17, 1; 18, 14; Jeremia 32, 17, 27; Matthäus 8, 27; 28, 18; Lukas 1, 37, 49; 18, 27; Römer 4, 21; Hebräer 11, 19

[163] Römer 4, 21; 14, 4; 2. Korinther 9, 8; 2. Timotheus 1, 13

[164] Johannes 13, 1; 1. Korinther 1, 8, 9

[165] Johannes 10, 14, 28; Galater 2, 20; 2. Timotheus 4, 18; 1. Johannes 2, 13, 14

[166] Josua 1, 9; Psalm 23, 4; Römer 8, 35

[167] Römer 4, 4, 5; 11, 6; 1. Korinther 1, 27, 28

[168] 2. Chronik 16, 9; 20, 12; Johannes 5, 19; 15, 5; 2. Korinther 1, 9

[169] Johannes 15, 5; 1. Korinther 1, 24; 15, 10; Epheser 1, 18, 19; Kolosser 1, 11

[170] 2. Korinther 11, 30; 12, 9, 11; 13, 4, 9

[171] Psalm 89, 13; 118, 14

[172] Psalm 18, 2; 28, 7, 8; 31, 4; 43, 2; 46, 1; 59, 17; 62, 7; 81, 2

[173] Psalm 29, 1, 11; 68, 35

[174] Psalm 71, 16; 1. Johannes 2, 14

[175] Psalm 27, 14; 31, 24; Jesaja 40, 31; Epheser 6, 10

[176] Johannes 3, 36; Römer 3, 28; 4, 5, 16; 5, 1

[177] 2. Chronik 7, 2; Psalm 27, 13; Jesaja 7, 9; Matthäus 14, 30, 31; Lukas 5, 5

[178] Johannes 12, 25; Galater 3, 2, 14; Epheser 1, 13

[179] Römer 4, 20, 21; 2. Timotheus 1, 12; Hebräer 11, 5, 6; Jakobus 5, 15, 16

[180] Römer 15, 13; Galater 2, 20; 1. Petrus 1, 5, 7, 8

[181] Johannes 7, 39; 14, 16, 26; Apostelgeschichte 1, 4, 5; 2, 33; 1. Korinther 3, 16

[182] Johannes 15, 26; 16, 14, 15; 1. Korinther 2, 10, 12; 12, 3

[183] Johannes 14, 17, 26; Römer 8, 2; Epheser 3, 17, 19

[184] Johannes 16, 9, 14

[185] Jesaja 4, 4; Sacharja 12, 10, 11; Matthäus 3, 11, 12

[186] Psalm 139, 7, 23; Jesaja 10, 17; Matthäus 7, 5; Römer 14, 4; 1. Korinther 2, 10; 14, 24, 25

[187] Psalm 19, 13; 139, 23; Micha 3, 8; 1. Korinther 3, 17; 2. Korinther 3, 17; 6, 16

[188] 1. Johannes 1, 7, 9

[189] Epheser 3, 17–20; 1. Petrus 1, 5

[190] Römer 1, 4; 8, 2, 13; 1. Petrus 1, 2

[191] Römer 8, 14, 16; 1. Korinther 6, 19; 2. Korinther 1, 22; 6, 16; Epheser 1, 13

[192] Galater 3, 2, 5, 14; 5, 5

[193] Hosea 14, 6, 7; Matthäus 6, 28; Markus 4, 26, 28; Lukas 2, 40; Römer 8, 2

[194] Johannes 6, 63; 14, 26; 16, 13; 1. Korinther 2, 10, 14; 1. Thessalonicher 2, 13

[195] Sacharja 12, 10; Römer 8, 26, 27; Judas 20

[196] 1. Thessalonicher 5, 23, 24; 1. Petrus 1, 2, 15

[197] Matthäus 10, 20; Apostelgeschichte 1, 8; Römer 8, 9, 13; Galater 4, 6; Epheser 1, 13

[198] Apostelgeschichte 19, 2; Römer 5, 5; 1. Korinther 3, 16; 2. Korinther 5, 5; Galater 3, 5, 14

[199] 1. Chronik 19, 12; Psalm 62, 2; 131, 2; Jesaja 42, 2; Habakuk 2, 20; Sacharja 4, 6; Apostelgeschichte 1, 4

[200] Johannes 14, 15, 16; Apostelgeschichte 5, 32

[201] Jesaja 53,10; Apostelgeschichte 7, 51; Hebräer 10, 29

[202] Psalm 5, 6; Sprüche 12, 22; 21, 28; Johannes 8, 44; Offenbarung 21, 8, 27; 22, 15

[203] Matthäus 5, 22; 1. Korinther 1, 10, 11; 3, 3; 13, 1, 3; Galater 5, 5, 15, 21, 26; Kolosser 3, 8, 12; 1. Thessalonicher 5, 15; Jakobus 3, 14

[204] Matthäus 11, 29; 1. Korinther 6, 19, 20; Galater 6, 1; Epheser 2, 16, 17; Kolosser 1, 8; 2. Timotheus 1, 12

[205] Lukas 6, 31; Römer 13, 10; 1. Thessalonicher 4, 6

[206] Sprüche 10, 19, 20, 21, 31; 18, 20; Prediger 5, 1, 2; Matthäus 12, 36; Epheser 5, 4; Jakobus 3, 9, 10

[207] Römer 7, 18; 1. Korinther 3, 3; Galater 5, 15, 26

[208] Römer 4, 14, 15; 7, 4, 6; 8, 3, 8; Galater 5, 18; 6, 12, 13; Hebräer 7, 18; 8, 9, 13

[209] Römer 8, 14; 1. Korinther 2, 15; 3, 1; Galater 6, 1

[210] Römer 7, 6; 8, 2, 13

[211] Römer 7, 18; Galater 3, 3; 4, 9; 5, 4, 7

[212] Römer 1, 17; Galater 3, 11; Hebräer 10, 38

[213] Römer 5, 17, 21; 6, 11; 8, 2; Galater 2, 20; 1. Johannes 5, 11, 12

[214] Römer 7, 18; 8, 2, 13; Hebräer 11, 33

[215] Römer 4, 17; 2. Korinther 1, 9; Kolosser 1, 29; 2, 3

[216] Römer 7, 4, 6; 12, 5, 6; Galater 5, 18; Philipper 3, 3

[217] Johannes 15, 4, 5; 1. Korinther 15, 10; 2. Korinther 12, 9, 10

218 Matthäus 4, 6; 2. Korinther 4, 4; 11, 14
219 Matthäus 4, 1, 10
220 Matthäus 12, 28; Markus 4, 15; Lukas 13, 16; Apostelgeschichte 10, 38
221 Matthäus 16, 23; Lukas 22, 31, 32
222 Lukas 10, 18; 22, 3, 53; Johannes 12, 31; 14, 30; 16, 11; Römer 16, 20; Kolosser 2, 15; 2. Thessalonicher 2, 8, 9; 1. Johannes 3, 8
223 1. Korinther 7, 5; 2. Korinther 2, 10, 11; 1. Petrus 5, 8
224 1. Korinther 5, 5; 1. Timotheus 1, 20
225 Matthäus 4, 9; 13, 22; 1. Timotheus 6, 9, 10; 2. Timotheus 4, 10
226 Johannes 8, 44; 1. Johannes 3, 10, 15; 4, 20
227 Galater 3, 3; 5, 13
228 Epheser 6, 10, 12, 16
229 1. Mose 19, 22; Johannes 10, 9; 2. Korinther 6, 2; Hebräer 4, 6, 7
230 Apostelgeschichte 5, 39; 1. Korinther 10, 22
231 Epheser 6, 16; 1. Johannes 5, 4, 5
232 Psalm 18, 2, 3; 46, 1, 2; 62, 2, 3, 6–8; 144, 2; Epheser 6, 10
233 2. Mose 14, 14; Josua 5, 14; Johannes 16, 33; Römer 8, 37; 2. Korinther 2, 14
234 Psalm 44, 4–8; Jesaja 45, 24
235 5. Mose 20, 3, 8; Josua 6, 20; Richter 7, 3; Psalm 18, 32–40; Hebräer 11, 23
236 Matthäus 5, 44, 45; 10, 8; 18, 33
237 Jesaja 58, 10, 11; 1. Korinther 13, 5; 1. Johannes 4, 11
238 Psalm 112, 5, 9; Sprüche 11, 24, 25; Matthäus 25, 40; 1. Korinther 15, 58; 2. Korinther 9, 6; Hebräer 6, 10
239 Lukas 24, 49; Johannes 7, 38; 14, 12
240 1. Mose 1, 22, 28; 9, 1; 22, 17; 26, 24
241 2. Korinther 9, 8, 11; Epheser 1, 3; Hebräer 6, 14
242 Lukas 18, 29, 30; Johannes 12, 24, 25; 2. Korinther 6, 17, 18
243 Psalm 40, 10, 11; 66, 16; 71, 8, 15, 24; Hebräer 13, 15
244 Lukas 7, 40; Johannes 3, 3; 4, 7
245 2. Mose 18, 8, 11; 2. Chronik 5, 13
246 Johannes 1, 41, 42, 46; 4, 28, 29, 39; Apostelgeschichte 11, 19
247 Hebräer 3, 13; 10, 24; Judas 21, 23
248 2. Mose 4, 11, 12; Josua 1, 9; Jesaja 50, 4, 11; Jeremia 1, 6, 7; Matthäus 10, 19, 20

[249] 2. Chronik 15, 7; Psalm 126, 6; Haggai 2, 5; Galater 6, 9

[250] Apostelgeschichte 4, 13; 2. Korinther 3, 5; 13, 3

[251] Psalm 2, 3; Matthäus 24, 14; 28, 18, 19, 20; Markus 13, 10; Lukas 21, 24; Römer 11, 25

[252] Markus 16, 15; Lukas 24, 47; Johannes 17, 18; Apostelgeschichte 1, 8

[253] 1. Korinther 12, 21

[254] Apostelgeschichte 1, 8; 11, 12, 23, 24; 13, 2, 4; 22, 21

[255] Apostelgeschichte 14, 27; 15, 4, 5; Römer 11, 25, 33; 15, 10; Epheser 3, 5, 8, 10

[256] Jesaja 49, 6, 12, 18, 22; 54, 1, 2

[257] Sprüche 11, 24, 25; Jesaja 58, 7, 8

[258] Jesaja 49, 6, 18, 21, 22; 54, 1, 3; 60, 1, 3, 11, 16; 62, 2

[259] Psalm 89, 16, 17; Jesaja 29, 19; Johannes 16, 22; 1. Petrus 1, 8

[260] Psalm 32, 11; Jesaja 12, 5, 6; 1. Thessalonicher 5, 16; Philipper 4, 4

[261] 5. Mose 28, 47; Psalm 9; 119, 111

[262] Nehemia 8, 11; Psalm 68, 4; Sprüche 4, 18

[263] Esther 8, 16; Sprüche 13, 9; 15, 30; Jesaja 60, 20

[264] 2. Mose 10, 23; 2. Samuel 23, 4; Psalm 36, 10; Jesaja 60, 1, 20; 1. Johannes 1, 5; 4, 16

[265] Josua 7, 13; Jesaja 58, 10; 59, 1, 2, 9; Matthäus 15, 14, 16; 2. Korinther 6, 14; Epheser 5, 8, 14, 1. Thessalonicher 5,5; 1. Johannes 2, 10

[266] Johannes 12, 36; 11, 40; Römer 15, 13; 1. Petrus 1, 3

[267] Philipper 3, 1; 4, 4

[268] Jesaja 5, 3; Hosea 7, 14, 15; 2. Korinther 7, 10

[269] Jesaja 27, 8, 9; 1. Korinther 11, 32; Hebräer 2, 10; 12, 11

[270] Psalm 119, 49, 50, 92, 143; Jesaja 40, 1; 43, 2; Hebräer 12, 10–13

[271] Jesaja 26, 16; 61, 1, 2; Hebräer 2, 10, 17, 18; 5, 9

[272] 2. Korinther 1, 3, 4; Hebräer 13, 5, 6

[273] Psalm 25, 9; 39, 2, 10; Jesaja 50, 4, 5

[274] 1. Mose 18, 22, 23; 22, 5; 32, 24; 2. Mose 33, 11

[275] Matthäus 6, 8; 7, 11

[276] Matthäus 6, 7, 8; Markus 11, 24; Lukas 18, 8; Johannes 14, 13, 14; 15, 7, 16; 16, 23, 24

[277] Psalm 3, 4; 4, 3; 6, 9; 10, 17; 17, 6; 20, 2, 7; 34, 5, 7, 17, 18; 38, 15; 40, 1, 2; 65, 2; 66, 19

[278] Josua 7, 12; 1. Samuel 8, 18; 14, 37, 38; 28, 6, 15; Sprüche 21, 13; Jesaja 1, 15; Micha 3, 4; Haggai 1, 9; Jakobus 1, 6; 4, 3; 5, 16

279 Psalm 149, 9; Jesaja 30, 19; Jeremia 33, 3; Maleachi 3, 10; Matthäus 9, 29; 15, 28; 1. Johannes 3, 22; 5, 14, 15

280 Matthäus 6, 6; Lukas 9, 18, 28

281 Apostelgeschichte 1, 14

282 2. Chronik 20, 4, 17, 18; Nehemia 9, 2, 3; Joel 2, 16, 17; Apostelgeschichte 12, 5

283 Psalm 133, 1, 3; Jeremia 50, 4, 5; Matthäus 5, 23, 24; 18, 19, 20; Markus 11, 25

284 Jeremia 32, 39; Apostelgeschichte 4, 24

285 Sprüche 18, 10

286 Johannes 14, 13, 14; 15, 7, 16; 16, 23, 24

287 1. Könige 18, 24, 37; Jakobus 5, 16

288 Apostelgeschichte 12, 5; 2. Korinther 1, 11; Jakobus 4, 3; 5, 16, 17

289 1. Mose 15, 1; Jesaja 8, 13; Jeremia 32, 40; Römer 8, 15; 1. Petrus 3, 14; 1. Johannes 4, 18

290 Psalm 22, 23, 25; 33, 18; 112, 1; 115, 13; Sprüche 28, 14

291 Matthäus 8, 26; Offenbarung 21, 8

292 Psalm 33, 18; 147, 11; Lukas 12, 4, 7

293 Psalm 56, 4, 11; Sprüche 1, 7; 9, 10; 10, 27; 19, 23; Apostelgeschichte 9, 31; 2. Korinther 7, 1

294 Hiob 42, 6; Psalm 5, 7; Jesaja 6, 3, 5; Habakuk 2, 20; Zephania 2, 3

295 Lukas 18, 2, 4; Römer 11, 20; 1. Petrus 3, 2, 5

296 Sprüche 2, 5, 11; 8, 12, 13; 13, 13; 16, 6; Lukas 1, 74

297 5. Mose 6, 2; Jesaja 12, 2

298 Psalm 22, 23; 135, 20

299 2. Mose 19, 4, 5; 3. Mose 1, 8, 9; 5. Mose 7, 6; Römer 12, 1; 1. Korinther 3, 16, 17

300 Johannes 14, 21; 15, 14, 15; 21, 17; Galater 2, 20

301 Matthäus 10, 32, 33, 37, 38, 40; Lukas 14, 26, 27, 33; 18, 22

302 2. Mose 33, 16; Josua 24, 15; Johannes 8, 35

303 Ruth 1, 16; Johannes 15, 12; Römer 12, 5; 1. Korinther 12, 20, 21; Epheser 4, 14, 16; 1. Petrus 1, 22

304 1. Korinther 8, 13; 9, 25, 27; 10, 23; 2. Korinther 6, 16, 17; 2. Timotheus 2, 4

305 1. Mose 22, 13, 17; 2. Chronik 25, 9; Lukas 18, 29, 30; Johannes 12, 24, 25; Philipper 3, 8

306 2. Timotheus 2, 21

[307] 2. Korinther 9, 8; 2. Thessalonicher 1, 11, 12
[308] 1. Korinther 15, 10; Galater 2, 20; Philipper 2, 13
[309] 5. Mose 26, 17, 18; Jesaja 44, 5; Galater 4, 7; 1. Johannes 5, 12
[310] Johannes 3, 33; 5, 24; Apostelgeschichte 27, 25; Römer 4, 21, 22; 1. Johannes 5, 10, 11
[311] 4. Moses 23, 19; Psalm 89, 35; Jesaja 54, 9
[312] 1. Johannes 3, 18, 19
[313] Johannes 15, 10, 14; Galater 5, 6; Jakobus 2, 22; 1. Johannes 3, 14
[314] Johannes 4, 13; Römer 8, 13, 14; 1. Johannes 3, 24
[315] Matthäus 20, 27, 28; Lukas 6, 40; Johannes 6, 57; 1. Johannes 2, 6; 4, 17
[316] Lukas 24, 16; 1. Korinther 3, 1, 2; Hebräer 5, 11, 12
[317] 1. Korinther 2, 12, 13; Epheser 1, 17–20
[318] Johannes 13, 15; 15, 10, 12; 17, 18; Epheser 5, 2; Philipper 2, 5; Kolosser 3, 13
[319] 1. Korinther 11, 1; 2. Korinther 3, 18
[320] Johannes 14, 23; 2. Korinther 13, 3; Epheser 3, 17, 18
[321] Sacharja 1, 6; Matthäus 18, 19; Lukas 1, 37, 45; 18, 27; Galater 2, 20
[322] Johannes 14, 20; 17, 19; Römer 8, 2; 2. Korinther 3, 18; Epheser 1, 19
[323] Johannes 14, 17; 17, 14, 16; 1. Korinther 2, 6, 8
[324] Johannes 14, 30; 16, 11; 1. Korinther 2, 12
[325] 1. Johannes 2, 15, 16
[326] Johannes 5, 44
[327] 2. Korinther 4, 13; 5, 7, 15
[328] Jakobus 4, 4
[329] Matthäus 6, 32, 33
[330] Galater 6, 14
[331] 2. Korinther 6, 14, 16; Epheser 5, 17; Hebräer 5, 14
[332] Johannes 16, 33; 1. Johannes 5, 4, 5
[333] 2. Mose 31, 13, 17; Hesekiel 20, 12, 20
[334] 1. Mose 1, 22, 28; 22, 17
[335] Jesaja 56, 4–7; 58, 13, 14
[336] Hebräer 4, 3, 10
[337] Johannes 20, 1, 19, 26; Apostelgeschichte 1, 8; 20, 7; 1. Korinther 16, 2; Offenbarung 1, 10
[338] 2. Mose 29, 43, 45; Hesekiel 37, 27, 28; 1. Petrus 1, 15, 16
[339] Psalm 62, 2, 6; Habakuk 2, 20; Sacharja 2, 13; Johannes 19, 30

[340] Psalm 132, 13, 14
[341] Galater 3, 26, 27; 4, 6, 7
[342] Kolosser 2, 12
[343] Titus 3, 5, 6
[344] Johannes 3, 3, 5
[345] Römer 6, 3, 4; Galater 3, 27; Kolosser 2, 12
[346] Römer 12, 2; Epheser 4, 23; Titus 3, 5, 6
[347] Johannes 16, 13, 14; Epheser 4, 14, 15; Kolosser 2, 6
[348] Psalm 13, 3; Matthäus 4, 4; Johannes 6, 51
[349] Römer 8, 23; 1. Korinther 6, 13, 15, 19, 20; Philipper 3, 21
[350] Matthäus 26, 26; Johannes 6, 54, 55; Römer 8, 11, 13
[351] 1. Korinther 6, 15, 17; 12, 13; Epheser 5, 23, 30
[352] Lukas 1, 37; 1. Korinther 2, 9, 12
[353] Matthäus 26, 28; Lukas 22, 19; Johannes 6, 56; 15, 4; 1. Korinther 10, 17; 11, 26; Offenbarung 3, 20
[354] Hiob 11, 13; Jesaja 55, 1, 3; Matthäus 5, 6; Lukas 1, 53; 1. Korinther 11, 28
[355] Römer 5, 19; 6, 16; 1. Petrus 1, 2, 14, 22
[356] 1. Mose 22, 17, 18; 26, 4, 5; 1. Samuel 15, 22; Johannes 15, 10
[357] Römer 6, 17; 2. Korinther 10, 5; Philipper 2, 8
[358] Apostelgeschichte 6, 7; Römer 1, 5; 16, 26
[359] 5. Mose 28, 1; Jesaja 63, 7–9; Johannes 14, 11, 15, 23; Apostelgeschichte 5, 32
[360] 1. Mose 12, 1, 4; 31, 13, 16; Matthäus 14, 28; Lukas 5, 5; Johannes 10, 4, 27
[361] Daniel 4, 35
[362] Galater 1, 4; Epheser 1, 5, 9, 11; Hebräer 10, 10
[363] Johannes 4, 34; 5, 20; 6, 38, 40
[364] Matthäus 18, 14
[365] 1. Thessalonicher 4, 3; 5, 23, 24
[366] 1. Thessalonicher 5, 18
[367] Römer 12, 2
[368] Matthäus 7, 21; 12, 50; Johannes 7, 17; 9, 31; Epheser 5, 17; 6, 6; 1. Johannes 2, 17
[369] Römer 12, 2; Kolosser 1, 9; 4, 12; Hebräer 10, 36; 13, 21
[370] Matthäus 26, 39; Hebräer 10, 7, 9
[371] Matthäus 10, 38, 39; Lukas 9, 23; 14, 27; Johannes 12, 24, 25

[372] Römer 6, 6; 8, 13; Galater 2, 20; 5, 24; 6, 14; Kolosser 3, 5
[373] Matthäus 16, 23; 1. Korinther 1, 17, 27; 2, 6; Kolosser 2, 18
[374] Matthäus 26, 39; Römer 6, 13; 1. Korinther 9, 25, 27
[375] Matthäus 5, 3; Johannes 5, 44; 7, 18; 8, 50; 1. Thessalonicher 2, 6
[376] 2. Korinther 3, 5; 12, 9
[377] Römer 15, 1, 3; 1. Korinther 10, 23, 24; Epheser 5, 2
[378] Galater 2, 20; Philipper 3, 7, 8
[379] 2. Samuel 6, 7; Psalm 106, 33; Sprüche 12, 18
[380] Matthäus 26, 41; Lukas 21, 36; Epheser 6, 18; 1. Petrus 4, 7; 5, 8
[381] 1. Samuel 18, 14; Matthäus 10, 16; Lukas 1, 17; 16, 8; Epheser 5, 15
[382] Psalm 39, 2; 141, 3; Sprüche 10, 19; Prediger 5, 1, 2
[383] Sprüche 2, 2; 18, 15; Markus 4, 24; Apostelgeschichte 17, 21
[384] Psalm 1, 1; Sprüche 18, 1; 2. Korinther 6, 14; 2. Thessalonicher 3, 14; 2. Johannes 10, 11
[385] Matthäus 13, 22; Lukas 21, 34; 1. Timotheus 6, 9, 17
[386] Sprüche 3, 21, 23; 4, 23; 28, 18; Jeremia 31, 33
[387] Johannes 17, 15, 16; 1. Korinther 7, 31
[388] Matthäus 6, 31
[389] 1. Johannes 2, 15, 16
[390] Jakobus 5, 4
[391] Lukas 16, 19, 25
[392] 1. Timotheus 6, 9, 10, 17
[393] Sprüche 3, 27, 28; Maleachi 3, 8
[394] Prediger 5, 18, 19
[395] Sprüche 10, 4, 22
[396] 2. Korinther 8, 14, 15
[397] 2. Korinther 9, 12, 13
[398] Matthäus 19, 21; Lukas 12, 33
[399] 1. Chronik 29, 14
[400] 1. Chronik 29, 12, 14
[401] Lukas 19, 8; 1. Petrus 1, 18, 19
[402] Apostelgeschichte 20, 35
[403] 2. Mose 36, 5; 1. Chronik 29, 6, 9; Apostelgeschichte 2, 45; 4, 34
[404] 2. Mose 1, 14; 4, 23; 6, 5; 20, 2; 5. Mose 24, 18
[405] Johannes 8, 32, 36; Galater 4, 21, 31; 5, 1
[406] Johannes 8, 34; Römer 7, 14, 23; 2. Petrus 2, 19
[407] Römer 5, 21; 6, 13, 14

[408] Römer 4, 15; 5, 13, 20; 7, 13; 1. Korinther 15, 56
[409] Römer 6, 15; 7, 5
[410] Römer 7, 5, 23
[411] 2. Korinther 3, 17; Galater 5, 18
[412] Epheser 4, 13; 2. Thessalonicher 1, 3, 4
[413] Hosea 14, 5; Matthäus 6, 25, 27, 30
[414] Psalm 92, 12, 13; Galater 2, 20; Kolosser 3, 3
[415] Matthäus 13, 22, 23; Johannes 15, 1, 2
[416] Hohelied 2, 15; Hebräer 12, 1
[417] Johannes 15, 4, 5; Kolosser 2, 6, 7
[418] Hebräer 3, 13; 6, 12, 15; Jakobus 5, 7
[419] 1. Korinther 1, 21, 27; 2, 6, 12, 14; Kolosser 2, 18, 23
[420] Psalm 119, 10, 11, 47; Römer 10, 8; Jakobus 1, 21
[421] 1. Mose 17, 3; 1. Samuel 3, 9, 10; Jesaja 50, 4; 52, 6; Jeremia 1, 2
[422] Markus 4, 26, 27, 28; Johannes 6, 63; 1. Thessalonicher 2, 13; 1. Petrus 1, 23
[423] Psalm 119, 15, 40, 48, 69; 2. Timotheus 3, 16, 17
[424] Matthäus 5, 19, 20; 7, 21, 24; Lukas 11, 28; Jakobus 1, 21, 25
[425] 5. Mose 6, 5–9; Psalm 1, 2; 119, 97; Jeremia 15, 16
[426] Jesaja 34, 16; Johannes 19, 37; Apostelgeschichte 17, 11; Hebräer 2, 13
[427] Sprüche 2, 4, 5; 3, 13, 18; Matthäus 13, 44
[428] Johannes 15, 16; Römer 8, 29, 30; Epheser 1, 4, 11
[429] 1. Mose 28, 15; Psalm 89, 29, 34–36; Jesaja 54, 9, 10; Jeremia 33, 25, 26
[430] Matthäus 6, 25, 34; 1. Petrus 5, 7
[431] Jesaja 27, 2, 3; 51, 12, 13
[432] Hebräer 10, 35; 13, 5, 6, 20, 21; 1. Petrus 5, 10